本书出版获中国人民大学性社会学研究所资助

性·爱·情

Love,
Sexuality

王文卿 著

and Subjectivity
in Transitional
过程中的主体建构
China

社会科学文献出版社
SOCIAL SCIENCES ACADEMIC PRESS (CHINA)

序　性革命的主体层面

潘绥铭

在过去的几十年中，中国发生了一场性的革命。关于这一点，我已经说过无数次。对于性革命的各种表现、历史背景和社会动力等关键问题，我也在多种场合以多种形式展开过系统论述。总体而言，我的相关论述可以概括为三大类：（1）实证主义的论述，主要结合问卷调查数据来说明问题；（2）建构主义的论述，主要通过社区考察和深度访谈来探究问题；（3）历史主义的论述，试图用社会史和历史社会学相结合的视角来勾勒性革命的历史脉络。当然，这只是理想类型意义上的划分，具体的分析有可能结合了几种不同的取向。

进入 21 世纪以来，我一直在倡导"主体建构"的视角。这一努力源自我长期以来和数字打交道的感受：数字尽管很重要，但并不能说明所有问题，尤其是那些隐藏在数字背后的、与人生意义和体验密切相关的问题。"性"常常被认为是非理性的。对此，我尽管无法完全认同，但不可否认的是，性的确能够激发强烈的情感，并和人生的终极意义问题存在密切关联。对于这个意义上的"性"，仅仅靠冷冰冰的数字和"理性的"数据分析方法是无法深刻把握的。因此，我们必须要倾听"过日子"的普通人发出的声音，尤其是那些生活在社会的边缘角落、常常被人们忽视甚至有意看不起的人的声音。只有透过这些声音、这些声音嵌入其中的实践以及它们所裹挟的情感体验和人生意义，我们才能深刻地理解"活生生的"人、性以及"人性"。

从"主体建构视角"反观我自己对性革命所做的分析，可以发现，性革命的主体层面仍然存在很多空白。性革命既是一个社会过程，也是一个主体过程。我所主持的四次具有全国代表性的大型问卷调查以及历史主义的论述有助于分析和呈现作为社会过程的性革命。但是，对于日常生活主体如何感受、体验和回应这个社会过程，以及他们在这个社会过程中为何及如何走向"开放"或坚持"保守"，实证主义和历史主义的论述则力有不逮。尽管通过建构主义脉络下的相关研究，我在刻画性革命的"主体过程"方面已经开展了一些工作，但更多的研究工作仍然有待后人来完成。

为了启发将来的研究，我曾多次概括目前中国的"真问题"，其中之一便是性和爱情的关系。自古以来，性和爱情各自早已具有倾倒众生的魅力，但二者的关系变成一个引发普遍关注的"问题"，则还是当代的事情。性革命在其中扮演了重要角色。因此，性和爱情的关系可以成为考察性革命及其影响的一个非常有意义的角度。正是这个原因，我在 2006 年的时候，便建议我的学生，即本书作者王文卿把它作为博士论文的主题。

当时，文卿已经进入博士二年级，确定这个题目确实有些晚了。之前，他在攻读硕士学位期间申请了一个国际基金会资助的小课题，考察性教育的文本。在博士期间的第一个学期，他已经完成了英文调查报告，若翻译过来将有差不多八万字。若再深化一下，便足以结题毕业了。

但是，一方面由于他那完美主义的性格倾向，一方面由于他觉得还有足够的时间去试错，他走上了一条"折腾"之路：先是准备彻底改变理论视角，以全新的思路重新分析性教育的文本，后来又放弃；之后，他对其师姐黄盈盈的性和身体研究产生了兴趣，准备借鉴埃利亚斯的文明化分析框架，考察性的文明化对青少年所产生的身体效果，但对高中生开展访谈之后却发现困难重重，很难深入下去；再后来，就是几经讨论之后，决定把研究主题从"性和情绪的关系"调整到"性和爱情的关系"。从而，也就有了今天这本书的前身。

文卿博士毕业时，我正好有一个福特基金会资助的系列图书出版计划，当时提议把他的博士论文交由我国台湾高雄的万有出版社出版。同样是由于完美主义的性格，他婉拒了这个提议。他觉得，临时改变研究方向以及毕业的压力使得他没能对访谈材料进行足够深入的分析，所以希望在认真修改之后再出版。谁承想，这一等便是十年。

我曾当面对文卿说：性格决定命运。一方面，这是我作为老师对自己学生的善意提醒。在这个功利的时代，如果过于追求完美，可能会失去很多发展的机会。学术界是一个遵循"不发表，就死亡"（Publish or Perish）的职业领域。没有发表的学术成果，职称、课题就都无从谈起。另一方面，人生难有完美，我们要努力，但也要学会容忍和接受生活中的不完美，不能因为不完美就觉得自己努力的结果没有价值。

我不知道，对于我的提醒，文卿在多大程度上听了进去。但是，我清楚的是，无论如何提醒，年轻人不可能避免所有的弯路，而这些弯路是成长和成熟的必由之路。在进入北京理工大学执教的头几年，文卿一直苦恼于无法写出自己满意的东西。繁重的课业压力自然有一些影响，但我认为，他的性格可能是更重要的原因。尽管对此心知肚明，我没有指点太多，因为这个"坎"他必须要通过自己的感悟和努力才能迈过。

我丝毫不怀疑文卿的研究能力。事实上，在我的学生中，文卿是理论素养最好的学生之一。2001年，在跟着我读硕士的第一个学期，我让他整理我国台湾学者何春蕤和卡维波关于"妓权"的论述。他整理的内容不仅逻辑清晰，而且文采飞扬，让我有点儿不相信这是一个研一学生能做到的。后来，他的硕士论文的缩减版发表在《社会学研究》上，亦是他研究能力的一个体现。我听说，他的硕士论文是一个星期写成的，三万六千字，后来没做什么修改就提交了，可以说是一气呵成。可能是太容易成功了，他没怎么经历过"反复修改"这种常规风格的写作体验。这一方面可能助长了他的完美主义倾向，另一方面又让他对通常写作过程中的煎熬缺乏准备。

令人欣慰的是，文卿已经通过自己的努力从之前的低谷中走出来，找到写作的感觉，并能够写出令自己满意的东西。据我对他的了解，他对自己的要求依然很高，他自己满意的东西往往确实是"好东西"。更令人欣慰的是，这本书的出版表明，他从博士毕业时就确定的论文修改计划如今终于完成，或者说，至少阶段性地完成。

如同书的题目所示，这本书是沿着我所倡导的主体建构视角对性革命的主体层面所做的一个考察。尽管出版延宕了十年之久，该书在相关研究文献中仍属少见。我不敢说，他对性革命的主体过程的复杂性做出了充分的呈现，但是，毫无疑问，就性和爱情这个特定的主题而言，这是我近年来所见的相关研究中较为深入的一个。如果对比这本书和他之前所写的博士论文，就能发现，深度的达成不是没有原因的：这本书几乎是彻底地重写，而不能简单地称之为"修改"。

我很高兴地看到，在放弃完美主义的执拗之后，文卿依然能够坚持自己的学术理想。如果他能够很好地协调和平衡二者，那么将可能成长为一个有作为、有担当的学者。

我已经开始期待文卿的下一部作品。

目　录

第一章
性与爱的断裂及问题的诞生

2006 年（具体时间：11 月 14 日，19：30），我曾在新浪博客上搜索"性与爱"和"爱与性"这两个组合，看它们在"博客作者昵称"、"博客文章标题"和"博客全文"中出现的频率分别是多少。2018 年（具体时间：12 月 24 日，16：48），我又在微博上进行类似搜索。由于微博无法提供与博客相对应的文章标题和全文搜索功能，我将搜索范围仅限于"微博搜索"的"找人"，对应于"博客作者昵称"的搜索。表 1 - 1 展示了两次搜索的结果。

表 1 - 1　在新浪博客和微博上搜索"性与爱"和"爱与性"的结果

单位：条

	博客作者昵称	博客文章标题	博客全文	微博搜索找人
性与爱	13	350	16656	513
爱与性	5	242	22254	348

结果显示，在 2006 年，以"性与爱"或"爱与性"作为昵称的博主仅有 18 个。到了 2018 年，以"性与爱"或"爱与性"作为昵称的博主增加到 861 个。以"性与爱"或"爱与性"来直接命名博客或微博，显示了博主对性爱主题的高度关注。但是，这种关注尽管非常突出，仍不足以概括人们对性爱主题的所有关注。例如，其他博主以"性与爱"或"爱与性"来命名自己的博客文章，或者在博文中提及"性与爱"或"爱与性"，都体现了对性爱主题的关切。从"昵称"到"标题"再到"全文"，关注的集中程度逐渐下降，但关注的广度却在上升（从 18 条到 592 条再到

38910 条）。由于微博搜索缺乏后两类数据，我们无法通过数字直接展示今天人们对性爱主题的关注广度。但是，如果直接以"性与爱"或"爱与性"来命名微博的博主有显著增长，那我们自然也可以期待，当下中国社会对性爱主题的关注广度也已大大扩展。

另外，需要提醒的是，我只在两个平台上进行了搜索，而且搜索所用的只是"性"和"爱"的两种组合形式。① 如果涵盖更多的网络平台和更多的组合形式，那么我们将会发现，性爱在当代中国是一个备受关注的热门话题。

但是，这有什么值得惊异的呢？我估计，很多人都会这样说。

其实，真正令人惊异的不是人们对性爱话题的广泛关注，而是人们关注这些话题的特定方式或角度。无论是"性与爱"，还是"爱与性"（或者其他类似的组合形式），"与"（或者"和"）这种连接词的存在表明，被连接的两个事物或现象之间已经出现了距离或裂痕。而人们在博客或微博中的相关讨论则表明，性和爱情的断裂不仅进入了人们的意识，而且成了"问题"：让人困惑和不知所措但又渴望弄明白的一个问题。

本书要考察的正是这个"问题"（意识）及其折射出来的东西。

第一节　从"性爱"到"性/爱"：社会历史的断裂

"性与爱"或者"爱与性"（抑或其他类似的组合形式）体现了性与爱情之间的断裂。我们可以用"性/爱"来表示这种断裂。一方面，斜线"/"显示了断裂、距离和差异；另一方面，作为一个整体，"性/爱"同样假定了某种"性与爱情相结合的状态"。人们只有首先接受性和爱情应该以某种方式结合在一起，二者的分离或断裂才会被视为"问题"，才会激发人们去提出和思考性和爱

---

① 指的是"性与爱"和"爱与性"。其他组合形式包括"性和爱"、"爱和性"、"爱情和性"和"爱情与性"等。

情具有或应该具有怎样的关系这类问题。因此，性与爱情在客观上的断裂并不必然导致主观层面的"问题意识"。我们今天在博客或微博中所观察到的"日常问题意识"，即普通人在日常生活中因为性和爱情的关系所产生的问题意识，乃是在特定的历史条件下诞生的。因此，"性/爱"不仅意味着社会实践的断裂，而且意味着历史的"断裂"。

一　传统中国：婚姻－夫妻恩爱－性

潘绥铭先生认为，在研究性问题和解释当今中国的性革命时，很难直接把"性"作为独立的与本体的实体单位、概念和讨论起点，而必须把它放到各种关系中进行考察。为此，他提出了"初级生活圈"的概念，指的是由男性、女性、子女之间的性、生殖和供养等活动所组成的各种相互关系和作用（其中也包括性和爱情的关系）。①

在传统中国人的初级生活圈里，爱情被规定为夫妻恩爱。② 这种爱情被局限于婚姻之内，而且从发生学的意义上说，是先有婚姻，再有爱情。由于性是婚姻的应有之义，因此对夫妻恩爱这种爱情模式来说，性也被默认为其合法的组成部分。③ 婚外性行为并非一种罕见的存在，尤其是对男性来说。它意味着性与婚姻的分离，因而一般来说也意味着性与夫妻恩爱的分离。但由于两个方面的原因，性与爱情的分离并未成为一个重要的"问题"。

首先，在传统中国的漫长时期里，婚外性行为具有一定程度的文化合法性。比如，人们可以"借腹生子"，为了生育的需要而与婚外伴侣发生性行为。④ 再如，娼妓制度的长期存在表明，男性的婚外性行为在一定程度上被视为合理。

---

① 潘绥铭、白维廉、王爱丽、劳曼：《当代中国人的性行为与性关系》，北京：社会科学文献出版社，2004，第410–412页。

② 潘绥铭、白维廉、王爱丽、劳曼：《当代中国人的性行为与性关系》，北京：社会科学文献出版社，2004，第418页。

③ 潘绥铭：《中国性革命纵论》，高雄：万有出版社，2006，第277页。

④ 潘绥铭：《中国性革命纵论》，高雄：万有出版社，2006，第44页。

其次，如同费孝通先生所说，在传统的中国家庭里，父子、婆媳这些纵向关系是主轴，夫妇这种横向关系是配轴，夫妻之间的感情为家庭的生计需求所排斥，并不占据重要的位置。① 因此，即使婚外性行为在某种程度上被视为问题，也首先被理解为性与婚姻的冲突，而非性与夫妻恩爱的冲突。在传统的初级生活圈中，相对于性与爱情的矛盾，性与婚姻的冲突更加重要。②

简言之，在传统的中国社会中，不仅性与爱相结合的形式（恩爱夫妻之间的性）被默许，而且性与爱相分离的形式（婚姻之外的性）也获得某种程度的合法性。总体来看，性与爱情的分离并未构成一个在文化上被赋予重要意义的"问题"。

二　五四新传统：浪漫爱情－婚姻－性

传统中国社会中的"夫妻恩爱"与现在所说的"（浪漫）爱情"存在很大的不同。在帝制时代，"爱情"作为一个单独的词语很可能还没有出现。可以估计，大概是在19世纪末和20世纪初，西方的浪漫爱情观（romantic love）传入之后，"爱情"这个词才在中国流行开来。因此，"爱情"在中国的出现是一种具有双重意味的现象：一方面，它标志着一个新词的诞生；另一方面，它标志着一种新的社会现象的诞生。在爱情这种文化现象发展壮大的过程中，五四时期的新文化运动扮演了重要角色。因此，我们常常把现代爱情在中国的萌发与新文化运动联系在一起。

严格说来，新文化运动所确立的主流文化理想并非"浪漫爱情"，而是"爱情婚姻"，即以浪漫爱情和自由恋爱为基础的婚姻。在这种文化理想中，爱情与婚姻的关系构成了主轴，被赋予极高的地位。爱情与婚姻的分离（缺乏爱情基础的婚姻）被视为特别重要的个人问题与社会问题，引起了普遍关注。

对性的态度在很大程度上继承了之前的历史遗产，即性被认

①　费孝通：《乡土中国　生育制度》，北京：北京大学出版社，2007，第41页。
②　潘绥铭、白维廉、王爱丽、劳曼：《当代中国人的性行为与性关系》，北京：社会科学文献出版社，2004，第417－418页。

为只应存在于婚姻之内。不过，与之前相比，有两点不同。首先，性不再被认为是爱情的应有之义。由于浪漫爱情在婚姻之前便开始，婚前的爱情被认为必须保持纯洁，不能容许性行为的发生。就此而言，新文化并未质疑传统中国关于婚前禁欲的要求，反倒强化了这一点。其次，婚外性行为彻底失去了它在此前时代仍然具有的某种程度的文化合法性，因为它被视为对爱情婚姻的挑战，即不仅挑战了婚姻，还挑战了至高无上的爱情。换言之，新文化提升了爱情在初级生活圈中的地位，使得性与爱情的矛盾成为一种远比之前时代更加重要的矛盾。受到新文化的影响，古老的娼妓制度开始遭到严厉的抵制，新青年自发行动起来要求取缔妓院。[①]

新中国不仅继承了新文化运动关于爱情婚姻的文化理想，而且将其发扬光大。一方面，主张婚前禁欲的"纯洁之爱"的理想被直接继承过来；另一方面，尤其是通过"一举禁娼成功"，在很大程度上消除了非婚的性行为机会，从而极大地缓解了性与爱情婚姻可能产生的冲突。[②]

对于五四新传统来说，一个突出的特点是，性附属于爱情婚姻的观念是根深蒂固的。伴随着新文化在中国社会的渗透，这种观念日益达到被想当然接受的地步。即使存在性和爱情婚姻的冲突（比如嫖娼卖淫现象），人们也倾向于去消除这些冲突，而不是把"性和爱情婚姻的关系"当作一个"问题"提出来并进行质疑和反思。当禁娼成功、潜在的冲突被消除之后，人们更难去思考性和爱情婚姻的关系。这种情况一直持续着，直到改革开放之后性革命的到来。

三 改革开放：性革命挑战了五四新传统

改革开放之后，中国开始见证一场性的革命。潘绥铭认为，这场性革命的主要原因，并不是西风东渐、人心不古或社会失控，

---

① 潘绥铭：《中国性革命纵论》，高雄：万有出版社，2006，第146页。
② 潘绥铭：《中国性革命纵论》，高雄：万有出版社，2006，第71页。

而是在初级生活圈里，性与其他活动的相互关系和作用急剧地改变了。

首先，独生子女政策的实施打破了"性的唯生殖目的论"，使性和生殖在某种程度上分离开来。[①] 这种分离的影响极其深远，它导致了吉登斯所说的"可塑之性"（plastic sexuality）在中国的出现，并为此后一系列的革命性变化提供了前提。[②] 一个尤其重要的变化是，性的快乐主义的兴起：在去除生殖的目的之后，性行为的目的不是别的，就是为了追求快乐。

其次，性和婚姻之间的纽带受到了冲击，性开始挣脱婚姻的束缚。一方面，青年人开始突破婚前禁欲的文化传统，以爱情的名义来确立性行为的合法性，这既继承了五四以来的新文化传统（强调爱情的重要性），又打破了这种传统（不再坚持"纯洁之爱"）。另一方面，已婚人口的婚外性行为也变得日益普遍。无论是具有一定情感基础的各种"婚外情"，还是以利益交换为主要特征的各种性交易（商业性行为、权色交易等），都伴随着改革开放的浪潮而出现。婚姻变得愈加脆弱，离婚率节节攀升，"执子之手，与子偕老"的文化理想越发难以实现。这激发了人们对爱情婚姻的焦虑。

最后，相对于婚前性行为和婚外性行为对五四新传统的挑战，"一夜情"所代表的临时或偶发性行为意味着更大的挑战，因为它与之前的传统拉开了更大的距离。一方面，它以更直接的方式追求性的快乐，不再考虑婚姻甚至爱情的束缚；另一方面，在以更直接的方式追求性快乐时，它没有借助娼妓制度，而是开创了一条新的途径。借助这条新途径，不仅男性，女性也可以在爱情、婚姻和商业性交易之外获得性的满足。

五四新传统在中国大地生根发芽、成长发展的过程中，逐渐在民间培植起一种关于性和爱情（以及婚姻）之关系的自然态度。

---

① 潘绥铭、白维廉、王爱丽、劳曼：《当代中国人的性行为与性关系》，北京：社会科学文献出版社，2004，第412-413页。

② Giddens, A., *The Transformation of Intimacy: Sexuality, Love and Eroticism in Modern Societies* (Cambridge: Polity Press, 1992), p. 27.

如今，这种自然而然或者想当然被接受的态度开始受到挑战和质疑。性革命为性和爱情的关系提供了多种可能的替代方案。面对这些替代方案的冲击，五四新传统所树立的信念很难完全不受影响。人们在博客或微博中围绕"性与爱"而展开的讨论体现的便是这种影响：无论在现实生活中做出何种选择，人们至少很难在意识层面完全无视各种替代方案的存在；面对多元的行动方案，选择成了一个"问题"，一个无法回避和必须解答的问题。

第二节 从日常问题到学术问题

博客或微博中的讨论体现的是性与爱的断裂所激发的日常问题意识，它不同于学者在考察性和爱情的关系时所具有的"学术问题意识"。前者面向日常生活并且为了日常生活而存在，后者则面向学术研究并且首先为了学术研究而存在。当然，我们无法做出绝对清晰的二元划分，二者之间存在相互影响和交叉的关系。但是，从最基本的层面来说，学术来源于生活，学术问题意识源于日常问题意识的激发。因此，性与爱之间所发生的社会历史的断裂不仅是日常问题意识诞生的前提，也是相关学术问题意识诞生的前提。初步的文献检索可以证明这一点。

一 20 世纪 80 年代以前："概念断裂"的缺场

在这里，"概念断裂"指的是这样一种状况：性和爱情作为相互独立的概念在同一篇文献中以鲜明的姿态同时出场。所谓"鲜明的姿态"，是指在标题中出现，或作为文献的主题词出现。而之所以强调"同时出场"，正是为了显示性和爱情在概念层面的断裂或独立性。如果性和爱情虽然只有其中一个在标题中或作为文献的主题词出现，但二者却在正文中同时出现，则其实意味着性和爱情这个主题领域仍然被纳入其中一个概念的麾下，二者在概念层次仍然纠缠在一起。人们旗帜鲜明地对性和爱情的关系进行争论和探讨，恰恰表明了性和爱情不再自然而然地联系在一起，或最多只是比较松散地联系在一起。①

对中英文文献进行的初步检索②表明，性与爱情之间的概念断裂在 20 世纪 80 年代之前并未出现。

在中文数据库中检索与"性"相关的文献存在着某种不便，因为"性"这个汉字有多种意思和组合方式，仅仅检索"性"这个字往往会得到许多毫不相干的结果。经过检索发现，篇名检索的方式最为简捷，可以较为容易地筛去许多不相关的文献。通过在中国期刊全文数据库进行篇名检索，可以发现，篇名中同时包含"性"（指的是可与"sex"或者"sexuality"相对应的"性"）和"爱"的文章最早出现在 1983 年。

对英文文献的检索借助 ProQuest 数据库③进行。我尝试了多种检索方式。首先是标题检索。标题中同时含有"sex"和"love"的文献最早出现在 1981 年。标题中同时含有"sexuality"和"love"的文献最早出现在 1991 年。其次是主题检索。主题词中同时包括"sex"和"love"的文献最早出现在 1987 年。主题词中同时包括"sexuality"和"love"的文献最早出现在 1984 年。Pro-Quest 还有一项功能，即可以根据检索要求提供建议的主题列表，在列表中挑选符合要求的项目之后，直接点击便可以得到一组文章。在我提出的检索要求的基础上，ProQuest 提供了两个符合要求的主题组合："sexuality and love"和"sexes and love"，两者各对应一组文献。在前者对应的文献组中，最早的文献出现在 1984 年。

① Hendrick, S., and Hendrick, C., *Romantic Love* (London: Sage Publications, 1992), p. 113.

② 检索时间均为 2006 年 11 月份。

③ 根据《中国人民大学图书馆数据库检索指南》，ProQuest 数据库是 ProQuest Information & Learning 公司通过 ProQuest 系统提供的数据库，内容涉及商业管理、社会与人文科学、新闻、科学与技术、医药、金融与税务等。1985 年该公司收购了数据收集与生产公司 UMI，并使其成为缩微胶片产品的品牌，包括 18000 多种外文缩微期刊、7000 多种缩微报纸、150 多万篇博士/硕士论文、20 多万种绝版书及研究专集。1996 年起，该公司开始推行数据库的网络信息服务。该公司 Web 版数据库的主要特点是将二次文献与一次文献捆绑在一起，为最终用户提供文献获取一体化服务，用户在检索文摘索引时就可以实时获取全文信息。

在后者对应的文献组中，最早的文献出现在 1987 年。

"性"与"爱"同时出现于文献的标题或者作为文献的主题词，并不意味着该文献一定对性和爱情的关系进行了讨论。[①] 但是，如果它们没有一起出现，我们则可以更加肯定地说，文献没有把性和爱情的关系当作一个重要的主题予以讨论。因此，中英文文献的初步检索结果表明，在 20 世纪 80 年代之前，无论是在中国还是在英语世界，性与爱情的关系基本上没有成为学术研究专门讨论的对象。

二　柏拉图和弗洛伊德的性爱理论："概念断裂"同样缺场

对于上述文献检索所导出的结论，很多人可能都会有疑虑。人们常说，性和爱情是亘古常新的话题，是所有人类社会都关心的问题。那么，在人类历史上，应该有很多人都曾对性和爱情的关系进行思考。尤其是那些大思想家，他们怎么会放过如此重要的话题呢？

对此，我并不想予以否认。但是，我希望予以提醒的是，前人的问题意识很可能与当下人们的问题意识非常不同。当下的问题意识扎根于当代的社会生活，借助当代人的日常概念或学术概念展开；而前人的问题意识则扎根于之前的历史，它们所借用的概念可能与当代的概念存在很大差异。如同跨语言的文化交流，后人对前人的参照同样隐含着文化的翻译工作。如果仅仅关注翻译的结果，那么我们更容易强调文化的历史连续性。但如果关注翻译的过程，我们就会意识到文化之间难以化约的复杂差异。

让我们简要讨论一下柏拉图和弗洛伊德。在涉及性和爱情的话题时，他们或许是人们最容易想到的两位大思想家了。在《斐德罗篇》和《会饮篇》中，柏拉图借众人之口对性和爱情的关系

---

① ProQuest 数据库所定的主题词是非常宽泛的，主题词的范围只能说明文章涉及内容的范围，并不能说明文章对各个或其中某些主题词之间的关系进行了讨论。同样道理，标题中同时含有"性"和"爱"的文献也未必会探讨两者之间的关系。这些情况同样适用于中文数据库。

进行了讨论，并借苏格拉底之口表达了自己的观点。① 在提到弗洛伊德的时候，人们倾向于把他和"性"的研究以及精神分析联系起来。其实，他对"爱"也表现出了持续而又浓厚的兴趣。从《性学三论》到《爱情心理学》，从《论自恋》到《超越快乐原则》，从《群体心理学和对自我的分析》到《文明及其不满》，我们都能发现他对爱情所表现出来的关注。不过，相对于他在"性"方面的论述，上述关注在很大程度上被忽视了。在这里，我并不打算详细阐述和比较柏拉图和弗洛伊德就性和爱情所表达的具体观点，② 而是希望简单概括一下他们的思考（或问题意识）所呈现的特点。

首先，柏拉图和弗洛伊德（以及其他一些哲学家和神学家，如亚里士多德、奥古斯丁、阿奎那）都是在理论层次上、以较为系统的方式来研究爱情、性及其关系，他们对现象的不同形式进行了区分和界定，并力图在人类的本性和生存境况中寻找它们的源头和起因。③ 换言之，他们关注的是性和爱情的抽象本质，并在此基础上讨论两者之间的关系。

其次，这种本质层次上的考察同时具有规范的意义，例如，柏拉图区分了不同等级的爱，④ 而弗洛伊德则谈到了"正常的爱"（normal love，这无疑假定了与之相对立的"abnormal love"的存在）。在这背后，他们都假定了一种判定正误和善恶的标准。⑤ 换言之，他们的理论探讨不仅隐含着对日常生活的观照，而且希望为日常生活提供引导。

最后，最重要的是，柏拉图和弗洛伊德关于性爱的讨论并未像我们今天这样，以"性"和"爱情"在概念层次上的"断裂"

---

① 柏拉图：《柏拉图全集》（第一、二、三、四卷），王晓朝译，北京：人民出版社，2003。

② 感兴趣的读者可参阅：Santas, G. X., *Plato and Freud: Two Theories of Love* (Oxford: Blackwell, 1988).

③ 感兴趣的读者可参阅：Santas, G. X., *Plato and Freud: Two Theories of Love* (Oxford: Blackwell, 1988), p.1.

④ 指的是对不同等级的美的爱。请参看《会饮篇》，载柏拉图《柏拉图全集》（第一、二、三、四卷），王晓朝译，北京：人民出版社，2003，第254页。

⑤ Santas, G. X., *Plato and Freud: Two Theories of Love* (Oxford: Blackwell, 1988), p.7.

或相互独立为逻辑起点。在柏拉图的作品中，"性"和"爱情"并不是作为两个相互独立的概念出现的，而是统一于"eros"这个概念中。因此，他不可能具备我们今天这样的问题意识。我们关心的是两个具有相对独立性的事物之间的关系，而他关心的则是单一实体的不同等级或表现形式。弗洛伊德的情况要复杂一些。在他那里，"性"（sexuality）和"爱情"（love）的确以两个概念的形式出现。但是，就内涵而言，两个概念以极其复杂的形式纠缠在一起。弗洛伊德认为，在所有爱的形式中，最为核心的是以性的结合为目的的性爱。不过，与此同时，他又不愿意将性爱与其他形式的爱①区分开来。因为，在他看来，所有形式的爱都源自同一种本能冲动，也就是性本能。② 在弗洛伊德那里，"性"被泛化了，以至于我们可以说，"性"和"爱"重叠在了一起：所有形式的"爱"都可以被解释为"性"，所有形式的"性"也都可以被解释为"爱"。由此，"性"和"爱"之间的交叠构成了一个类似于柏拉图的"eros"的实体和概念。

总之，在柏拉图和弗洛伊德的作品中，性和爱情之间的概念断裂并非清晰可见。驱动柏拉图和弗洛伊德思考的问题意识，既不同于博客或微博中所展现的日常问题意识，也不同于当代科学研究中的学术问题意识。因此，柏拉图和弗洛伊德的存在并不能作为以下观点的反证，即20世纪80年代以后围绕性与爱的关系而形成的学术问题意识乃是源于日常问题意识的激发，而后者则源于性革命及其所导致的性实践和爱情实践在日常生活中的分离或断裂。

反过来说，人们之所以倾向于认为柏拉图和弗洛伊德曾对"性和爱情的关系"进行过讨论，那是因为他们是以客观的文献总结者的角色出现的。在这里，问题意识属于后来的旁观者，而不是

---

① 包括自我之爱（self-love）、对父母和孩子的爱、友谊、对人类的爱、对具体的物体或者抽象的实体的爱等。

② Freud, S., *The Standard Edition of the Complete Psychological Works of Sigmund Freud*, translated from the German under the General Editorship of James Strachey, in collaboration with Anna Freud, assisted by Alix Strachey and Tyson (London: The Hogarth Press limited, 1960), vol. XVIII, pp. 90-91.

柏拉图和弗洛伊德本人。同样道理，《柏拉图和弗洛伊德》（*Plato & Freud*）一书的作者之所以能够提出"爱情与性欲望是何关系"这样的问题并从这个角度来总结和比较柏拉图和弗洛伊德的理论，[①]是因为他当时生活在 20 世纪 80 年代，而不是柏拉图所处的公元前或者弗洛伊德所处的 19 世纪末 20 世纪初。

第三节　性与爱之关系的学术研究：本质取向与实践取向

在这部分，我将对围绕性与爱情的关系而开展的学术研究进行简要概括，从而为阐述本书的研究方向奠定基础。既往的相关研究可以概括为两大类：本质取向的研究与实践取向的研究。前者首先确定性和爱情各自的本质，然后探讨二者的关系。后者关注的不是性和爱情的本质，而是人们在现实生活中如何看待或者处理性和爱情之间的关系。

一　本质取向

本质取向的研究有两个重要的分支，一个是社会生物学视角，另一个则是社会心理学的某些流派。总体而言，本质取向的研究采取的是一种还原论的方法，因为它将世界的复杂性简化为其组成成分的假想的简洁性。同时，它也是一种决定论，因为它将现象解释为内部动力的自我实现，无论这种动力是来自基因、本能、激素、上帝的旨意还是各种神秘的存在。[②]

1. 社会生物学视角

社会生物学从进化论的角度来看爱情。爱情被认为是促进物种生存和繁衍的一种策略或机制。新生的婴儿很脆弱，既需要来自母亲的关爱，又需要来自父亲的保护，两者缺一不可。爱情正

---

① Santas, G. X. , *Plato and Freud: Two Theories of Love* (Oxford: Blackwell, 1988).

② Weeks, J. , *Sexuality* (London: Horwood and Tavistock, 1986), pp. 15 – 16.

好可以将父母结合在一起，使他们愿意在一定时间内共同抚养孩子，从而保证自身基因的延续。① 当然，在决定结合并进行生殖活动之前，人们需要选择合适的对象。此时，男性和女性会采取不同的策略，因为他们面临着不同的境况。

在社会生物学的视野中，由于繁衍必须借助生殖活动，而生殖又必须借助性活动，所以，爱情和性联系在一起。性实际上被等同于生殖，生殖则被看作性的内在本质。结果，爱情的本质最终也被归结为生殖。爱与性的关系被认为是单向的、固定的和毋庸置疑的。其中，性被看作自变量，爱情则被看作因变量。② 性决定了爱情，而它们两者又都是为生殖的目的服务的。

2. 某些社会心理学派

心理学强调爱情带来的心理体验，尤其是在陷入爱情或者爱上某人（falling in love）的阶段。心理学家 Dorothy Tennov 甚至专门创造了一个名词 limerence 来指称这种非同寻常的心理状态。在这种状态中，一个人深深地迷恋上了另一个人，把对方理想化，情不自禁地产生一些想法，并对对方的反应极其敏感。这种状态很强烈，并且具有非理性和不可控制的特征，因而往往被戏称为"爱情就是疯狂"③。另外，生物化学家还试图为爱情的心理体验寻找化学上的基础。例如，人们已经注意到催产素（oxytocin）和苯基乙胺（PEA）在促成爱情心理体验中的作用。④

① Buss, D. , "Love Acts: The Evolutionary Biology of Love," in R. J. Sternberg and Barnes, M. L. , eds. , *The Psychology of Love* (New Haven, Conn. : Yale University Press, 1988). Buss, D. , *The Evolution of Desire* (New York: Basic Book, 1994). Fisher, H. , *Anatomy of Love: The Natural History of Monogamy, Adultery, and Divorce* (New York: W. W. Norton, 1992). Fisher, H. , "The Nature and Evolution of Romantic Love," in W. Jankowiak eds. , *Passionate Love* (New York: Columbia University Press, 1995). Mellen, S. L. W. , *The Evolution of Love* (Oxford and San Francisco: Freeman, 1981).

② de Munk, V. C. , Romantic Love and Sexual Behavior (London: Praeger, 1998).

③ Tennov, D. , " Love Madness," in de Munk, V. C. , eds. , *Romantic Love and Sexual Behavior* (London: Praeger, 1998).

④ 大卫·诺克斯、卡洛琳·沙赫特：《情爱关系中的选择：婚姻家庭社会学入门》（第9版），金梓等译，北京：北京大学出版社，2009，第76页。

在爱情和性的关系上，社会心理学关心的问题是：在爱情所带来的心理体验中是否包括"性"的成分。在此问题上，存在着两种不同的意见。一种认为爱情不包括性的成分，或认为性不是爱情的必要特征，爱情可以独立于性而存在。另一种则认为爱情包括性的成分，正是这种成分使得浪漫的爱情（romantic love）区别于爱（love）的其他形式，比如父母和子女之间的爱。但是后一种观点内部也存在不同的意见，其分歧在于：爱情包括的究竟是性的哪些内容。有些人认为是身体或性方面的吸引，有些人认为是性的兴奋状态，有些人认为是生理的性唤起，有些人认为是性的满足，有些人认为是性的活动，还有人认为是性的欲望。[①]

无论爱情是否包括性的成分，或者爱情是否有别于爱的其他形式，上述研究取向都假定了爱情具有固定的本质，而研究者所设计的那些量表工具就在于测量和揭示这种本质。

二　实践取向

实践取向的研究可被概括为三类：性爱观的定量调查、性爱观的定性研究、艾滋病流行背景下对爱情与风险性行为之关系的研究。

1. 性爱观的定量调查

中国人民大学性社会学研究所曾数次在对大学生进行的随机抽样调查中涉及性爱观方面的内容（北京地区：1991 年和 1995 年；全国范围：1997 年、2001 年、2006 年）。在问卷中，具体的提问方式是："您认为，爱情与性交的关系应该是什么样的？"[②] 如同前述，这个问题被明确地提出来，本身就意味着爱情和性已经不再像以前那样被想当然地联系在一起。其统计结果如表 1 - 2 所示[③]。

---

① Regan, P., "Romantic Love and Sexual Desire," in de Munk, V. C., eds., *Romantic Love and Sexual Behavior* (London: Praeger, 1998).

② 潘绥铭、曾静：《中国当代大学生的性观念与性行为：1991 - 1997》，北京：商务印书馆，2000，第 235 页。

③ 潘绥铭、杨蕊：《性爱十年：全国大学生性行为的追踪调查》，北京：社会科学文献出版社，2004，第 51 页。

表 1-2　大学生对于爱情与性之关系的看法

单位：%

性别	时间与地点	可以有爱无性	先有爱才有性	爱与性可以同时有	先有性才有爱	可以有性无爱
男生	1991 年，北京	2.2	47.1	42.7	6.3	1.7
	1995 年，北京	1.9	59.7	34.4	3.3	0.7
	1997 年，全国	0.9	68.6	25.4	3.8	1.3
	2001 年，全国	1.5	64.7	30.2	3.0	0.7
	2006 年，全国	2.7	64.6	29.6	2.6	0.6
女生	1991 年，北京	10.8	68.8	20.4	-	-
	1995 年，北京	8.7	73.3	12.8	1.2	-
	1997 年，全国	3.4	81.7	14.4	0.5	-
	2001 年，全国	3.4	81.2	15.2	-	0.2
	2006 年，全国	4.0	76.5	18.5	0.7	0.3

资料来源：潘绥铭、杨蕊：《性爱十年：全国大学生性行为的追踪调查》，北京：社会科学文献出版社，2004，第 51 页。

注：女生 1995 年的数据不足百分之百，但原书即如此。

表 1-2 告诉我们，在长达 15 年的时间内，尽管社会在剧变，尽管大学生的性行为增加了，但是他们的观念却基本没有变化：相信"先有爱才有性"的人一直占据主流地位，其次是"爱与性可以同时有"，两者总共占到 90% 左右。

定量调查使我们能够对人们的性爱观有一个一般的认识，但是它无法让我们了解个人选择的背后所隐含的意义。这就需要求助于定性的研究方法。

2. 定性研究

在《中国女性的感情与性》[①] 一书中，李银河采用半结构化的访谈方法，对女性的感情与性生活的诸多方面进行了广泛探讨，"感情与性的关系"是其中的一个方面。

李银河把女性被访者的性爱观概括成四种类型：（1）只有同感情联系在一起的性才是可以接受的；（2）双方有感情时性的感觉才会更好；（3）感情比性重要，可以有感情而无性；（4）可以

———————————

① 李银河：《中国女性的感情与性》，北京：中国友谊出版公司，2002，第248 - 261 页。

接受无感情的性关系。在介绍这些类型时，作者使用了大量被访者的原话，作者自己的话很少，而且基本上是为了衔接，而不是进行分析。作者的分析集中在该章节的最后一部分，但并非针对前面引述的访谈资料，而是概述历史上一些大思想家关于感情与性之关系的三种观点（情性共存－有情无性－有性无情）。

相对于定量调查，访谈研究能够让我们了解选择背后隐含的意义。因此，李银河的研究代表着可贵的进步。但是，该研究也存在如下一些局限。

首先，研究内容非常广泛（包括月经初潮、情窦初开、性压抑、性无知、性学习、初恋、异性感情、初吻、手淫、生育、家庭暴力、色情材料、性侵犯等），"感情与性的关系"只是其中一部分，所用篇幅非常少，很多内容未能充分展开。

其次，"本书采用的叙述方法是：将人们在前述每一项中的行为方式分类；在每一类中选录若干被调查女性的经历和叙述；并在每一项的结尾处略加评论"。[①] 由于作者给自己的定位是"略加评论"，分析较少，而且未能紧密结合访谈资料。

再次，一个并非不重要的一点是，作者通篇使用的概念是"感情"而非"爱情"。尽管二者存在密切联系，但也存在微妙而重要的差别。旨在探究意义的定性研究不应忽视这些差异。

最后，显而易见的一点是，该研究只针对女性，因而难以通过与男性的比较分析来达到更深入的认识。

3. 爱情和风险性行为之关系的研究

在艾滋病流行的背景下，人们开始关注爱情和可能导致艾滋病感染的风险性行为之间的关系。核心问题是：为什么在爱情关系中更容易发生风险性行为？

索伯对美国俄亥俄州克利夫兰市中心地区居住的贫穷黑人女性进行了研究，发现在爱情导致的风险性行为背后，存在着如下机制。首先，这些女性十分憧憬一夫一妻制的爱情关系，并且把这种关系理想化，默认了双方之间的忠贞、专一和诚实。其次，

---

① 李银河：《中国女性的感情与性》，北京：中国友谊出版公司，2002，第6页。

相互专一的爱情关系被认为不存在传播性病和艾滋病的风险，因此，使用安全套是不必要的。再次，使用（或者只是提议使用）安全套破坏了双方之间的信任关系，从而也就否定了爱情的存在，这是她们所不愿接受的。最后，女性在爱情关系之外的社会交往圈子越小，就越是在情感和社会关系上依赖自己的伴侣，就越倾向于在爱情关系中避免使用安全套。①

萨缪尔森的研究地点虽然位于非洲的布基纳法索，但得到了大致相似的结果。在艾滋病预防工作者看来能够带来风险的那些性行为，在相爱的伴侣看来则显示了相互的信任、忠诚和专一。爱情被认为是预防艾滋病传播的一种手段，甚至是比使用安全套更为可靠的一种手段。

不过，爱情的意义远远不止这些，它还体现了人们对于安全感的渴求。在一个动荡不安、机会匮乏的社会中，在一个传统的大家庭并不必然能够提供必要的情感支持的社会中，爱情变得尤为重要。它提供了人们在其他地方或者通过其他方式所不能得到的情感慰藉和社会支持。正因为此，爱情的缺失变得让人特别难以接受。正因为安全套的使用否定了双方的忠贞，从而也否定了爱情本身，人们才唯恐避之不及。②

第四节　本书：日常实践取向

在粗略勾勒既有相关研究的基础上，我们可以澄清本书的研究取向——日常实践。显然，日常实践取向与实践取向既有相似也有不同之处。相似之处在于，本书关注的也不是性和爱情的本质，而是人们如何在现实生活中理解和处理性和爱情之间的关系。不同之处在于，本书关注的实践属于"整体性"的日常生活实践，

---

① Sobo, E. J., "Narrative of Love and the Risk of Safer Sex," in de Munk, V. C., ed., *Romantic Love and Sexual Behavior* (London: Praeger, 1998).

② Samuelsen, H., "Love, Lifestyle and The Risk of AIDS: The Moral Worlds of Young People in Bobo Dioulasso, Burkina Faso, Culture," *Health & Sexuality* 8 (3) (2006).

而不是被定量调查按照预定的结构"裁剪"的实践。因此，总体而言，本书更接近上述实践取向研究中的后两种类型。

除了整体性之外，我们还想强调一下日常实践的其他三个特征：实践性、情境性和具体性。

一　实践性

对于直接面对日常生活的行动者来说，"性和爱情的关系"这个问题本身就是一个实践性的问题，它牵涉实践，以实践为取向，对它的回答则鲜明地体现了受访者行动的倾向性。尽管在接受访谈的时刻，在研究者有意创设的问题情境中，受访者是在进行理论静观（theoretical contemplation），已经在某种程度上脱离了实践态度。"但是，这种静观思维的全过程都是为了实践的意图和结果而进行的，正因为如此，它在这个工作的世界中、而不是在一个有限的意义域中，构成了理论静观的'飞地'（enclave）。"①

事实上，我们前面在博客或微博中所观察到的，即人们因为性和爱情在实践中的断裂而激发的日常问题意识，本身便是"理论静观"的体现。但与柏拉图和弗洛伊德不同，日常生活中的普通人之所以进行理论静观，首要目的不是洞悉性和爱情的理论本质，而是为了解决日常生活中所碰到的困惑和棘手难题。困惑或难题导致了日常生活在某种程度上的中断，理论静观的目的便是为了清除障碍，确保日常生活得以顺利、流畅地展开。

二　情境性

日常实践总是嵌入在特定的社会文化情境之中。为了确保日常实践得以顺利展开，行动者必须对自己置身其中的情境有最基本的了解和把握，并在此基础上对情境的性质进行界定。界定可以以前意识或者下意识的形式进行：在这种情况下，行动者面对

① 阿尔弗雷德·许茨：《社会实在问题》，霍桂桓、索昕译，北京：华夏出版社，2001，第326页。

的往往是熟悉的情境，通过惯例和常规所积累的经验已经大大减少了情境界定的负担。界定也可以是有意识、明确的思考过程，例如在碰到惯例常规不再有效的旧情境或者完全陌生的新情境时。

社会转型所导致的社会历史断裂在很大程度上创造了一个新的情境，之前形成的惯例常规无法再确保日常生活的顺利开展，关于性、爱情及其关系的旧的理解和处理方式也不再能顺利解决日常生活中涌现出来的各种棘手问题。日常问题意识的激发正是诞生于这种情境之中。对于日常实践及与之相联的意识状态的理解必须参照具体的情境。

三　具体性

日常实践总是具体的、零碎的，它总是在具体的情境中发生，面向具体的生活任务。就此而言，并不存在统一的"性实践"或者"爱情实践"。统一的、抽象的、一般的"性"概念和"爱情"概念只有在进行理论静观时才可能出现。在具体的日常实践中，爱情总是具体的，它总是具体的人之间的爱情，总是处在特定的时间和空间中的爱情；性也是具体的，它总是发生在具体的人之间，这些人或者是爱人，或者只是认识的人，或者是陌生人，或者是性工作者，等等。因此，在日常实践的层次上所探讨的性和爱情的关系，必定是具体的爱情和具体的性之间的关系，是具体的实践所体现出来的性和爱情的关系。

另外，在强调日常实践的情境性的基础上，之所以仍然强调具体性，是因为情境可大可小、可宽可窄、可宏观可微观，单单强调情境性，未必一定会注意到情境中那些具体而微的方面。换言之，通过强调具体性，我希望大家：（1）关注情境本身所包含的层次性（例如布洛维在讨论拓展个案法时所说的时空延展的层次性①）以及宏观和微观层次之间的关联；（2）关注所有层次（哪怕是宏观层次）中那些特别具体的，甚至是物质性的构成要素。

---

① Burowoy, M., "The Extended Case Method，" *Sociological Theory* 16（1）（1998）.

第二章
爱情的日常概念与文化库存

本书从资源库或工具箱的角度来理解文化。其中，一个很重要的部分便是由各种日常概念所组成的资源库或工具箱。

在这里，日常概念是相对于学术概念而言的，指的是人们在日常生活中为了理解、把握和组织各种日常生活要素而使用的概念。与学术概念不同，日常概念常常显得含混不清，缺乏明确界定的内涵和外延。但是，日常概念并不排斥学术概念，在学术概念渗入日常生活并构成行动者可以借用的潜在资源的意义上，它们同样构成了日常概念的一部分。例如，在当代社会，学术界对爱情或性的界定会通过各种渠道传播，进而塑造普通人对爱情或性的理解。当然，在这个传播的过程中，学术概念往往会逐渐失去之前所具有的严格性，其意义与日常用语所承载的很多其他意义融汇在一起，从而使爱情或性变成一个异常复杂的意义混合体。

换言之，每一个日常概念背后都隐含着一个成分异常复杂的文化库存，后者本身就是一个由各种相关概念构成的概念库。在当代社会生活的背景下，概念库通常包容了很多不同的文化要素，既有本土的，也有外来的；既有草根的，也有高雅的。这些文化要素代表着不同的理解视角，而且它们相互之间并不一定协调一致。这些概念工具是人们理解性和爱情及其关系时无法躲避的符号中介。透过不同的概念工具，事物或现象就会呈现不同的意义。因此，这些意义不仅多元，而且可能相互矛盾。

另外，需要强调的是，各种文化资源之间并非完全平等，而是在象征权力上存在差异，并构成某种等级秩序。假如某种文化资源的象征权力被日常行动者所接受，而且接受的程度是如此之深，以至于他们丝毫不会怀疑，自动按照这种文化资源的指引来行事，那么，他们的"视野"就会被这些资源所束缚，因而无法看到其他的可能性。在此意义上，文化资源的象征权力总是意味着暴力。其暴力性体现在强加特定的可能性视野，而排斥其他的可能性视野。①

第一节　爱情体验与爱情关系

如前所述，日常概念通常并不严谨，混杂了很多不同的含义。对爱情来说，最为显著的一点是混淆了体验与关系。

当人们问"你爱不爱他/她"时，这里的爱情其实指的是爱情体验，即你是不是体验或感受到对他/她的爱情。爱情也可以用来指特定类型的社会关系，尤其是"恋爱关系"和"婚姻关系"。当人们接着前面的问题问"你们有没有确立关系"时，这里的关系指的便是爱情关系。将两个方面联系在一起的是一种社会行动，即爱情的表白和接受。如果说主动表白者揭露的是爱情体验，那么接受表白者则通过自己的认可确立起爱情关系。

现实生活的复杂性在于，爱情体验与爱情关系并不一定相互对应。相当常见的情况是，双方虽然建立了爱情关系，但缺乏爱情体验。同样常见的情况是，一方体验到对另一方的爱情或者双方体验到相互的爱情，但并未建立爱情关系。

一　有爱情关系，但无爱情体验

这种类型可能包括很多种不同的情况。比如，我们很容易想到，在自由恋爱还不流行的时代，很多人通过亲友介绍建立恋爱关系或直接走入婚姻，双方的结合可能是因为结婚的压力，而非

① Schubert, J. D. , " Defending multiculturalism: from Hegemony to Symbolic Violence," *American Behavioral Scientist* 45 (7) (2002).

强烈的情感体验。再如，一些人最初的结合或许具有爱情基础，但相处既久，他们认为爱情"消失了"。但我们下面介绍的泳慧和荣枭①两个案例却非这种典型情况。

1. 泳慧：恋爱作为留住妈妈的"工具"

泳慧的爸妈自一开始就缺乏爱情，他们属于不同类型的人：妈妈是一个很活泼很多情的才女，爸爸则是一个"很古板的、孤儿出身的、很迂腐的，还有一些自负的人"。爸妈关系一直不和谐。自打记事起，泳慧就"隐隐觉得这个家庭是不安全的"，一直担心妈妈离家出走，所以在很小的时候就开始监视妈妈的行踪。妈妈走到哪儿，她跟到哪儿，结果被爸爸绑到树上。后来，爸妈还是离婚了，她尝试自杀，没有成功。17岁的时候，她找了一个比她大12岁的男朋友，因为他具有硕士学历，而妈妈喜欢高学历的人。所以，找这个男朋友是为了吸引妈妈的关注，希望妈妈能够回心转意，跟爸爸复婚。但这个男朋友并不符合她自己的标准，她对他也没有心动的感觉。当时，她其实有更心仪的对象，但为了挽留妈妈而放弃了这个选择。

> 刚开始的时候……过去一看，他可能不是那种有活力的，不是那种的。好委屈。后来，我帮他做了一个形象工程，因为你看他这么一个搞数学研究的，不打扮，穿的又是短一点儿的衣服。不是那种感觉了，不是理想的，不是符合自己的眼睛的标准的那样子……有一个男孩子，我从小跟他一起长大，他比较合我心中的标准。他也跟我表白过，但是我拒绝了他，我说我已经有男朋友了。其实心里面，哪怕跟那个人谈着，心里还是有他的影子。

在和男朋友交往差不多两年后，泳慧听说爸爸准备再婚，便从中阻挠。她想的办法是，和爸爸同时办婚礼，以此来羞辱和吓阻他。但由于她刚过19岁，不到法定婚龄，未能如愿。后来，当

---

① 本书对被访者进行了匿名化处理，所用皆为化名。

听说爸爸再婚后，她突然意识到，妈妈再也不可能回到这个家庭了，她选择这个男朋友不是为了自己，继续和他在一起不再有任何意义。所以，她决定与他分手，尽管他们前不久刚刚发生了第一次性行为。

2. 荣枭：盛"情"难却

荣枭在大学期间也谈过恋爱，但双方争吵不断，因此大学毕业时就很自然地分手了："也没有多少伤感，就觉得一场戏演完了，也就该停了，大家该走了。"后来，荣枭在国内的顶尖高校读研，一个之前不常联系的高中同学决定在国庆期间来看他。虽然女方未曾明言，但他能够明显感受到，对方的意图是想与其发展恋爱关系。

> 她要过来看我，而且她在南方，我肯定能意会到。一个女生，大老远的赶飞机过来了，而且她是听到我要和大学时的女朋友约着出去玩的时候，她也没有提前打招呼就来了。你想她肯定就……我们彼此都意会，但是大家都不说。现在就出去玩，给彼此一个机会。去了之后，就莫名其妙地成了男女朋友了。当时那感觉就是，怎么说呢，挺糊涂的。所以，我就比较郁闷。那天碰到大学同学，我就说，这就是爱情吗？她躺在我怀里的时候，我都没男人的感觉，感觉就把她当作妹妹一样或者当作什么。然后就好了，然后就不停地问自己，这就是爱情吗？我觉得肯定不是。

在高中的时候，荣枭"就觉得与她有进一步交往的可能，因为她长得漂亮，家庭也不错，而且也有很多男生追她"。这或许是他在意会到对方的意图时没有明确拒绝的原因。在当面交往的过程中，女方表现得非常主动。荣枭自己分析说，这或许是他稀里糊涂地答应发展恋爱关系的原因。但是，让他感到困窘和尴尬的是，他没有任何心动的感觉，也没有性的冲动。双方发生了一些边缘性行为，这既让他感到自责，又让他感到宽慰。自责是因为他不爱对方，但性行为却让他背负对对方的责任。宽慰是因为，发生的只是边缘性行为，而非性交，所以责任不至于那么严重。①

让事情变得更加复杂的是，他的父母与女方的父母属于抬头不见低头见的同事。双方建立恋爱关系后虽然尚未见家长，但双方家长均已知晓，因此事实上已经把双方家庭牵扯进来了。没有爱情体验，但又很难提出分手，让荣枭感到非常煎熬。

二　有爱情体验，但无爱情关系

双方有爱情体验，却没有建立正式的爱情关系，往往是因为存在现实的阻碍，比如空间距离或者一方已经有恋爱对象或婚姻伴侣。

1. 薇禾：空间距离与暧昧关系

在一次外出旅游的过程中，薇禾和一个外地男孩互相产生了好感。旅游结束之后，天各一方。她虽然向男孩直接表白了，但无奈相距太远，他们很难按照正式的恋人关系来相处，因此决定让时间来解决问题。

> 我有一个很喜欢的男生，他在南方，离我很远。我跟他认识是在西藏，那个时候是彼此都有好感。回来之后，就是我回到北方，他回到南方之后，我跟他表白，我很喜欢他。但是这个距离太远了，而且我千里迢迢，跑到那边去工作也好，但是在一年之前，不是很现实。我还在上学，我总要毕业吧。因此，就处于一个很暧昧的关系中。大家都希望时间能解决问题，这样也很好。但是，实际不是这个样子的。其实，也许距离把我们分开了，但还有短信的联系啊，网上的联系啊，都有。分开也许一年两年之内还起不了很大的作用，我还是很想念他，还是想和他在一起。

薇禾认为，尽管她和那个男孩直接表白过，但是他们的关系

---

① 关于性行为与道德责任之间的关系，本书后面的章节会讨论。

并不属于爱情关系，而是一种没有正式名分的"暧昧关系"。因为两地分隔，她还在上学，双方的生活面临很大的不确定性，所以希望让时间来解决问题。但是，事实表明，双方都无法彻底割舍对方。在长达一年多的时间里，虽然他们只见过两面，但一直通过短信和互联网保持联系。就情感体验而言，薇禾认为自己感受到的就是爱情。

在一年的时间里，我去过两次深圳，都是自己跑过去的。第一次去的时候，什么都没有发生，他就带我去玩啊，这个很正常。第二次的时候，因为时间特别紧，我在他的城市只能待 24 个小时。我就跟他说，我在这儿只待 24 小时，我希望24 小时你都陪着我。他说好，然后就去了。去了之后，晚上就住在一起，订的房间。因为我跟他接触，始终把所有的时间都算在一起，不到三个礼拜，就是面对面的见面，应该是三个礼拜，认识的时间很短，交流的时间很长，一年多。在第一次去的时候我跟他没有拉过手，就是很正人君子的，就是我一直很喜欢他，他也喜欢我。第二次的时候，从都没有拉过手，直接躺到床上去。这个过程是一个很自然的过程，就是我很喜欢你，很喜欢，我需要这种方式来表达我的喜欢，我的感情，我的爱。这个过程也许看来是一个很快的，很不可理喻的速度，但是在我们俩心里面是顺理成章的。

在第二次见面时，薇禾与男孩发生了性关系[①]。但是，她认为，这一事实并不会促使他们的关系发生实质性的进展："在我跟他发生关系之前，我跟他是一种很暧昧的关系，谈不上是情侣，但又互相喜欢，就是很模糊的状态。在发生关系之后，还是这个样子。我们心里面彼此都是很了解的，很熟悉对方的。但这不能改变大的方面，不会有实质性的进展。这个现在是做不到的。"

---

① 薇禾在后面解释说，她这里所说的"性关系"指的是他们发生了传统的阴道性交行为以外的性行为。

2. 丛歌：三角恋情中的"第三者"

丛歌在高二的时候卷入了一场三角恋情。男方在另一个城市，比她大八岁，已经大学毕业参加工作，也有女朋友，并到了谈婚论嫁的地步。丛歌偶尔到他所在的城市，通过一个朋友认识了他。双方见面后都互有强烈的感觉，在差不多十天半月的时候，他们发生了性关系。丛歌说，她一直觉得虽然"婚外情"① 并不是一个特别恶劣的东西，但是，如果第三方知道了，他痛苦，丛歌自己也痛苦，这样就得不偿失了。

> 所以，当时我知道他有女朋友，我跟他在一块儿没有很大的罪恶感。但是，后来我就躲着他，因为我要回到我自己的城市啊，我也就是偶尔去，不可能跟他长久在一起。电话不接啊，短信不回啊，网上隐身什么的。后来我以为这样就可以了，但是他找我挺疯狂的。他当时是已经工作，跟家人啊、朋友啊都在那个城市，就是所有的关系都在那个城市，但突然有一天他就来找我了。走之前，留了纸条给家人，就说"我要出去到别的地方去办一些事啊，处理一些东西，你们不要找我，我保证我会很安全"。大概就是这样。然后，他就跑来找我了。他把原来的手机卡什么的……他就不再和原来的人联系了，就一直在那边待了 2 个月吧。我们每天就在一块儿，也没……后来，我就说，你必须要想一个办法，你不可能永远就这样。你要么就……你如果真的很想跟我在一起，你就回去跟她分手说清楚；你要是不那什么的话，咱就不能这么拖着。他就说，要在我所在的那个城市找工作。然后，找工作期间，在网上发简历啊什么的，就让他家人找到他了，然后就打电话打到我这儿来。他们就聊，聊了特别久。然后，他就决定回去了。其实，他决定回去，我也挺能理解的，因为那个地方才是生他养他的地方，他几乎所有的关系都在那

---

① 丛歌卷入其中的并非严格意义上的"婚外情"，因为男方尚未结婚，但性质是类似的，所以她自己也直接使用"婚外情"这个词语进行类比。

儿。如果他留在我所在的那个城市，肯定是他为我牺牲了。

丛歌认为，在她所经历的这段三角恋情中，男方对两个女性的情感都是爱情，而两个女性也都爱这个男性。换言之，男方和两个女性都是"相爱"的。其中，男方和大学时便相识的女朋友是特别适合走一生的那种情感，年龄相近，人际圈子也有很多重叠。和丛歌，则是基于强烈的相互吸引，谁都放不下，所以纠缠了将近三年，直到男方结婚为止。

> 虽然我知道这个很没劲，我现在回头想起来，我觉得特别没意思，但是当时我跟他谁也放不下谁。我知道，从始至终他都特别爱他的女朋友，因为他女朋友跟他在一起特别久，是很贤良淑德的那种女孩。他们生活圈子重叠也比较多，年龄也比较相近，就是他们才是可以走一生的这种。但是，我和他又互相吸引，又没有办法逃开他，……反正就是一直逃不开吧。所以我们就一直这样纠纠缠缠，纠纠缠缠……然后就一直纠纠缠缠特别久，一直到去年他结婚了。这个时候我们大概已经在一起两年多快三年，就不算是在一起吧，就是一直有联系。

由于双方不是正式的恋爱关系，有点"地下恋情"的色彩，同时由于丛歌当时还在上学，双方很少能像"正常的情侣"那样共同参与"日常生活"，很少能够有机会体会"过日子"的感觉。所以，丛歌说，她一直想跟男方一起做但没有做成的一件事情就是"一起逛超市"。这种在普通人看来琐碎甚至无聊的事情在丛歌那里却获得了非同寻常的意义。如果不了解他们关系的背景，就无法理解这一点。

三 爱情与性的关系：错位与张力

当人们说，"先有爱情再有性，或者只要有爱情便可以有性"

时，爱情究竟指的是什么呢？显然，爱情这个简单的词语可以用来指称很多不同的东西。如果不进行区分，我们便无法清晰地讨论爱情与性的关系。这正是我们对爱情体验和爱情关系进行区分的原因，也是进行后续一系列区分的原因。

在对爱情的内涵进行澄清的基础上，我们便会注意到，爱情所指涉的内容不仅存在差异，而且可能存在矛盾与冲突，尤其是在涉及与性有关的问题时。这些内容将在后面逐步予以介绍。

第二节　感觉、喜欢与一见钟情

感觉、喜欢与一见钟情是人们在描绘爱情时常用的一类词语，它们强调的都是爱情之中激情的那一面。

一　爱情：无法定义的"感觉"

对一些被访者来说，爱情就是一种"感觉"，而且是一种无法定义和描述的感觉。例如，前面提到的丛歌便是如此认为的。

> 问：你刚才说，你一直都知道，他的女朋友爱着他，他爱着他女朋友？
>
> 丛歌：对啊。
>
> 问：那你觉得，他爱你吗？
>
> 丛歌：爱我。
>
> 问：你呢？爱他？
>
> 丛歌：爱他。
>
> 问：那他女朋友爱他吗？
>
> 丛歌：爱他。
>
> 问：那对于你来说，怎么判断什么是爱，什么是不爱？
>
> 丛歌：感觉啊……你真要给它下定义的话，这种事就太没劲了。

对丛歌来说，爱情就是一种非常个人化的感觉，爱与不爱，当事人自己心里清楚。试图给这种感觉下定义的努力非常"没劲"：既没意思，也难以成功。荆山则认为下定义的努力"比较虚"。虽是不同的说法，但表达的意思相似。

> 问：那你有没有想过爱情是什么？
> 荆山：什么是爱情呀？
> 问：对呀。
> 荆山：这个我觉得比较虚吧，关键还是看感觉。就是说，如果从一个学理的研究角度来说的话，可能会给爱情下一个略微完善的（一个）定义。但是呢，如果从一个人，从实际出发的话，什么是爱情呢？爱情就比如说是一个男生看见一个女生，动心了，心"怦怦"地跳，愿意为她付出一切。那他觉得这就是爱情。

与丛歌相比，荆山的不同之处在于：（1）他把定义式的描述限定在学术研究的范围内，将之与日常生活相对；（2）他试图更加具体地描绘爱情的感觉，强调"心"之所"动"（"'怦怦'地跳"）。但荆山与丛歌一样，同样强调感觉的个人化色彩：如果"他觉得"是，那"这就是"。

二 喜欢与感觉

另一个在描绘爱情时常见的词语是"喜欢"。喜欢与感觉在意义上密切相关，很难区分。在某些情况下，甚至可以认为，"感觉"就是"喜欢"的感觉，"喜欢"就是"有感觉"。

> 问：你刚才说，爱情是什么？挺什么的东西？
> 筱清：就是说，爱情是一种挺单纯的东西，我觉得是。
> 问：为什么称为"单纯"？单纯是什么意思？
> 筱清：因为爱情它其实就凭着一种感觉来，我觉得。真

正的爱情它就是凭着一种感觉来。刚开始至少是感觉吧，慢慢培养出来，可能是情更深啊、意更切啊之类的。所以，这个东西其实特别单纯，完全是凭感觉的，我喜欢你就是喜欢你；不喜欢你就是不喜欢你，没法跟你在一起。就是这样。

筱清认为，"真正的爱情"至少在最开始的时候应该只看重"感觉"。所谓感觉，就是你是否真正喜欢一个人。如果喜欢，便是我们通常所说的"有感觉"，那么便可以继续相处。如果不喜欢，没感觉，就没法在一起。

喜欢是一种感觉，而爱情也被视为一种感觉，那么该如何理解喜欢和爱情的关系呢？

三　喜欢与爱情：程度之别还是性质之别？

有些人认为，喜欢和爱情只是程度之别。例如，思瑗倾向于把感觉理解为一个连续体，由浅入深。总体而言，喜欢概括的是感觉程度更低的部分，而爱情指代的是感觉程度更高的部分。但无论是喜欢还是爱情，其内部也仍然存在程度高低之分。

　　问：那爱情是什么？

　　思瑗：爱情是一种感觉，就是无私的奉献，它只是一种感觉，它不能固定是什么。希望跟他在一起，牵挂他，这是一种表现。就是我思念他，牵挂他，真正的爱情就是一种感觉。

　　问：爱情和喜欢有区别吗？

　　思瑗：程度上的区别吧，开始都是喜欢，慢慢地都变成爱。就好像，如果按分数来分，喜欢可能是50分、60分，爱情可能就是70分、80分、90分、100分。爱也有浅爱，也有深爱，也有程度上的区别。

　　问：那你和一个人在一起，你怎么来区分是喜欢他，还是"浅爱"或"深爱"呢？

思瑷：我要是喜欢一个人，可能就会愿意和他在一起，但要是分开了呢，也就分开了哦，可能会难受，但不会非常痛苦，不会舍不下。但如果你爱一个人，你可能会愿意为他做一切事情。比如说，你的爱人双目失明了，他需要一只眼睛，你就会毫不犹豫地给他一只，就那种感觉。但如果你喜欢一个人，你就做不到会为他奉献，只要他快乐你就快乐。我觉得，你们研究的这个确实很深奥。

问：深奥，为什么呢？

思瑷：其实这就是一种感觉。很难表述得清楚，一个人一个看法，是吧？

问：对。

思瑷：不像数学，1＋1就是等于2。

对思瑷来说，喜欢与爱情在感觉程度上的差别意味着依恋程度以及愿意为对方付出的程度的差别。依恋的程度越深，分离的痛苦越深，愿意与对方同甘共苦的程度也越深。由于强调的只是程度之别，那么喜欢与爱情之间就不存在绝对的界限或者性质的根本差别，因此最初的喜欢才能"变成"爱情。

但是，也有被访者认为，二者之间并非只是程度之别。例如惜妍。

问：就比如说"我爱一个人"和"我喜欢一个人"……

惜妍：应该是有区别的。好像爱在程度上更深，喜欢……你可以同时喜欢上几个。不光说是异性的，同性的我也喜欢，比如说哪个方面，哪个点表现突出，性格特点啊、处事能力啊、处事风格啊，你很欣赏，可能就可以说我喜欢这人。但是，对异性喜欢可能就会慢慢发展成爱情。

除了程度之别，惜妍还指出了喜欢与爱情的另外两个差别：（1）一个人可以同时喜欢多个人，但却往往只会爱上一个，亦即爱情具有更强的排他性；（2）一个人可以喜欢异性，也可以喜欢同性，而爱情则发生在异性之间。惜妍认为，只有异性之间的喜欢才能发展为爱情，想当然地把同性之爱给排除掉了，可见她默默接受了异性恋的价值规范。如果排除这种性别的限制，惜妍与其他被访者一样，也认为喜欢能够"发展成"爱情。如此说来，在"非排他的喜欢"和"排他的爱情"之间并不存在阻碍转变的"鸿沟"，排他性的程度或许是随着感觉的程度变化的。

四　一见钟情是爱情吗？

在谈论喜欢、感觉这些词语时，"一见钟情"也经常被提到，可见它们在意义上存在密切关联。关于一见钟情是否是爱情，被访者存在不同的理解。总体来看，被访者越倾向于把爱情理解为一种感觉，越强调感觉对于爱情的重要性，也就越倾向于把一见钟情认可为爱情。让我们再看看荆山的例子。

问：然后好多人都会谈到感觉，你怎么看这种感觉呢？

荆山：我们同学分析过两种，一种是一见钟情型，一种是日久生情型的。

问：什么叫一见钟情呢？

荆山：一见钟情就是你一见面就喜欢上人家，然后日久生情就是两个人在一起磨合啊，慢慢地喜欢上那种。我觉得这就是两种不同的感觉。我觉得，前一种呢就是第一感觉，然后就自然喜欢上了，后一种呢是慢慢地培养你这种感觉。所以，我觉得感觉可能就是真的蛮重要的。就是如果两个人没有感觉的话，肯定不行。可能有的人是你很欣赏的人，但是你可能就是没有感觉，可能也不行。怎么说这个？

问：那你说那个一见钟情就是喜欢，喜欢跟爱情一样吗？

荆山：应该可以画等号吧，这种喜欢就是那种 love。

问：一见就爱上啦？

荆山：应该有这种吧。你认为没有这种吗？

问：我不知道。

荆山：我也不知道，我自己没有这种经验。但是我觉得一定存在，要不然不可能有这个词吧。

问：呵呵，那就是一见就是爱啦？

荆山：对。

荆山认为，感觉对于爱情而言非常重要，但感觉可以通过两种途径产生。一种是一见钟情，只看第一眼便自然而然产生的喜欢。另一种是日久生情，在慢慢相处的过程中培养出来的喜欢。尽管荆山并未体验过一见钟情，但他认为，一见钟情的喜欢就是爱情，人们有可能只见一面就爱上对方。

但对其他被访者来说，一见钟情算不上爱情。他们认为，爱情意味着更多的内容；感觉对爱情来说可能很重要，但这远远不够。

问：那一见钟情是什么意思？

双渔：一见钟情就是说，两个人见第一面就心里默默地……就是看见对方感觉似曾相识。似曾相识怎么表达呢？因为每个人心里不都是有一个爱情的标准吗？觉得要找一个什么样的男人啊，面相啊，还有身高啊，还有就是像……最主要就是面相跟身高吧。一见钟情就是说，产生似曾相识的感觉，符合自己的择偶标准，感觉很好，然后就想和他在一起。这种就是突然间有点儿相信对方。

问：一见钟情会突然产生爱情吗？

双渔：一见钟情我觉得就是说，是一种感觉吧，是一种感情。但是爱情它是一个……感情包括爱情吧。但是它（一见钟情）还没有升华到爱情这个地步，它是感情的一个初级阶段，只是很有好感，很想拥有对方。但是，爱情是什么？我觉得，就是没有对方感觉生活……实在离不开对方，就是达到了很依赖的感觉。这种才能说是爱情吧。如果说一见钟情就是爱情，那么这个爱情……人家说什么，不是说现在这个社会真爱难求吗？如果一见钟情就是爱情，那么……约会产生的都是爱情？一见钟情其实就是彼此对对方有一个好感，找到一个符合自己条件的人，而爱情的话还是需要时间相处的。这就是说，两个不一样。一见钟情它是很快的，一个倏忽间的感觉，一下子就想到和对方在一起。而爱情是一个长期积累的感情过程，是（一个）稳定的、一会儿也不能分开的。一见钟情还经常在生活中发现性格不符合或者说什么的，还会分开。

在上面的引文中，双渔详细地描绘了一见钟情的感觉，并将它与爱情进行了比较。他认为，一见钟情只是因为对方契合自己的恋爱或择偶标准而倏忽间产生的好感，它使人们倾向于继续交往，从而为爱情的发展提供了机会。但是，它本身并不是爱情，也并不必然发展为爱情。对他来说，爱情意味着更多的东西和更高的要求，是一个"长期积累的感情过程"（相对于一见钟情所对应的"很快"、"倏忽间"和"一下子"），一个升华后的高级阶段（相对于一见钟情的"初级阶段"），一个稳定的、相互依赖、不可分开的状态（相对于一见钟情的"还会分开"）。

与双渔一样，艾歆也认为爱情意味着比感觉更多的东西。双渔把一见钟情与恋爱或择偶标准的契合联系起来。与之类似，艾歆也把爱情理解为某种契合，只不过这是一种要求更多、更高、也更难实现的契合。

问：那有人说是感觉。是感觉上的东西吗？

艾歆：首先，感觉一个人一辈子不会只有一次。但是，真正的爱情，这个东西很难说。感觉有可能我走在街上，两个人擦肩而过，感觉就瞬间产生，但是不会有任何结果。

问：那你刚才说的"对上号"是什么状态？

艾歆：仅仅有感觉不完全是爱情。我觉得，"对上号"是在个性、气质、对事物的认同，很多方面有共同的认知，甚至是心灵上的很契合的感觉。我要做什么事情，我还没有说，他先说出来。我现在的对象就是有这样的情况。因为我做事情，就是一般在头脑里酝酿一两次才能说出来，但是他总比我先一步，就是我还在想该不该说的时候，他总是先说出来。我觉得，这种东西不是跟每一个人都能产生的。可能这属于……我自己的爱情就是这样。

在上面的引文中，艾歆同样对感觉和爱情进行了对比。感觉在两个路人擦肩而过的时候就可能产生，因为（如同双渔的分析）这种契合所要求的东西可能不那么多。但爱情则要求双方在很多方面都"对上号"，进而在这些基础上形成"心灵上的契合"。正是因为爱情所要求的东西更多，所以它更不容易实现。艾歆认为，一个人在一生中不可能只对一个人产生感觉，但很可能只会跟一个人产生如此强烈的心灵契合。在接受访谈时，她正在经历的爱情就具有类似的特征。所以，她担心，如果和现在的男朋友分手，她将很难再找到和自己如此心有灵犀的伴侣："我对其他人可能很难再有这样的感觉了。即使我和他分手，我都在发愁，我担心再不会有这样让我满意的人了。现在是这种感觉。"

与艾歆类似，沐瑾提到"匹配度"的概念，认为人一生能够找到一个各方面匹配度都很高的人很难。她认为，她与自己的"婚外情"对象（她的一位男同事）之间就是这种匹配的感觉。她说，匹配度最明显的例证是共同语言，双方有说不完的话。在一起约会的时候，两人只是拉着手或者靠着背，可以一直聊天，反而忘了去做其他身体上更加亲密的事情。这种状态本身就让他们感觉很舒服、很满足。去宾馆约会，如果没有发生性行为，并不会让她感到不满或遗憾。

第三节　亲情、感情与爱

亲情、感情和爱是人们在描绘爱情时常用的另一类词语，它们强调的都是爱情之中稳定、平和与持久的那一面。如果说（单纯的、初步的）感觉和喜欢通常与爱情发展的早期阶段联系在一起，那么亲情、感情或者一般意义上的爱则处于爱情发展的后期。

换言之，日常生活中的普通人对爱情的理解隐含着一种时间逻辑。其中一个非常突出的特点是，爱情被认为终究会变成亲情。

一　爱情终究会变成亲情

这方面的例子比比皆是，我们简单呈现几个。

> 问：刚才你说你分辨不出来什么是爱情、喜欢什么的？
> 冬莼：说不清楚。
> 问：那你觉得"爱"呢？爱和爱情你能分辨清楚吗？
> 冬莼：爱情不就是三个月的保鲜期嘛，过了还有什么啊？以后爱情就是一种亲情了。

> 艾歆：名著当中有好多爱情，（我）基本上各国的名著都通读了，但是就算你看了那么多，那也不是我的经历。那些都是经过美化的东西，真正的爱情还是要细水长流的。
> 问：细水长流？
> 艾歆：爱情最后肯定会变成亲情，就是这样。

> 问：就是说，你觉得爱情会随着时间而变化吗？
> 檀香：会。
> 问：有什么变化？
> 檀香：我觉得是一个……开始是兴奋、激情，慢慢地会归于平淡，但是依赖感会越来越重（强），真的是一种从爱情到亲情的感觉。

冬莼认为，爱情只有"三个月的保鲜期"，之后就变成亲情了。当然，她这里所说的爱情指的正是檀香所说的充满"兴奋、激情"的爱情。不止一个被访者提到"爱情的保鲜期"，只不过他们所说的保鲜期有长有短：冬莼说只有三个月，其他人则提到六个月、一年、两年或三年。有的被访者还提到与保鲜期的生物化学基础有关的研究①，认为爱情的兴奋和激情是由特定的化学物质导致的，但这些物质会衰减甚至消失，从而导致爱情归于平淡。

艾歆基于自己的经历，谈到爱情文学对其爱情观念的影响。她认为，文学名著把爱情理想化了，过于强调了爱情所带来的兴奋、激情和轰轰烈烈的特征。在年幼并且缺乏恋爱经验的阶段，她对爱情的想象深受文学作品的影响。但是，随着年龄的增长，自己也有了恋爱经历之后，她逐渐意识到爱情文学的虚幻性质。对她而言，"真正的爱情"——也就是现实生活中的爱情——是细水长流的。爱情可能都会有一个轰轰烈烈的阶段，但这个阶段不会持久，至少不会像文学作品所描绘的那样持久。艾歆把自己成长和成熟的过程描绘成一个从爱情文学的影响中脱魅的过程。

檀香具体地谈到了亲情这种体验的特征：平淡，但是依赖感很强。这其实也呼应了前面双渔对爱情的描绘："就是没有对方感觉生活……实在离不开对方，就是达到了很依赖的感觉……爱情是一个长期积累的感情过程，是（一个）稳定的、一会儿也不能分开的。"

二 亲情之爱情：还有激情与浪漫吗？

一个有意思的现象是，无论被访者是不是强调感觉对于爱情的重要性，无论是不是认为爱情就是一种感觉，但都倾向于认为，爱情总体上将向亲情的方向发展。这是非常耐人寻味的，关于其中的深意，我们后面再讨论。在这里，我们想讨论的是，激情之爱会彻底转化为亲情之爱吗？与激情和浪漫相联系的"感觉"会彻底消失吗？被访者是如何理解的？

总体来看，被访者倾向于认为，如果两个人之间还存在爱情，如果他们两人之间的感情还可以被称为爱情，那么爱情就不会彻底转化为亲情，或者不会变得和其他亲情完全一样，仍然会保留"情侣之爱"的某些"特色"。

---

① 类似于我们在第一章对"某些社会心理学派"的介绍中提及的那些生化研究。

问：好多女孩子都这样说，什么爱情到亲情。亲情和爱情有区别吗？

檀香：有啊。

问：区别在哪儿？

檀香：爱情就是你会很激动啊，你看见他会脸红心跳啊那种。但是，到稳定阶段，你就觉得再也没有那种激情了，就不会……但是他好像已经成了你的一部分，跟你父母一样都是你的亲人，就是不可或缺的一部分。然后，这就是区别啊，就很平淡，就绝对不能少，会很依赖。但是，爱情那种激情不一样啊，你会很浪漫啊，为他去死都行啊，什么什么的。现在会归于理性吧，越来越理性，就不会失去理智的那种，这是一个阶段。

问：亲情？你刚刚说，好像变成了自己的亲人，然后说你和你父母是一种亲人，你和你丈夫也可能是一种亲人。

檀香：对啊，对啊。

问：那有区别吗？

檀香：我觉得，慢慢地，区别就越来越小了。之前是跟他爱情比较多一点，如果以后成了我的丈夫，他就跟我的父母、我的孩子（一样）就同样的都是亲人了，就区别不大了。

日常语言具有模糊性，不够严谨。例如，在上面的引文中，当檀香提到"爱情"时，其实指的是"激情之爱"；当她说"亲情"时，其实指的是"亲情之爱"。准确地说，激情之爱和亲情之爱都是爱情，是爱情的两种不同形态。但在日常生活中，我们通常倾向于把爱情同激情联系在一起，把爱情等同于激情之爱。

檀香把激情之爱同脸红心跳的强烈感觉联系在一起，把亲情之爱与理性、平淡但却无法摆脱的依赖感联系在一起。在相处的早期阶段，激情之爱所占的比重更大。相处日久，亲情之爱的成分逐渐增多，伴侣之间的亲情与亲子之间或者兄弟姐妹之间的亲情变得越来越相似。但是，无论如何相似，檀香只是说两者"区别不大了"，并未说区别彻底消失。换言之，即使是对老夫老妻来说，激情的感觉仍然可能在某种程度上保留下来。

　　问：比如说，那种亲情还可以说成是爱情吗？
　　檀香：可以吧，我也不知道。我觉得，你和他之间肯定还是有那种千丝万缕的联系啊，但是，还是亲情多一点吧。或者，这种爱情需要某种事情来触发了，再找回这种激情。比如说，在某年的纪念日上，他又给了你一个大大的惊喜，然后你突然发现这种激情又重现了。但是，这种重现的激情绝对是你父母给不了你的，就是你父母给你准备一个生日宴会和你的丈夫突然说今天是我们认识多少多少天啊什么的，然后你突然……啊，你突然那种感觉应该还是跟你父母说"啊！今年给你准备了一个生日宴会"是不一样的吧！但是，你平时生活当中的那种亲情应该差不多。

　　檀香区分了两种生活状态：平淡的日常生活与惊喜的纪念日。平时，情侣之亲情与父母子女之亲情"差不多"。但是，如果在特殊的纪念日，情侣的一方为另一方准备了"大大的惊喜"，那么就会使激情重现。但是，这种重现的激情是父母、子女或者兄弟姐妹这些亲人所无法带来的。就此而言，伴侣之情仍然包含特殊的成分，不会因为时间的流逝而完全变为一般的亲情。但是，长期共同生活的伴侣需要有意识的努力来"触发"和"找回"激情。如果缺乏这些努力，那么伴侣间的激情就会被日常生活的涓涓细流冲淡，甚至完全感受不到它们的存在。

三　日久生情：感情与爱情

　　如前所述，荆山认为，爱情（或作为爱情之基础的感觉）产生的方式有两种：一见钟情和日久生情。对荆山而言，"日久生情"中的"情"指的是爱情或爱情的基础。
　　在这里，我们想指出，除了荆山所说的情况之外，"日久生情"还可以概括另一种情况：因为长期的共同生活，人们产生了感情，但这种"感情"并不是"爱情"，也不是能为爱情提供发展基础的那种"感觉"。让我们看看思瑗的例子。

　　问：那感情和你刚才所说的"爱"，能等同吗？

　　思瑗：不同，感情是感情，爱是爱。比如你不爱一个人，但你长期和他在一起，你跟他会有感情，你会不舍得去伤害他，但你会更痛苦。因为你和一个你不爱的人在一起，你明明知道你不爱他，却要和他在一起，那是很痛苦的。如果你碰到一个你爱的人，你会更痛苦。

　　问：你爱一个人的话，和"有感情"能分辨清楚吗？

　　思瑗：可以，因为我曾经有过一段这样的经历。我和我初恋男朋友六年，在第四个年头的时候分手了，我那时候特别痛苦，他对我简直就是精神上的虐待。那时候出现了一个我的追求者吧，他是我的一个小表哥，就是认识了很多很多年，就是没有血缘关系的小表哥。他也知道我这件事情，后来我们俩就在一起了。那个时候，就是我失恋的时候，我特别希望一种被呵护的爱情。当我有了这个爱情的时候，我特别兴奋，但这个兴奋期只维持了两个月。过了这两个月之后，我就知道，其实我根本不爱这个人，我还在思念我那个初恋。但是，我跟他毕竟有了感情，因为这两个月他跟我朝夕相处，对我特别好，我们家里人也同意了，就是结婚吧。但是，我知道我根本不爱他。最后，我决定，我不能和一个我不爱的人生活一辈子。他对我越好，我越觉得是一种愧疚。最后还是分开了，虽然他特别不愿意，但我还是坚持分开了。爱不爱，自己心里太清楚了。爱一个人，这就是一种感觉，我肯定知道。我根本就不爱他，他对我好，我当然很感动，但那就不是爱了。

　　问：那这是感情？

　　思瑗：对。我现在依然会想起他现在过得好不好，过得怎么样，有没有找到自己的爱人，有没有结婚，心情好不好，身体好不好。我经常会想起，有时候会发个短信问问，但这是一种曾经感情上的关心，这不是爱。

可能是因为有过切身经历，思瑗确信自己能够清楚地区分爱情和一般的感情。她认为，即使是和不爱的人一起生活，也会慢慢产生感情。她提到了感情滋生后的几个表现：（1）如果对方对你好，你会感动；（2）你会不舍得伤害对方；（3）不爱对方，又担心分手会伤害对方，这样就把自己置于痛苦的两难境地；（4）分手后仍然会关心对方，偶尔也会联系问候。

思瑗认为，在与远房"小表哥"恋爱的最初阶段，她所体验到的"兴奋"并非源于我们前面所描绘的那种"心动的感觉"，而是因为小表哥在她失恋之后所提供的温暖和呵护，这正好满足了她当时的需要。当从失恋的痛苦中走出来，她发现自己仍然思念初恋男友。换言之，思瑗认为，她"与小表哥"的恋情缺乏心动的基础，他们之间生发的不是爱情，而是"一般的感情"，即普通人只要共同生活便可能产生的感情。

前面提到，很多被访者认为，爱情需要心动的感觉作基础。但是，心动的感觉可以在初次见面就产生，也可以在长久的相处之后才产生。按照这种逻辑，至少从理论上说，如果两人目前还未产生心动的感觉，并不意味着今后不会产生。但是，思瑗之所以能从"我知道我根本不爱他"导出"我不能和一个我不爱的人生活一辈子"，恰恰表明她从"当下的不爱"推导出"一辈子不爱"。这或许表明，无论思瑗是否承认未来产生心动感觉的"理论可能性"，但她并不看重这种可能性；或者这种可能性太小，以至于可以忽略不计。无论如何，在缺乏心动感觉的时候，日久所生之情并非爱情，而是一般意义上的感情。

四　感情、亲情与爱

如果"爱情终究会变成亲情"，那么亲情亦是日久所生之情。于是，感情和亲情是什么关系呢？为了澄清二者的关系，我们必须首先澄清二者的语境。

在"爱情终究会变成亲情"这句话的语境中，人们已经首先假定了爱情的存在，因而也就假定了爱情的基础——心动的感觉——的存在。前面的分析表明，日常语言通常并不严谨。很多被访者都倾向于笼统地承认，"爱情终究会变成亲情"。但如果进行更加细致的探询，便会发现，他们并不认为爱情会彻底、百分百地转化为亲情，而是仍然保留爱情的某些特质。或者，更准确地说，伴随共同生活的展开，伴侣之间以浪漫、兴奋和心动为特征的情感内容日益淡薄，而以熟悉、默契和依赖为特征的情感内容则日益深厚。

在谈论"感情"时，被访者通常假定了爱情以及心动的感觉的缺席。在这种语境中，人们强调的是，由于缺乏爱情发展的基础，共同生活会催生感情，但并不会激发爱情。换言之，人们倾向于认为，感情与爱情代表两种不同的情感类型或情感发展脉络。

第一个语境忽视的问题是：是否存在爱情彻底消失的状况？假如两个人感觉不再爱对方，那么双方之间的情感是否只剩下"亲情"？此时的亲情和第二个语境中所说的"感情"是否类似？

第二个语境忽视的问题是：在日常生活中，人们对"感情"这个词的使用方法充满弹性和模糊性。当把感情与爱情联系在一起时，人们倾向于强调二者的差异，而忽视了二者的联系。那么，我们是否可以把"感情"当作一个"一级概念"，把"爱情－感情"和"非爱情的感情"当作两个"次级概念"？这样是否更利于理解两个次级类型之间的关联？

这不由得让人想起和爱情相关的另一个重要（日常）概念——"爱"。很多被访者都提到，"爱"是一个更加综合的概念，包括多种类型，伴侣之间的爱情、亲人或朋友之间的感情等都可以被称为"爱"。换言之，"爱"类似于作为一级概念的感情，其下可以区分出不同类型的爱或感情，前述两个语境中提到的各种情况都可以归纳到这个框架之下。例如，在"爱情终究会变成亲情"这句话中，"爱情"指的是以强烈的心动为特征的激情之爱，"亲情"指的是以强烈的依赖感为特征但并不完全排斥激情的伴侣之爱。当然，在此基础上，我们还可以补充一个类型：当双方之间的爱情消磨殆尽，剩下的可能只是普通亲人或朋友之间的那种"亲情"，而此时的"亲情"也可以被称为"感情"，接近于第二个语境所说的"非爱情的感情"。

必须再次提醒的是，在学术研究中，我们可以方便地把爱或感情当作一级概念，把激情之爱、部分转化为亲情的爱情、全部转化成亲情的爱情、心动之感从未出现的非爱情的感情等作为次级概念。但是，在日常生活中，人们对爱情、感情、亲情和爱这些词的用法就不会这么严谨。不仅不同人的用法可能存在差异，就是同一个人的用法也会随着语境不断变化。然而，这正是日常概念的特征，也是作为日常概念之基础和来源的文化库存的特征。

第四节　浪漫爱情与夫妻恩爱

一　激情与亲情

在《乡土中国》中，费孝通先生区分了"激动性的感情"和"亲密感觉"。前者对应于紧张状态，倾向于改变既有的社会关系，因而对社会秩序具有破坏性或创造性。后者对应于熟悉和相互了解所形成的契合，体现为感情的淡漠，倾向于以默默无声的方式维持既有的社会关系。费先生进而认为，传统的乡土社会特别依赖于后者。[①]

联系我们之前的讨论，大致可以认为，费先生所说的"激动性的感情"对应于我们前面讨论的感觉、喜欢、一见钟情等感情，可以统一概括为"激情"；费先生所说的"亲密感觉"对应于我们前面讨论的、作为二级概念并与激情相对的感情和爱，可以统一概括为"亲情"。这样，激情和亲情便构成了"情"的两个次级类

---

① 费孝通：《乡土中国　生育制度》，北京：北京大学出版社，1998，第 43－44页。

型。而"情"则对应于作为一级概念的"感情"或"爱"。简言之，我们可以把有关爱情的概念库存概括为两个层次：在最基本的层次上是情、感情或爱，其下可以区分为两个理想类型，即激情和亲情。

二 浪漫爱情与夫妻恩爱

潘绥铭先生把爱情区分为两种理想类型：浪漫爱情和夫妻恩爱。这种区分与激情和亲情的区分不完全等同，但存在非常密切的联系。

浪漫的爱情起源于 11 世纪法国骑士对贵族女性的爱情。这种骑士爱情不以婚姻为目的，因为即使都是未婚，由于严格的等级分封制度和地位差别，两人也不可能结婚。这种爱情体现了人们在现实婚姻中无法实现的一种对于精神生活的渴求。在表达爱情的时候，骑士要遵循严格的礼仪，否则将可能引来杀身之祸。这种爱情基本上与性无关，它的基本动力是对理想化的爱慕对象的精神爱恋。即使骑士有性方面的欲求，也是可望而不可即的。

骑士爱情至今已有千年之久。但是只是在最近两三百年，爱情才逐渐成为婚姻的基础，而性却仍然被束缚在婚姻之内，婚前的恋爱被认为必须与性保持距离。直到现代，性才挣脱了婚姻的束缚，直接与爱情联系在一起。例如直到 20 世纪初，以爱情为基础的婚前性行为才在美国女性中获得相当程度的认可。①

在这个漫长的过程中，浪漫爱情的理想发生了很大的变化，但仍然有一些关键的特征保留了下来。首先，"浪漫"一词本身意味着与现实生活保持距离，摆脱社会施加的各种限制。爱情被认为只应该建立在双方相互的爱慕之上，只要有"真爱"存在，即使在社会地位、种族、民族、宗教信仰等方面存在巨大差异，双方也能够而且应该逾越之。其次，浪漫爱情的理想认为"真爱"应

---

① 这一论断根据的是金西的调查数据。转引自莫尔顿·亨特《情爱自然史》，北京：作家出版社，1988，第 481－482 页。

该基于双方强烈的精神共鸣，而非性的吸引。所以，即使它认可了以爱情为基础的性，仍然坚持爱情不应该仅仅建立在性吸引的基础上。最后，当浪漫爱情不得不面对现实生活时，很容易受到挫败，所以就有了"婚姻是爱情的坟墓"的说法。但是恰恰因此，人们才更加被它的崇高、神圣与无价所感召。

20 世纪初，浪漫爱情的理念开始传入中国，严重地冲击了此前在中国占据主导地位的传统爱情观念——夫妻恩爱。关于浪漫爱情与夫妻恩爱之间的冲突，请看表 2 - 1。

表 2 - 1　浪漫爱情与夫妻恩爱相互冲突之所在

	浪漫爱情	夫妻恩爱
文化土壤	工商倾向社会	小农耕作社会
典型代表	骑士之爱	牛郎织女的传说
准备阶段	吸引	年龄：男大当婚，女大当嫁
最终目标	纯粹爱慕、精神交流	共同生活、过日子
实现标志	相爱就是结果	必须结婚：有情人皆成眷属
集中特征	爱情唯一、至高无上	恩在前，爱在后，相互施恩报恩
维系方法	爱情只存在于追求之中	同甘共苦、相濡以沫
主体感受	激情澎湃，包括痛苦在内	和和美美、圆圆满满
性别权势	男追女，女性崇拜	男挑女，男尊女卑
性的地位	禁行	讳言
结束标准	有：激情不再	无：白头偕老

资料来源：潘绥铭：《中国性革命纵论》，高雄：万有出版社，2006，第 277 页。

三　理想类型 vs. 现实类型

激情与亲情以及浪漫爱情与夫妻恩爱都是韦伯所说的"理想类型"，即专门从"逻辑一致性"的角度构造出来的纯粹类型。其"理想色彩"是从逻辑的角度来说的：它们是逻辑上最为一致的，因而代表着现实中很难碰到的"理想状态"。因此，构造"理想类型"的目的并不是宣示某些类型是值得追求的价值理想，而是为理解现实提供一个参照点。①

　　作为理想类型，浪漫爱情与夫妻恩爱都很难在现实生活中直接观察到。我们实际看到的爱情并不是纯粹的浪漫爱情或夫妻恩爱，而是介于二者之间，或者是二者以不同形式、不同程度混合的结果。结合前面的分析，我们想指出以下几点。

　　首先，作为理想类型，浪漫爱情与夫妻恩爱以婚姻为界。如同"夫妻恩爱"中的"夫妻"一词所施加的限定，"恩爱"是与婚姻相联系的。与之相对，浪漫爱情却仅仅关注相爱本身，不以婚姻为目的。但是，在现实生活中，浪漫爱情和夫妻恩爱并不以婚姻为界。一方面，浪漫爱情可以持续到结婚之后，婚姻并非浪漫爱情的"坟墓"。另一方面，夫妻恩爱也可以发生在婚姻之前，只要是有共同生活经历的情侣，随着时间的推移，就可能慢慢进入"恩爱"和"亲情"的状态。未婚伴侣之间以"老公/老婆"相称，或者他们通过共同生活逐渐培养出"夫妻相"，传达的信息正是这一点。

　　其次，现实生活中的爱情是一个变动的存在，在最初的阶段往往更靠近浪漫爱情，之后逐渐向夫妻恩爱过渡。在最初的阶段，人们通常强调"心动的感觉"的重要性。这种"心动的感觉"就是相互的吸引，是我们前面所说的"爱情体验"。如同思瑗及荣枭的恋爱经历所表明的，如果在缺乏爱情体验的情况下建立了爱情关系，那么人们往往会进入一种两难境地：时间越久，就越容易出现浪漫爱情与感情/亲情/夫妻恩爱之间的冲突。

　　最后，在浪漫爱情向夫妻恩爱过渡的过程中，如果爱情本身没有彻底破裂或瓦解，那么浪漫爱情并不会彻底转化为夫妻恩爱。尽管长期的共同生活会让双方的爱情变得更加平淡，但激情并不会彻底消失。在一些特殊的场合，或者在有意识的努力之下，激情会程度不同地重现。正是这些能够重现的激情使得伴侣之间的

① 马克斯·韦伯：《新教伦理与资本主义精神：罗克斯伯里》（第 3 版），卡尔伯格英译，苏国勋等译，北京：社会科学文献出版社，2010，第 61 页；马克斯·韦伯：《经济与社会》，林荣远译，北京：商务印书馆，2006，第 52 – 53 页。

爱情不能完全等同于其他亲人之间的"亲情"或感情，也不能完全等同于和传统的乡土社会相联系的、倾向于排斥和压抑激情的"夫妻恩爱"。

第五节　爱情中的理性与理想

在人们谈及爱情时，理性与非理性以及理想与现实的区分经常出现，而且这两组概念之间存在微妙而复杂的联系。

一　可控与不可控：爱情中的理性与非理性

在有些被访者眼里，爱情是一个包容理性与非理性因素的综合体，其中有些内容是可以控制的，有些内容则是不可以控制的。

问：那你感觉到了30岁以后，变化的可能性大吗？

思瑗：我觉得，30岁之前，我憧憬的是一种爱情，爱情的结果是婚姻，这是每一个女人都会憧憬的婚姻。但到了30岁，可能婚姻会占主导地位。我还想说，爱情其实是可以控制的。比如说，我很喜欢一个有家室的人，我可能就不会继续去喜欢。爱也是慢慢地，没有一个人一下子就会非常喜欢，那不可能，它是可以控制的。

问：可以控制的？

思瑗：我觉得可以。

问：你觉得不应该爱的话，就可以控制不爱他？

思瑗：嗯。可以躲避他，可以不去想他，我觉得是可以控制的。喜欢一个人是控制不了的，但是爱一个人，我放任自己爱上他了，就是一种任性。因为他不可以让我爱，但我爱上他了，那就是一种任性。但是从理性上说，我自己可以控制。这个人我不应该爱，我就可以不去爱他。

问：你刚才说不会一下子爱上一个人？

思瑗：对呀。

问：那一见钟情你觉得可能吗？

思瑗：一见钟情只是喜欢，不是爱。我觉得，一见钟情只可能是喜欢，它绝对不是爱。我不相信，一见钟情就爱，就托付终身，我不相信。

在思瑗看来，一个人无法控制自己是否喜欢一个人，或者说无法控制是否对另一个人产生心动的感觉，但是却可以控制是否爱上这个人。在最初的喜欢与"爱上"之间，还存在一个发展过程，正是在此过程中，理性可以发挥控制作用。如果忽视理性的要求，放任自己去爱上一个不应该去爱的人，那就是"任性"。

正因为思瑗在喜欢和爱情之间拉开了距离，所以她认为一见钟情不属于爱情。反过来说，如果一些被访者认为一见钟情便是爱情，那么他们会倾向于强调爱情中那些不可控和非理性的方面。如同丛歌所说：

这个东西很微妙。你真正爱一个人的时候，你不会为了什么，你什么都不为，就为了爱他。你不觉得吗？你爱一个人之前，你会问自己说，我是为了得到一个什么而爱他？（爱上的）那个时候，什么都顾不上想了，爱上就已经爱上了，啥都白想。

在丛歌看来，不是一个人选择去爱另一个人，而是他们被对方所吸引，而且显得无能为力。或者说，他们是被命运选择和决定：狂热的激情支配着他们，使他们忘却世俗社会秩序的各种限制，而力求双方的结合与爱情的保持。与其说他们是在主动地对抗社会，不如说他们被激情所控制，丧失了之前曾经具有的理性控制能力。

二　理想之爱的两种类型：狂热的激情与高度的契合

与理性和非理性的区分相呼应，人们能够构想出两种"理想的爱情"。

1. 狂热的激情

> 问：你刚才说的"柏拉图式的爱情"是什么样的爱情？
>
> 檀香：我觉得是那种感情第一吧，爱情和面包分开的那种。但我觉得，我既要爱情也要面包。我觉得，物质决定意识，没有一定的基础，可能爱情也很难长久。

檀香把柏拉图式的爱情理解为"理想之爱"，即只考虑爱情本身而完全不考虑现实生活条件（"面包"）的爱情。在这里，我们并不关心她对"柏拉图式的爱情"的理解是否正确，也不关心她自己的选择倾向，而只关心这种"理想之爱"本身。一个有意思的问题是，为什么"无视现实条件的爱情"被视为理想的爱情呢？

联系前面讨论的理性与非理性，我们可以意识到，在"无视现实条件的爱情"这种爱情理想中，对现实生活条件的无视其实不是基于理性算计之后的刻意而为，而是被狂热的激情激发和控制的结果。或者说，"无视现实"是一种非理性的表现。但一个人之所以能够从之前的理性状态进入非理性状态，往往是因为假定了一个具有超凡魅力的爱情对象的出现。面对着这个完美的爱情对象，一个人不由自主地被吸引，进入一种强烈的着魔状态，无法自拔。

"无视现实条件的爱情"之所以被认为体现了"理想的爱情"，除了因为它假定了极具魅力的完美爱侣的存在，还因为它体现了人们对自由的渴望：完全摆脱现实生活的限制，去追求自己心仪的爱情对象。

2. 高度的契合

很多被访者都提到，他们在成长的过程中逐渐意识到，轰轰烈烈、充满激情、完全无视现实阻碍的"理想之爱"在现实生活中很少出现，它们更多地出现在各种爱情文学作品中。现实中的爱情自然要面对现实，这是人们无法彻底摆脱的宿命。但是，"现实的爱情"也可以有自己的理想形态。

例如，艾歆在前面所描绘的"心灵高度契合"的爱情就属于这种状态。这种爱情之所以出现，首先是因为它不是仅仅跟着感觉走，如果是这样，两个路人擦肩而过时产生感觉，那么就可以发展恋爱关系。艾歆强调，感觉很重要，但是仅有感觉又远远不够。在决定是否发展爱情关系时，艾歆期望双方在更多方面（"个性、气质、对事物的认同"等方面）"对上号"，在此基础上形成"很多方面有共同的认知，甚至是心灵上的很契合的感觉"。而要寻找能够和自己形成心灵契合的对象，显然需要借助理性的甄别和筛选。

艾歆和沐瑾都意识到，要找到与自己高度契合的对象是很难的。所以，艾歆提到，假如和现在的男朋友分手，她发愁还能不能找到如此令自己满意的对象。这里有两点值得关注。首先，理性选择被认为能够与爱情相兼容，与爱情并不冲突，或者并不会导致爱情的变质。其次，伴侣的高度契合是很难实现的，如果它发生了，那么其中有运气的成分；换言之，理性选择并不能确保人们能够找到与自己高度契合的对象。也正是在这个意义上，"双方高度契合的爱情"代表着一种"理想的爱情"，一种在现实生活中不容易实现的爱情。

三　现实之爱：不完美与对理性的依赖

如上所述，理想之爱总是预设了爱情对象的完美：要么是能够产生无法抗拒、横扫一切、所向披靡的吸引力的完美对象，要么是需要理性甄别、同样可遇而不可求、双方各方面高度契合的完美对象。但是，现实中的爱情通常是不完美的。此时，人们需要借助理性在各种不完美的对象中进行筛选。换言之，我们可以把理性的介入理解为面对不完美的现实生活条件时所采取的一种应对方式。

两种理想之爱也可以从这个角度来重新理解。以非理性的狂热激情为特征的理想之爱不需要理性的介入，因为完美的爱情对象已经在那里，不需要选择；同时，它也抗拒理性的介入，因为当面临现实阻碍时，它要求相爱的人无视、挑战或冲破这些阻碍，而不是基于理性的考虑而进行妥协。能够让人如此狂热、义无反顾或如飞蛾扑火般地为之牺牲的爱情当然是一种非常理想化的爱情。但是，这种爱情往往只存在于文学作品中，现实中很少发生。面对现实中不那么理想化的爱情和爱情对象，人们被迫要借助理性进行权衡和选择。例如，艾歆正是在"看穿"文学名著的爱情描写的虚幻性之后，才意识到"真正的爱情还是要细水长流的"，而爱情要做到"细水长流"，就必须与现实生活进行一定程度的妥协。当然，妥协并非意味着彻底放弃自己的需要或要求，而是在无法同时满足的各种需要/要求之间进行权衡和选择，而这个过程必然要求理性的介入。

思瑗之所以要对爱情的发展过程（从喜欢到爱上，以及爱上的程度）进行控制，也是因为面对着不够完美的爱情对象，例如她所说的"一个有家室的人"。现实的约束迫使她进行理性思考，而"不可以爱"或"不应该爱"表达的正是理性思考的结果。

在面对不完美的爱情（对象）时，荣枭同样被迫去进行理性选择。不同之处在于，荣枭厌倦了无休止的理性选择，甚至怀疑自己"得病了"。

问：然后你刚才说，是经过了一段时间后才产生强烈的感觉。你在大学的时候就没有这样的情况？

荣枭：总是在不停地选择。

问：为什么？

荣枭：这么选择，我觉得我就是不确定。

问：那你选择的标准是什么，比如说你有哪些标准？

荣枭：怎么说呢？很多女孩子都不错，而且都有自己好的一点。虽然不很漂亮，但特别温柔体贴，跟她在一起很舒服。或比如说，她很淘气，那么的任性，但是她长得那么漂亮，然后当你比较闷的时候，能帮你把思想啊或者情绪调得很高。或者，当你跟她在一起（时）就像受保护的感觉，姐姐跟弟弟的感觉。我觉得，是不是比较贪心？或者……所以……人总是……人无全人。我总是跟我的同学说，我要是能把那些女孩子的好的、把我吸引的一些性质糅合在一起，为了这个，哪怕我这一辈子什么都不干，我都愿意去！但是，就是不可能，所以就在不停的郁闷中。而且，也比较迷茫。假如说我要干吗的话，我在大学的时候就喜欢若即若离的感觉。

问：在大学，还是现在？

荣枭：在大学，若即若离的感觉。

问：不想老缠着？

荣枭：是啊。

问：为什么？

荣枭：所以就说，关键就处于那样的中间状态。

问：那你不是说，你跟一个女孩产生了很强烈的感觉？你觉得若即若离的感觉还能保持很久吗？

荣枭：但是说，我在大学一直没有啊！一直在不停地若即若离！跟这个若即若离，跟那个若即若离。

问：那你刚才说，你觉得现实中不可能有那样完美的人？

荣枭：我觉得不可能。我同学告诉我说，"这么比较的话，说明你都不是特别地喜欢。如果你喜欢一个人的话，所有的缺点你都看不到了"。我说，"如果那样的话，你作为一个理性的人……"他们就说，"你不要拿法律那一套"，法律啊，知性啊，理性思维啊，现在的问题是根本就没法比较，（如果）喜欢你，不管你怎么对我都是这样。我觉得，就是没有碰到过特别愿意的。

荣枭幻想的理想爱情对象是把女性该有的优秀品质集于一身的女性，温柔体贴、漂亮、能在你郁闷时帮你调动情绪、给人受保护的感觉……然而，令他郁闷的是，现实生活中，人无完人，不可能找到这么优秀的女孩子。在大学期间，荣枭交往的对象都不是那么"完美"，所以荣枭与她们都是保持若即若离的关系。"若即若离"意味着既不放弃，也不全身心投入。荣枭认为，他之所以无法投入，是因为"没有碰到过特别愿意的"，也就是没有碰到能让他心甘情愿、义无反顾地投入恋爱的爱情对象。

正是在不完美的现实状态下，荣枭倾向于不停地比较和选择，看哪一个女孩子更好或更符合他的要求。但是，这种比较总没有结果，最后导致"不知道爱情是什么，或者我喜欢谁都不知道了"。荣枭认为，他在爱情中遇到了"选择困难症"，并拿人生道路的选择做类比。

> 第一就是，选择多了，就不知道选哪条路。第二就是，选了这条路，就觉得那条路好。你觉得你没有找到那么好的，你被逼到角落了，你死也只有一条路了，你也就成功了，还走过去了。人有时候就这样。

和"选择困难症"密切相关的是这种"患得患失"的心理："选了这条路，就觉得那条路好"；选择和这个人谈恋爱，又觉得那个对象好。患得患失本身是理性比较引发的结果，而它又会激发进一步的理性比较。选择的丰富性（或者对这种丰富性的认知）会加剧理性选择与患得患失之间的相互作用，促使人们不停地进行比较，却难以做出最终的选择。荣枭认为自己已经坠入这种恶性循环之中，而且他认为周围很多同学——尤其是男同学——都存在这种状况。他提到一个要好的同学的例子。

> （一个）同学，他××的吗，在海关，本科考了公务员回去了，跟我的状况挺像的。后来他和一个高中同学好了，他们大二就开始好了。平时在宿舍打打电话啊，聊聊天啊，感觉特别好，也特别高兴。考了公务员回家，两个人老待在一起。那个女孩子比他高一届，等于他（高中）念4年。他现在比那个女孩子工作好。你说，和人家分手吧？男人吗，有责任道德，你说你去说吗？你把人家耽误了3年青春！出去都是那女的掏钱。好啊！觉得你工作也更好了，你能找一个条件比她更好的女生了?！肯定不道德！你说不分吧，两个人在

一起，就说说很表面的东西……所以，他说："很痛苦的，你一定（要有）前车之鉴啊！"……他说："每次坐地铁，看到那么多漂亮的女生，我就老了，就觉得这一辈子就完了。我刚 20 多岁，就看到了六七十岁的样子。"这也挺麻烦的，好多也是（这样），我遇到的情况。但是，怎么说呢，这样的情况在我的身边还是比较多的。但是，也有那种非她不爱的那种，我隔壁有个男生就这样。

大家可以细细体会一下下面这句话所传达的悲观失望："每次坐地铁，看到那么多漂亮的女生，我就老了，就觉得这一辈子就完了。我刚 20 多岁，就看到了六七十岁的样子。"这种失望和患得患失的心态密切相关：选择和一个人相恋，那就失去了所有其他可能性；除了这一个，满地铁的漂亮女生都将与我无关；在"那么多漂亮的女生"中，肯定有更好、更完美的选择，但我已经做出了选择，该怎么办？荣枭的同学不再爱（或至少不再那么爱）自己的女朋友，但又顾忌道德责任，怕被指责为"忘恩负义"，所以选择维持原来的恋爱关系。但一想到自己的一生就要这样度过，他便觉得悲观失望。所以，他告诫荣枭，在选择恋爱对象时千万要慎重，不要走他的老路。荣枭认为，上述情况在他身边挺常见，不只出现在这位好友身上。朋友的告诫以及他自己的观察不可能不对他自己的选择产生影响。

在患得患失和"选择困难症"背后，是自由选择空间的扩大和"婚恋市场"的出现。荣枭的同学所描绘的"地铁上那么多漂亮的女生"的景象其实就是"婚恋市场"的象征。如同我们这个时代的其他市场一样，"婚恋市场"唤起的形象是"商品"的琳琅满目和丰富多样，只不过这里的商品不是物，而是有待选择（当然也进行选择）的婚恋对象。选择的丰富性以及（误以为的）可及性促使人们采取一种更加理性的态度来面对婚恋对象，而如同荣枭的同学们所说，这种理性的态度本身倾向于让人关注和放大对象身上的缺陷，阻碍人们更加积极、深入地投身恋爱之中。"或许还有更好的""可以再等等"……这或许是荣枭采取"若即若离"姿态的根源。

荣枭说，一般人都希望选择多一些，但是他宁愿选择少一些，因为他害怕选择。在高考填志愿时，他没有被理想专业录取，由于不知道如何选专业，就让爸妈帮他选了；在面对婚恋选择时，他同样怀念古时候的"父母之命，媒妁之言"，觉得这样会使自己省事很多。但现实的困境是，在我们所处的这个时代，他感到不再能完全依赖父母来给自己挑选婚恋对象。因此，尽管特别不喜欢选择，但他又必须进行选择。

前面我们说，因为爱情的不完美，所以人们依赖理性来选择婚恋对象。那么，在前面分析的基础上，我们也可以反过来说，因为（过度）依赖理性进行选择，所以人们看到了更多的不完美，或者慢慢丧失了在不完美之中发现完美、体会完美的能力。

四　爱情与婚姻的冲突

婚姻显然是与爱情密切相关的日常概念。到目前为止，我们还没有详细地予以讨论。把婚姻放到这里讨论，是因为它与爱情的区别与联系往往是从理性的角度切入的。

前面提到，五四新文化运动开创的文化理想是"爱情婚姻"，即把浪漫爱情与婚姻相结合的一种状态。今日社会中的普通人——例如本书考察的那些被访者——大抵仍然坚持这种文化理想。但是，很多被访者也提到爱情与婚姻之间的矛盾与冲突。

1. 年轻时追求爱情，大龄时追求婚姻

问：有的人也说，"爱情都是现实的"。那你怎么看？

丛歌：有一定道理。但是如果你，比如说，你觉得电视上的速配怎么样？

问：反正我不会去。

丛歌：我也只能这么说。可能有的人（他）真的找到了一生的真爱或是怎么样，但是我不太相信，我会在那种地方找到。你说一个人，爱情，它怎么可能是在先知道了对方的身高、体重、职业、收入，然后我再想这个人适合不适合我？爱情，应该是把它当作一个"人"来对待。这个人，他的性格，我跟他在一块儿开心不开心，我觉得应该是从这个角度才能衡量爱情。那种我先考虑他的收入、他的职业、他的家庭背景，再去考虑我应不应该跟这个人在一起，这个更倾向于婚姻。

问：爱情和婚姻不一样吗？

丛歌：必然不一样。

问：为什么？

丛歌：婚姻更近似于亲情吧，就是它中间靠责任来维系的成分比较重。当然，这并不是说我会找一个我不爱的人结婚，只是这个人他不需要是一个完美的情人。

问：什么叫"完美的情人"？

丛歌：比如说，如果我现在28岁，同时有两个选择，就是有两个男人都爱我。其中一个长得很帅，很懂得女孩的心思，知道怎么样女孩会高兴，情调也不错，也挺有品位的，我知道我跟他在一块儿他会变着法地讨我欢心。但是——我得想个极端点的例子——但是他就是很穷，他的家庭背景、职业等让我的家里人都觉得这个人很不靠谱，很飘忽不定。另外一个人，他不太那么有心思花在搞浪漫上面，但是我也知道他会很踏实，肯定会对我好，如果我跟他结婚的话，他会给我比较富足、比较安定的生活。那我18岁的时候会找前面这个人谈恋爱，28岁的时候会跟后面这个人结婚。就是这样。

丛歌认为，爱情和婚姻不同，因为它们的要求不同，与理性的关系也不同。爱情关注的是爱情对象本身的特征：他或她是不是一个"完美的情人"，性格、外貌、情调、品位如何，是不是会讨人欢心，我和他或她在一起是不是开心，等等。而婚姻则会更多地考虑物质现实条件：职业、收入、家庭背景等。严格来说，在丛歌所描绘的爱情和婚姻对象的选择中都有理性的参与，只不过理性应用的领域不同。但是，通常来说，人们倾向于认为，关注物质现实条件是"理性的"，只关注个人自身的魅力而不关注个人的物质现实条件则是"非理性的"。

人们还倾向于认为，"真正的爱情"应该是非理性的或排斥理性计算的，婚姻应该是理性的、现实的。于是，真正的爱情和婚姻就很难共存。面对这种冲突，很多被访者——主要是女性被访者——会像丛歌一样，在不同的人生阶段追求不同的目标：年轻时追求完美的爱情，到了必须谈婚论嫁的年龄时则追求现实的婚姻。例如，思瑗也提到过类似的想法。

> 问：那假如，你生活中遇不见这样的人，你碰不到你爱的人，你会结婚吗？
>
> 思瑗：我不会，我会单身。
>
> 问：你可以接受单身生活？
>
> 思瑗：嗯，我可以。我现在就是单身生活，宁缺毋滥吧。再说，我还年轻，我才 27（岁），着急什么呀。因为人的观点是不断在改变的，也许到了 30 多岁的时候，我会想随便找个人结婚就可以了。不排除这种可能性吧。到时候，如果我还没有找到我要的那种爱情，也有这种可能吧。
>
> 问：那你感觉到了 30 岁以后，变化的可能性大吗？
>
> 思瑗：我觉得，30 岁之前，我憧憬的是一种爱情，爱情的结果是婚姻，这是每一个女人都会憧憬的婚姻。但到了 30 岁，可能婚姻会占主导地位。

在这里，思瑗设想了一个年龄界限：30 岁。在此之前，她会继续追求她想要的、能够让她崇拜和心动的爱情对象。在此之后，她有可能放弃之前的那种追求，找一个适合的（也就是物质现实条件比较好的）对象结婚。很多女性被访者都提到过类似的模式：年龄越大，对婚姻的考虑——也是对物质现实条件的考虑——就越占上风；到了某个年龄，有些人甚至愿意放弃所有对心动的要求，而仅仅关注物质现实条件。

2. 宁可独身，也不妥协

当然，不同的人愿意为物质条件而牺牲心动感觉的程度是不同的。例如，丛歌说，"这并不是说我会找一个我不爱的人结婚，只是这个人他不需要是一个完美的情人"。可见，她并不打算完全放弃对心动的要求，但愿意降低要求。思瑗在接受访谈时仍然把心动的感觉视为恋爱的必要条件，但不排除将来会发生变化。相对而言，泳慧则是一个更加坚定地要求心动感觉的人。尽管在接受访谈时已经35岁，但她仍然不愿仅仅为了结婚而放弃感觉。

> 当然了，人的心理愿望可能是找到一个理想的伴侣，男朋友，爱侣。他，一般的男性"他"，三人行必有我师，还有她，同性的。我的目的不是一定要找到这个伴侣，甚至独身的想法我也是有的。我这个人就是，没有我自己爱的人，我是不会结婚的，或者走在一起的。为了其他的，都不是我要选择的。

在接受访谈时，泳慧正处在一段网恋之中。让她特别纠结的是，男方并不是特别令她满意的对象，她也没有感受到心动的感觉。她在犹豫是否还要交往下去。"三人行必有我师"是她用来宽慰自己的话：如果这段关系不会发展为恋爱关系，那就权当交了一个朋友吧。总之，尽管是很多人眼中的"大龄女青年"，她仍然不愿为了结婚而放弃对激情之爱的追求。

第三章
性的日常概念与文化库存

第一节　性本能：生殖、动物、原始、自然

在谈论爱情时，我们有时还能感受到爱情的一些神秘色彩：不知道爱情是什么，或者很难给出一个精确的描述，总之有一些没有"标准答案"的感觉。但是，在谈论"性"的时候，我们首先感受到一种确信无疑、斩钉截铁的态度，被访者似乎倾向于认为，他们清楚地知道"性"是什么。但是，更详细的询问表明，性的边界其实并没有那么容易确定。

不过，初始的确信态度是无可否认的。它的突出特征是把性与本能联系起来，经常被提及的相关日常概念是生殖、动物、原始和自然等。

一　纯粹的性：动物为了繁殖后代而进行的原始行为

问：那我们刚才提到"性"，你首先会想到什么？

子康：首先就是比较原始的那种行为吧！

问："原始的行为"是什么样子的行为？

子康：原始的行为就是行为，没有其他的任何、什么附加之类的，就是像动物那样为繁殖后代的行为。

提到"性"的时候，子康首先想到的是动物为了繁殖后代而进行的原始行为。子康强调，这种原始的生殖行为仅仅是为了繁殖后代而进行的，没有附加任何其他的东西。在此意义上，他其实构想了一个"纯粹的'性'"的概念，而且把它与动物联系起来。对人而言，性还掺杂了很多其他的东西，比如思想、情感、性格、欲望等。当然，由于没有展开讨论，我们无法判断，子康是否认为人类社会中也存在"纯粹的性"。

但是，其他被访者把纯粹的性与人联系在一起，认为人也有可能像动物一样进行"纯粹的"性行为。

二 动物"性"与人"性"：人的堕落与"性"的升华

在檀香看来，所有"没有爱情的性"都是和"动物的性"一样的"纯粹的性"。

> 我觉得，没有爱情的性关系真的就是动物，那跟动物没有区别。就像两个小动物，（然后）发生关系，然后它们就是一家子了，看着它们的孩子，就没有区别啊。

檀香不仅承认，人也可以进行纯粹的性，而且认为，通过进行纯粹的性，人也就变得"跟动物没有区别"，或者说，人就变成了动物。这种观念背后，隐含着几个逻辑假设：（1）动物的性等于纯粹的性；（2）人类的性通常不是纯粹的性，而是附加了人类特有的很多其他内容，比如爱情；（3）当把人类特有的附加内容剥离之后，人类的性就变成了动物的性，人就变成了动物；（4）在"人性"与"人'性'"以及"动物性"与"动物'性'"之间存在某种对等关系，纯粹的性被视为动物的本质特征，而附加人类内容的"非纯粹的性"是人的本质特征。

在人类的语言中，分类从来不是小事，而总是灌注着复杂的意义。人与动物的区分尤其如此。它不是一个简单的类属划分，而是充满道德评价的意味。

问：有一种说法，你听过吗？就是说，两个人互相吸引，就是为了性，为了生殖，为了繁衍。你怎么看？

思瑗：我觉得挺荒谬的。我觉得，人脑子里不能完全想性，那（如果那样）就成了纯动物了。

问：可能不是想，像弗洛伊德说的，是无意识的。

思瑗：不会。我觉得，那就是动物。人和动物唯一的区别就是，人有情感，动物没有。为什么人是高等动物？人也是动物，但为什么高等呢？人是性爱加爱情，才是情爱。动物就不一样，动物是纯粹的性爱。

思瑗把动物区分为高等和低等，区分的标准是有无情感，或者更严格地说，是性爱中是否融入情感。人高于动物的地方在于，他们在性爱之中加入了爱情，从而使"性爱"转化为"情爱"。动物没有情感和爱情，它们的性爱就是"纯粹的性爱"，或者"纯粹的性"。如果一个人在性活动中，脑子里想的全是性，不考虑情感，那他或她的性就变成了动物的性，而他或她就成了"纯动物"。这事实上等于在"人"的内部引入动物和人的区分，即把"人性"这个综合体区分为"纯粹的动物性"和"纯粹的人性"。同时，这种区分也把人的本质等同于"纯粹的人性"，假定这是使人真正成为人的东西。如果放弃这些部分，便意味着道德的堕落：从高高在上的人变成低下的动物。反过来说，对人而言，情感则具有升华的功能，能够把性从赤裸裸的、纯粹的"动物'性'"提升到"人'性'"。

正是基于类似的逻辑，"一夜情"或"商业性行为"被贬斥的程度恰好取决于其中的"性"被认为有情或无情的程度。

三 "自然"的魔力：破坏性与合法性

把性同动物的生殖功能联系起来，也就是强调"性"当中最原始和自然的一面。如同奉轩所说，"性使人类繁衍，是最自然的冲动"。强调"性"的自然性，能够同时起到两个看似相互矛盾的

效果：（1）突出自然状态对社会秩序的威胁；（2）论证自然存在
的合理性。

先说自然对社会的威胁。

> 问：那你希望回到那种完全杜绝婚前性行为的状态吗？
>
> 珞姗：不，我觉得不可能。包括现在美国和英国也不会
> 完全杜绝。只是在年轻人里，至少不应该说把性当作一个很
> 随意的行为，完全屈从于自己的身体，而不是从感情出发。
> 我觉得，那样的话是一个挺恐怖的事儿。这个社会……就觉
> 得，如果年轻人就这样的话，就觉得，感觉这个国家……这种
> 风气对这个社会的影响其实蛮大的。但是，我觉得应该还是强
> 调，不是说婚前一定杜绝，就是，还是应该，最起码不要说那
> 种，始乱终弃的那种，或者把性和婚姻完全割裂开。我觉得
> 那样容易造成社会矛盾，而且对于整个国家、对于社会都不
> 是一个好事。

在珞姗看来，完全屈从于自己的身体，很随意地对待性行为，
"是一个挺恐怖的事儿"。其"恐怖性"在于，如果"不是从感情
出发"，或者"把性和婚姻完全割裂开"，就会导致"始乱终弃"，
"造成社会矛盾"，而且不利于整个国家和社会的发展。屈从于身
体，也就是屈从于人类自身的动物性或自然性，而这与人类的社
会性是相矛盾的。这种日常逻辑建立在把动物和人以及身体与社
会进行简单对立的基础上，其中隐含着庸俗的进化论与身心二元
论思想的深刻影响。但是，当代的自然科学、社会科学以及人文
思想的发展早已证明，上述思维方式存在非常大的局限。

关于自然之性的合法性，如同双渔所说：

> 说直白一点儿，大学里很多女孩子，咱们都知道，她们
> 也都会接触到色情片啊什么的。其实，这个东西说白了，（就
> 是）越掩盖（就）越想知道它到底是什么。如果说靠一个正
> 确的指导，也许会不误导青少年。越掩盖，很多人就越想知

道究竟是怎么回事儿。所以说，咱们国家对这个性教育比较少一点儿。很多女孩子大了呢，也发育，就是说和人的本能一样的吧，到一定的年龄阶段都会有性欲的产生，她们也就会看一些色情片什么的。

双渔认为，生理发育与性欲的萌发与人的性本能有关，是非常自然的。这种自然发展激发了青少年对性的兴趣，无论是男孩子还是女孩子，都希望知道性究竟是什么。本来，国家应该通过性教育来满足青少年在这方面的需要。但是，由于性教育的缺位，青少年被迫通过色情作品来了解性。双渔认为，色情片并不能为青少年的性发展提供"一个正确的指导"。但是，他无疑承认，性本能及其所激发的需要不应该受到压制。在很多被访者那里，本能的东西被认为源于自然，具有天然的合法性。

第二节　核心与边缘、狭义与广义

性的日常理解的另一个突出特点是：区分核心的性与边缘的性或者狭义的性与广义的性。狭义的性对应着核心的性，而广义的性则同时包括核心的性与边缘的性。

一　核心：唯生殖目的论与男尊女卑

当听到"性"这个字的时候，人们最先想到的内容便构成了性的核心内容。几乎无一例外，只要问及，被访者都能清晰地说出核心的"性"是什么。

> 问：那说到性，就性这一个字，指的是什么呢？
> 双渔：一般情况下会想到性关系吧。
> 问：那性关系指的又是什么呢？
> 双渔：就是说男女做爱吧。
> 问：那比如说，两个人做了什么才是做爱呢？

双渔：就是说像两个人，比如说，男的和女的在一起，然后，……这样就是说最后双方有了快感，或者一方有了快感。这样就是做爱吧。

通常来说，核心的"性"便是双渔所说的"阴茎插入阴道的性行为"。上面这段引文很短，但包含的信息却很多，值得注意的有以下几点。

第一，当提到性的时候，人们首先想到"阴茎插入阴道的性行为"，这显示了唯生殖目的论的深远影响。[1] 双渔在上面没有直接提到生殖，反而提到"快感"，这背后隐藏着一些深刻的社会变化，比如计划生育削弱了性与生殖的联系，以及性的快乐主义的兴起。[2] 但是，尽管有这些变化，能够导致生殖的"插入式的性行为"依然是"性"所能唤起的最核心意象，而那些不具有生殖潜力但同样能够带来快感的其他性行为却依然处在性意识的边缘，只有通过后续的进一步提问才能够让它们呈现出来。

第二，虽然具有生殖潜力的性行为对应着"阴茎插入阴道的性行为"，但却未必只能用"阴茎插入阴道"来描述。例如，我们完全可以用"阴道吞没阴茎"来描述同一种行为。"阴茎插入阴道"隐含着一种男尊女卑的社会秩序，其中男性应该而且必须主动，女性应该而且必须被动，否则便被视为大逆不道。[3] 双渔采用这种常见的说法，显示了他对这种秩序的默默接受，或者至少是缺乏质疑。相对而言，蔚沅的说法更柔和一些："激情就是互相吸引那种，然后觉得心里特别刺激。"虽然蔚沅的说法仍然带有男性

---

① 潘绥铭：《潘绥铭：性生活中的"男尊女卑"》，2014，https://helanonline.cn/archive/article/7846，最后访问日期：2019 年 3 月 9 日。

② 潘绥铭、黄盈盈：《性之变：21 世纪中国人的性生活》，北京：中国人民大学出版社，2013，第 12 页。

③ 潘绥铭：《潘绥铭：性生活中的"男尊女卑"》，2014，https://helanonline.cn/archive/article/7846，最后访问日期：2019 年 3 月 9 日。把男性插入作为统治和支配的体现也是常见的文化建构。例如，巴西的文化传统将阴茎描述为一种武器。请参阅 Parker, R. G., *Bodies, Pleasures and Passions: Sexual Culture in Contemporary Brazil* (Boston: Beacon Press, 1991), p. 37。

主动的色彩（"钻进去"），但更容易唤起男性被"吞没"进而融入女性身体的意象（"整个身体钻进去"）。

第三，双渔说，"性"指的是"性关系"，而性关系指的是"做爱"，从而把性关系与做爱等同起来，这再次显示了日常语言的模糊性、跳跃性与不严谨。性关系指的是一种社会关系，而做爱指的是一种行为。人们通过性行为而建立性关系，但并不意味着性行为等于性关系。不过，在日常生活中，我们经常说"发生性行为/性关系"，在这种语境下，性行为与性关系似乎成了可相互替换的内容。另外，双渔用的是"做爱"而不是"性交"，这本身也反映了一种重要的文化变迁。如同檀香所说，"做爱"强调了性与爱情的关联："我觉得，无爱的性就是'性交'，有爱的性就是'做爱'，应该是这样的区别。"

第四，双渔把性设定为"两个人"之间，但并未假定必然是异性之间。尽管他实际所举的例子是男女之间，但是"比如说"这个限定语表明这只是举例，而非只能如此。当然，双渔首先想到的例子仍然是异性之间的性行为，这或许是他的异性恋倾向使然。

第五，或许是因为拥有比较丰富的性经验，双渔不避讳直白地谈论性的细节，他对性行为的描述直接提及男性和女性的生殖器官。而很多其他的被访者——即使是男性——通常会避讳这样直白的用词。例如，在提及核心性行为时，荣枭就说得很含混。

问：那你们到底发生到哪一步？你为什么不能明确地对她说呢？

荣枭：因为发生了一些事情，所以不能马上去对她说（分手）。所以，答案就是很被动。但是，也没有很传统的那样子，还是属于广泛的性爱的范围，毕竟她主动。

荣枭用"很传统的那样子"来指代具有生殖潜力的、插入式（或吞没式）的性行为。这里隐含着"传统"与"现代"的区分。荣枭似乎把核心的性行为与传统联系在一起，而把核心之外的

"广泛的性爱"与现代联系在一起，从而使"现代化"获得了这样一种含义，即它意味着性爱范围的扩张，或者对这种扩张的认可。但无论如何，性的传统或传统的性对荣枭仍然具有很大的影响。他认为，传统的性行为是更加"深入"的性行为，意味着更高的道德责任，而且首先是男性对女性的责任。如果男性在与女性发生性行为之后选择分手，那是不负责任的。发生的性行为越深入，责任越大，分手所代表的"不负责任"也就越严重。在这个意义上，性行为被荣枭视为道德负担，构成了解除恋爱关系的一种障碍。

二　边缘的模糊性

如果说核心的性是清晰的，不同的人之间存在共识；那么，边缘的性则是多元和模糊的，不同的人有不同的理解。

1. 理解的个体差异

关于性的边界，理解的个体差异很大。例如，嘉骅的理解很宽泛，而檀香的理解则要窄一些。

> 问：你所说的性是什么呢？
>
> 嘉骅：行为。
>
> 问：比如说，两个人在一起可以有许多亲密的行为，你觉得哪些可以算性呢？
>
> 嘉骅：这么说吧，性相关的行为，主要是性交了。性交以外，两个人接吻啊，互相抚摸啊，都是啊。性相关的行为，不管同性恋、异性恋，只要跟他/她喜欢的人有身体上的接触，就是跟性相关的啊。

嘉骅直接使用了"性相关的行为"这个概念，并认为，除了性交，接吻和抚摸等都属于性相关行为。另外，他提到，无论是在同性恋还是异性恋关系中，只要跟喜欢的人有身体接触，那这些行为就都跟性相关，都属于"性相关行为"，或者都属于广义的

"性行为"。当然，嘉骅做了一个限定，即"喜欢的人"。如果去除这个限定，情况是否有变呢？由于没有追问，我们不得而知。但在其他访谈中，我们讨论了类似的问题，请看下文。

无论如何，对嘉骅而言，至少在特定的关系中，性的边界是很宽泛的。与之相对，檀香所理解的性则要狭窄一些。

> 问：两个人在一起，你认为能够显示亲密的行为有哪些？
>
> 檀香：拥抱、接吻、牵手，差不多（这些）吧。
>
> 问：在这些当中，哪些可以算作性呢？
>
> 檀香：这些都不算吧。
>
> 问：那再深入呢，算性吗？
>
> 檀香：我不知道怎么界定。
>
> 问：那你自己怎么看？
>
> 檀香：我觉得，就是一定要发生关系那种。
>
> 问：才算性？
>
> 檀香：对啊，就真的要发生关系的那种。
>
> 问：也就是必须要有生殖器官的接触才算性，否则就不算？
>
> 檀香：对对对，我就是这么看。
>
> 问：那比如说，两个人裸体相向也不算？
>
> 檀香：我觉得，那算了吧。
>
> 问：那你说，只有生殖器官的接触，那算是吗？
>
> 檀香：那应该算了吧。
>
> 问：嗯。刚才因为你说的是必须接触，那没接触呢？
>
> 檀香：呵呵，那可能我的界定有问题。
>
> 问：不是不是，我只是想看看你的理解。那比如说，两个人没有裸体，但可能会抚摸敏感部位，那算吗？
>
> 檀香：也算吧。
>
> 问：但是，拥抱不算？
>
> 檀香：不算，我觉得拥抱不算。
>
> 问：你能接受你男朋友现在对你做什么呢？
>
> 檀香：就是拥抱、接吻、牵手啊。

问：其他的都不行吗？

檀香：不行，他不能接触敏感部位。（笑）

问：绝对不行？

檀香：绝对不行！

在第一反应中，檀香认为，只有核心性行为才算"性"。但是，更加详细的询问表明，她所理解的性要比这更宽泛：即使穿着衣服，抚摸敏感部位也算"性"；两个人裸体相向，即使不做什么，也算性；生殖器官发生接触，更是"性"。与嘉骅不同，檀香认为，拥抱、亲吻、牵手等都不算性。有意思的是，正是这些算不得"性"的内容构成了她与男朋友的交往中可以接受的内容。

2. 视关系亲密程度而定

有些被访者认为，性的范围在不同的人际关系中是不同的。例如，有些行为在特定的关系中属于"性"，但在其他关系中则可能不属于"性"。总体来看，存在两种相反的观点。一种认为，在恋人的关系中，性的范围更广。另一种则认为，在陌生人关系中，性的范围更广。例如，繁瑆持有第一种观点。

如果你有了爱的话，你会发现你的性，即使不是上床的性，也会变得非常有乐趣。它会把你的性的乐趣广泛化。可能你写一个东西，写一封信、一封情书，这些可能都是特别美好的性的交流。它让你的性的体验变得特别丰富，特别广泛。你明白吗？比如，一件衣服，因为有爱，它也会变得跟性有关的。因为它会跟抚摸、跟视觉有关系。跟你的体温……比如说，你穿上了这样的一件衣服的话，你会觉得，这件衣服是你的性的新享受的一个体现。你明白吗？都可以。就是说，如果你有爱的话，你的性就会变得非常多，你能够感受到的性就会特别多。

繁瑆在上面同样区分了"上床的性"与"非上床的性"，而"即使不是……"这种句式暴露了"上床的性"所具有的核心地位。这显示了繁瑾与其他被访者的共同点。不同点在于，繁瑾所理解的性特别宽泛，已经远远超越身体的接触。例如，写信、衣服和眼神都可以获得性的含义。之所以如此，是因为爱情具有扩散和召唤的魔力，能够在各种与爱情对象有关的事物身上打上爱情与性的印记，同时，又可以借助这些被打上印记的事物召唤爱情与性的记忆。在这背后，则隐含着爱情与性的密切关系。

与繁瑾相对，苍海倾向于认为，在陌生人关系中，性的范围可能更广泛。

问：当你提到"性"的时候，指的是什么？

苍海：第一感觉就是身体上的。

问：身体上？那两个人在一块儿，你认为亲密的行为都包括哪些呢？

苍海：各种身体部位的接触吧，手拉着手啊，脸对脸啊，接吻啊，进一步的两个人上床啊，在一起过性生活的状态，都应该是亲密关系的行为吧。必须得是身体部位的接触。

问：要显示亲密关系的话？

苍海：对。

问：那这种亲密的身体接触里边，你刚才说的有拉手啊，脸对脸啊什么的，那哪些可以算作性呢？

苍海：哪些可以算作性？这个问题……应该怎么说呢，身体隐密部位的接触都应该算作性。

问：隐密部位？

苍海：对，就比如说乳房、生殖器、大腿什么之类的，这种隐密部位的接触都应该算作是性。比如说外在的部位，拉手这个称为性好像有点过分了。摸头发啊，接吻啊……接吻算不算一种性？

问：你自己看呢？

苍海：想一想这个问题啊……接吻应该是外围的性，最核心的性还应该是生殖器的接触。因为……隔的时间比较长，或者和另外一个人，也就是说不是你经常和她接吻的那个人，假如发生了一次接吻的话，那么你的下一个那种冲动，绝对都是生殖器的接触。那么我感觉的话，这样的话，是不是可以这样理解，生殖器的接触是性最核心的地方，那么接吻，还有对乳房啊，还有身体其他部位的抚摸是不是也应该属于性的范围？广义的性吧。狭义的性和广义的性。

问：你说狭义的性就是生殖器的接触。那你刚才说的对身体其他部位的抚摸，穿着衣服和不穿衣服都一样吗？

苍海：这个……

问：比如说穿着衣服抚摸乳房，这算不算？

苍海：这算性骚扰吧。性骚扰算不算性呢？

问：我不知道。你怎么看？比如说要和爱人之间呢，也算性骚扰吗？

苍海：相爱的人之间……这个，真没考虑过这个问题。

问：你可以随意谈，又不需要作法律界定。

苍海：这个，它属不属于一种性……应该不是吧，好像。

问：就穿着衣服抚摸乳房不算？

苍海：隔着衣服要看隔多厚。

问：那像这种身体接触，会不会出现这种情况，在跟爱人时你会把它看作是性，就是要换到和另外一个人的关系当中，就不成为性了呢？有没有这种可能？

苍海：在爱人之间，应该这不算是性。在其他人当中，说不定应该算是性。比如说，你和爱人以外的人进行这方面接触的话，比如说隔着衣裳抚摸之类的，这是不是应该都算作是性？

经过简短的思考，苍海澄清了他对性的理解。在他看来，性包括核心与外围，狭义和广义。生殖器官的接触属于最核心的性行为，身体其他器官（比如嘴唇、乳房、大腿）的接触属于外围或广义的性行为。但是，他的第一轮思考并没有解决所有问题。比如，他感觉难以回答"隔着衣服抚摸乳房"是否属于"性行为"。经过第二轮思考，他倾向于认为，如果"隔着衣服抚摸乳房"发生在爱人之间，那应该不属于性行为，但如果发生在陌生人之间，可能应该算作性行为。

在苍海的思考背后，可能隐含着两种区分的逻辑。一个或许是他在谈及接吻时提到的"性冲动"。正因为接吻激发了或者伴随着性冲动，所以它被视为一种性行为。但"爱人之间隔着衣服抚摸乳房"之所以被认为不属于"性"，或许是因为这种行为被认为不会激发性的冲动。当然，苍海又补充了一个条件，即"隔着衣服要看隔多厚"。由于没有展开，我们不知道他自己会如何解释。但背后的逻辑可能是：如果隔的衣服比较薄，抚摸乳房的行为更可能激发性的冲动，或者这种行为本身是出于性的冲动；但如果隔的衣服比较厚，那么更不容易激发性冲动，或者这种行为只是一种日常亲昵的表示，并不伴随性的意图。不过，如果同一种行为发生在陌生人之间，那通常意味着伴随有性的意图或冲动，所以更应该被视为与性有关。这其中隐含着第二个区分逻辑，即日常交往的身体界限。陌生异性之间触碰乳房之所以更容易获得性的含义，是因为它超越了日常交往的身体边界。而在爱人关系中，身体亲密接触是常见的，某一种特定的亲密接触未必一定伴随着性的意图或冲动，因而不一定会被认定为"性行为"。

3. 视互动情境而定

某些边缘性行为是否被认定为"性"，不仅有赖于关系类型，而且有赖于互动的具体情境。在特定的关系类型中，一种特定的行为是否具有性的含义可能并不是固定的，而是可以随着互动情境发生变化。例如，丛歌区分了单纯的拥抱和带有性意味的拥抱。

> 问：你说，性是什么呢？
>
> 丛歌：性是什么？
>
> 问：当你在说这个字的时候，你指的是什么呢？
>
> 丛歌：我指的绝大部分是男女之间身体上的交合。
>
> 问：交合？
>
> 丛歌：对，绝大部分。
>
> 问：那另外的呢？
>
> 丛歌：我现在没有办法确定地说出来它是什么，但是我

觉得"性"这个字包含的不该只有那个机械运动。

问：但是，你不清楚它所包含的其他内容？

丛歌：但是，总体来说，不管是这个机械运动的部分，还是那些我说不出来的部分，都是很美好的就对了。

问：那你说的之外的那些内容，是想法呢，行为呢，还是其他的？

丛歌：什么都有吧，我觉得这个你们没有必要抠字眼啊。

问：那你刚才说的机械运动，两个人拉手算吗？

丛歌：这个不包括在我说的性里面。

问：不包括？

丛歌：对，牵手不包括在我说的性里面。

问：那拥抱呢？

丛歌：那看是个怎么拥抱了。朋友之间，火车站送别的场景那必然不算。

问：那如果说不是那些，就是两个异性之间的，是暧昧关系或者说是爱人关系？

丛歌：很难讲。这是一个灰色地带吧。

问：灰色地带？

丛歌：嗯，很难讲。

问：那你能不能描绘出这个灰色地带有多大？能不能划分出至少一个底线呢？

丛歌：底线？比如说，有的时候，可能我跟一个异性的好朋友在一块儿，真的只是好朋友。打个比方，我很难过，我很失落，然后我需要一个我很信任的人陪着我。然后他在安慰我的时候，我单纯地就想拥抱一个人，我觉得我拥抱他我就踏实了。然后我就拥抱他。我不觉得这跟性有关。

问：假如换个场合呢？比如这个人是你男朋友？

丛歌：男朋友？然后呢，别的都一样是吗？

问：嗯。

丛歌：那也是吧，这也不算性。如果就是别的什么都一样的话，身份不是问题。

问：那加入什么东西会让这个起变化呢？

丛歌：哎，这是个好问题！加入什么会让它起变化？……我知道了，加入身体的感官的刺激。

问：哪些感官？

丛歌：不是哪些感官，就是……

问：什么是感官的刺激呢？

丛歌：你没有过单纯地拥抱过一个人吗？异性。亲人不算。

问：很少吧，至少我没有很深的印象。

丛歌：你有女朋友吗？

问：有。其实有这样的场合，就是你去抱抱她，但是没有其他的想法。

丛歌：对啊。但是，会不会本来你是没有其他想法的，为抱而抱。抱着抱着，突然一下……会吧？

问：对，有可能。

丛歌：对啊，这就是我所谓的"感官的刺激"啊。而且，刚才我说过，性不单纯是一个机械运动，加入这个感官刺激后，它可以在你的心理上让你产生一些更高程度的愉悦。

丛歌认为，拉手不属于性的范围，但拥抱是否属于性，则要具体情况具体分析。"火车站送别的场景"中朋友之间的拥抱肯定不属于性。朋友之间为了表达安慰而进行的拥抱也不属于性。这些都属于"单纯的拥抱"。如果仅仅是把"朋友"替换为"恋人"，其他条件都不变，这并不能改变拥抱的性质。能够带来变化的是"身体的感官的刺激"，它使得人们从"没有其他的想法"的状态变为"有想法"的状态，使"单纯的拥抱"变为"带有性意味的拥抱"。在这里，丛歌所采用的区分逻辑与苍海所说的"性冲动"非常类似。

还存在另外一种更为复杂的区分逻辑：一种行为是否属于性并不取决于它本身的性质，而是取决于它嵌入其中的整个行为过程。珞姗就是这种情况。

问：比如说，单说一个性，你觉得是什么呢？

珞姗：就是两个人发生的关系，这种关系。

问：两个人在一起，哪些可以算作亲密的表现？

珞姗：亲吻呀什么的，只要没有突破最后的那层底线，我觉得都算是亲密的行为，就是最后发生了关系，那也算亲密的表现之一。就是广义的亲密包括那个性。

问：你刚才说"最后的底线"，那这个底线之外就不叫性吗？还是说，突破了这个底线才叫性？

珞姗：也不是。比如说，没有发生性（行为），那之前的都叫亲密的行为。如果发生了性，那之前的行为就应该算作是性整个的过程中（的一部分）。

问：你是说，之前的也算了？

珞姗：也算。就是前戏呀什么的也应该算到性里面。就是，如果最后没有发生关系，那就应该叫作亲密的行为。但如果最后发生了关系，那之前的那个就应该算作整个过程中（的一部分）。

在珞姗这里，核心的"性"被理解为"最后的那层底线"。"底线"之前的那些行为——比如亲吻——是不是"性"，取决于最后是否发生了核心性行为。如果"最后的那层底线"被突破，那么之前的亲密行为都可以称为"性"；如果没有突破底线，那么之前的行为只能算"亲密行为"，但不能称为"性"。在这种理解中，珞姗事实上给核心性行为赋予了能够"点石成金"的"魔力"：它能够把"普通的亲密行为"转化为"性"。在这种魔力崇拜的背后，仍然是以生殖为中心的性的视野。

第三节 交往边界与战争攻防

一 交往的身体边界

性与交往边界有关。因此，人们也可以从交往边界的角度来理解"性"。有些被访者就是这样做的，例如艾歆。

> 问：你觉得什么是性，什么叫性？
>
> 艾歆：首先，可以用性这个东西来区别男女，用性器官来区别男女。其次，性还是一个动作，男女之间，他们之间做一种事情叫作性。
>
> 问：那做什么事情可以算作性？
>
> 艾歆：我觉得，只要……哪怕是从 kiss 开始，这种东西都是跨越了一般正常男女普通朋友范围的东西，它就可以称作性。身体上的接触，身体上的带有情感性的接触。啊，不带有情感性的，那也是性。

在艾歆看来，所有超越普通男女朋友正常交往边界的身体接触都可以称作"性"，无论这些接触是否带有情感。按照这种逻辑，无论是恋人之间，还是陌生人之间，只要他们的亲昵行为超越了社会认可的通常标准，那么这些行为在艾歆眼里就获得了性的含义。所以，艾歆所理解的"性"也是比较宽泛的，尽管其范围不如繁理所理解的性的范围那样广，但要比很多其他被访者所理解的性的范围要广。

从交往的身体边界的角度来理解性，意味着被访者已经内化了有关交往边界的社会规范。因此，可以想见，内化的边界意识不仅仅塑造性的理解，还会塑造性的实践。如同前述檀香的例子所表明的，拉手、亲吻、拥抱不属于"性"的范围，而这些恰恰构成了她允许男朋友对她所做的那些内容；"接触敏感部位"具有性的含义，因此这些内容"绝对不行"。

同时，我们也会联想到曾与苍海讨论过的"隔着衣服抚摸乳房"的例子。苍海认为，这种行为在陌生人关系中应该算作性，在爱人关系中应该不算。但是，如果按照艾歆的逻辑，这种行为在两种关系状态下都应该算作"性"，因为它超越了通常认可的男女交往边界。通过这种对比，我们可以意识到，艾歆所假定的区分逻辑或许与苍海不同。苍海强调的是当事人本人所体验到的性冲动，而艾歆强调的则是社会所假定的"一般"或"正常"标准。这两者既可能相互重叠，又不会完全相互化约。

二　战争攻防

战争攻防是交往边界的一种极端体现形式。通常来说，在内化的身体边界意识引导下，日常交往并不会引发直接可见的冲突。但事实上，冲突潜存于所有的日常交往之中，这是由身体边界的划分所决定的。换言之，只要存在身体边界，只要存在相关社会规范及其所区分的正常与反常，那么必定会产生"侵犯""越界""冒犯"以及对这些行为的反抗。只不过，在现实生活中，侵犯和反抗或者战争中的攻防都发生在意识或潜意识的领域，通过一种"虚拟的预演"而被事先否定和排除了，根本没有机会直接在现实生活中上演。

就性的交往而言，战争攻防呈现明显的性别模式，即男性扮演攻击者角色，女性扮演防守者角色。因此，女性通常会从"防线"的角度来理解"性"，例如筱清。

> 筱清：他们老说我这人过于理智了，很多时候在这种事上，过于理智了。
>
> 问：谁说的呢？
>
> 筱清：就我的一些朋友，一些男性朋友。为什么？因为每次进行到一定程度的时候，我就可以说停止，我说可以不做，可以拒绝。他们说，大部分女的到那个时候应该就可以了，半推半就也就算了。我说我不行，我这一方面就是醒得比较彻底，我就能在关键时刻把人给拒了。老是干这事。
>
> 问：那男的不是很郁闷啊？
>
> 筱清：是。但是，我跟一男的交往的前提就是他得尊重我。如果我不想的时候，绝对不要。他们呢，还都可以。也不是很多吧，两三个。他们还都不错，他们能尊重你这一点，不会说到那个时候，你要说不行，还非得要怎么样的。他能

尊重你。因为我也跟我一个初中同学——最近老跟他聊天嘛——说这事，就说我这人是那种，想要跟你突破最后一道防线，我一定要在感情上先接受你才行。现在不会再像以前那样，就第一次那种，就随便找一个认识两天的人就跟人家怎么样，不是那种人了。已经不能接受那种了。一定是感情到那份儿上了，我才会允许你对我做这种事。

筱清提到"最后一道防线"，意即存在多道防线，每道防线对应着不同的行为亲密程度，越往后，防线所对应的亲密程度越高，而最后一道防线则对应着核心性行为。在与男性交往的过程中，筱清经常在关键时刻——也就是亲密行为达到相当程度的时候——要求停止，拒绝进一步行为的发生。之所以如此，是因为她感到仍然没有在感情上充分接受对方。筱清的第一次核心性行为是与一个网上聊天认识的男孩发生的，双方没有深入的交往和情感做基础。之后，她不想再发生类似的情况，所以强调情感基础。

作为一个象征，"防线"有很多其他的表达形式，例如珞姗在"突破最后的那层底线"中所用的"底线"。或者，人们不提用于防御的"线"，而直接说进行防御的行为，比如筱清所说的"停止""不做""拒绝"。总之，女性扮演的经常是防守者的角色。面对男性的要求或提议，女性要决定是否"接受"或"允许"。另外，他们不仅要弄清楚自己是否真的想要，还要让男性明白，她究竟是"绝对不要"还是"半推半就"。换言之，人们倾向于认为，即使是接受或允许，女性也不会酣畅淋漓地表达出来，而是必须采取"特定的拒绝形式"，即不那么坚决的、掺杂着接受的拒绝形式。

女性在性交往中的防守者角色是漫长的社会化过程的结果。角色的内化是如此深刻，以至于"拒绝"——作为极端的防守姿态——构成了"第一反应"。请看薇禾的例子。

问：你当时还能保持清醒吗，那时候？

薇禾：当然要保持清醒，因为他不是我老公啊。（笑）这一点一定要搞清楚。

问：你当时会想吗？

薇禾：会想啊。就是说，我在说"不"的时候，是他问我，"你想不想要啊？"我第一反应肯定是"不"。这个东西……你得……真的肯定是"不"。因为你的信念都在那儿了，你的坚持都在那儿了，就是"不"，第一反应肯定是"不"。当你把这个"不"字说出口之后，或者说是你将要说出去的时候，然后你会感觉"我是不是觉得自己很快乐"，或者怎么样，还是会（说）"不"。

问：第一次，我问你，就是说当时有没有一个思考过程？你说，两个人没见面的时候，你可能会想，但两人见了面之后，你就不会想。

薇禾：这种……你实际上就是说……在你……就是说，没有见面之前，也会想会发生什么样的事情啊，会到达什么程度啊，或者说他会做什么，他对我怎么样，我对他怎么样啊。但是，在见了面之后，你的那个坚持……不是说天天挂在嘴边上，挂在脸上，不是这个样子，是在你内心深处的那个东西。你没有刺激到它，它肯定是不会去想的，自己该做什么就去做了。但是这个东西是需要碰到它或者是将要碰到它的时候，才会把这个心理……才能反应出来，才会去碰到这个东西。你没有触及这个东西啊，这怎么说？人家在一起身体接触啊，或者是他想爱抚啊，或者怎么样。真正在晚上就没有触碰到这个，那就是顺其自然，他想干吗干吗，或者我只要觉得舒服就好了。

薇禾期望把自己的第一次（核心性行为的第一次）留给自己未来的丈夫。所以，面对不是丈夫的男性（前面提到，其实也不是正式的男朋友）所做的发生核心性行为的提议，她的第一反应是拒绝。这种拒绝的倾向不是出于一时的冲动，而是之前已经"在那儿了"，并且坚持了很久，和她的信念有关。

防守的角色要求薇禾保持"清醒"。前面，筱清亦提到自己"醒得比较彻底"。道理很简单，战争中防御的一方必须保持警惕，而这必须以清醒为前提。但是，清醒意味着清楚地知道"在你内心深处的那个东西"，并不需要"天天挂在嘴边上，挂在脸上"。只要双方的交往没有触碰到内心的那个底线，那么就不用去想，"顺其自然"即可。换言之，在薇禾所能接受的范围内，男性"想干吗干吗"，她"只要觉得舒服就好了"。但是，当交往触碰到薇禾的底线或"将要碰到它"时，强烈的防御反应就会被激发出来。

第四节　性资本：丧失与积累

如果人们倾向于从战争攻防的角度来理解性的交往，那么其中必然涉及资源的争夺，而这种资源便是"性资本"。在人们对性的日常理解中，资本构成了一种重要的视角。在"失贞""占便宜""吃亏"等概念背后，隐含的便是这种视角。

一　"第一次"：女性失贞与男性收获

首次性行为通常被赋予重要意义。或者，从资本的视角来看，"第一次"性经历被视为一种重要的性资本。但是，这种性资本是"一次性的"，一旦"消费"，便不再拥有，而且从原则上来说无法失而复得。换言之，对本人来说，这种性资本只能保有或者失去，无法回购，也无法通过积累而不断升值。"失贞"这个词极其简洁地传达出了这方面的含义。但是，在人际性行为中，一方的失贞对另一方来说则意味着收获。当然，这里存在明显的性别模式，即女性失贞、男性收获。

1. 女性失贞

男性和女性都可以"失贞"，但通常来说，失贞对女性才构成一个严肃的问题。而且，在与"失贞"相连的问题意识中，最为重要的可能不是"贞洁"观念，而是"资本丧失"的意识。

问：那有没有别的？比如说，有暗示吗？

檀香：可能有暗示吧。我妈就觉得，女生在结婚前最好不要那个什么。这点儿我比较同意吧。倒不是觉得自己有那种情结或者什么的，只是觉得这种事情很明显女生是吃亏的一方啊！

问：为什么？

檀香：我觉得就是中国这种传统。可能你不 care，你男朋友也不 care，其实中国这个社会世俗的眼光还是比较 care 吧，我觉得。

问：你说都在乎这点？

檀香：反正大部分人都在乎，我的感觉啊，我自己认为啊。如果你跟你男朋友发生了关系以后，就是我会觉得自己失去了什么，可能我自己会这么认为。当然我们现在并没有发生，我并不知道，但是我自己认为可能失去了什么。其实如果在发生这个事情之前，他有一点点对你不好，你会是一个感受。如果发生这个事情之后，他有一点点对你不好，我觉得我就会放大，无限放大这种感受。然后我会觉得，好像他变得没有以前那么在乎我啊，或者怎么样。我会觉得，这会影响我和他之间的感情，会不好，会变得越来越糟。会影响到我跟他的感情，我会这么认为。所以一直……本人也比较保守，我跟他之间不会。我们说过，结婚之前不会。

檀香与男朋友的关系很好，感情非常稳定，双方的关系也已得到双方家庭的认可，就等着毕业之后结婚了。但是，她一直坚持婚前不能发生性行为。在她看来，这并不是因为她有处女情结，而是因为婚前发生性行为会让女性"吃亏"。换句话说，她拒绝婚前性行为，不是因为信奉某种传统的女性贞操观念，而是出于理性的考虑。如果套用马克斯·韦伯的区分，檀香认为自己的选择属于理性的行动，而非传统的行动。[1]

---

[1] 马克斯·韦伯：《经济与社会》，林荣远译，北京：商务印书馆，2006，第56页。

在檀香的理性运算中，"贞洁"不再是一个无可置疑、无法标价的"价值目标"，而是一个在恋爱过程中确保自己价值不失的"筹码"。檀香说，假如跟男朋友发生性行为，那么她会感觉自己"失去了什么"。但究竟是"什么"，她并没有直说。不过，后面的叙述表明，她失去的是能够让她在恋爱关系中保持主动、自信和安全的筹码。在拥有筹码的时候，男朋友对她不好，她并不会太担心，因为自己仍是"完好无损"的。即使关系破裂，她仍然拥有其他选择。但是，一旦失去筹码，她就失去了很多选择，因为在中国社会，"大部分人都在乎"女性的贞操。在这种情况下，她当然担心会被男朋友抛弃。男朋友对她的不好之所以会被无限放大，就是出于被抛弃的担忧。对于这种担忧的负面影响，檀香似乎是很清楚的：它会导致不自信和怀疑（"好像他变得没有以前那么在乎我啊"），把一个普通的日常表现当作一个负面信号予以放大，摧毁双方的信任，使感情越来越糟。

檀香说自己并没有处女情结，意在传达自己已经从传统的贞操观念中走出来了。但是，她认为，在中国社会，仍然有很多人没有从中走出来。因此，她的选择在很大程度上具有被迫的意味，是在"保守的社会环境"中寻求自保的手段。当然，"保守的社会环境"属于她自己的认定，与社会环境的客观状况并不存在必然的关联。

2. 男性收获"第一次"

如果说，女性的"第一次"（尤其是婚前）对自己而言意味着"丧失"，对男性而言则意味着"收获"。请看双渔的例子。

> 她以前有过一个男朋友，是 JT 大学的。她跟那个男朋友在一起的时候，也是当时同学见网友，那个网友又带了个同学，就这样认识的。那两个一对儿玩去了，把他们俩这一对儿丢下了。然后，在大学校园里面，天黑了，两个人就在凳子上面坐着，校园里的那种凳子。半夜里两人坐在一起，毕竟男女控制不住，就摸起来。最后就常常在一起，到我这个学校也来摸过。……那天晚上九点多，说学校关门了，要不

住外面吧。结果，她就跟那个男的一起开房间。我到现在都很感激的一个事情就是，很感激那个服务员。他们两个去开房，结果服务员就问那个男的有没有结婚证。两个人就连忙又跑出来了，就分开了。接下来没几天，一个多月吧，就分手了，基于各种原因。最后就遇到我。那时候她还是第一次，在TH大学的时候。去TH大学的时候，……当时在学校里面没什么好地方，遮遮掩掩的，没办法，最后就没成。有天晚上，又去BH大学玩，在BH大学的草坪上面，晚上那儿比较黑，是第一次嘛。以后，跟她在一起都是很好的。之后是因为她要考研究生，两个人没走到一起。当时我还有很多事情，跟她后面又出现一些矛盾，之后就分手了这样。在大学就还有……一共，女朋友也很多的。

双渔之所以感激宾馆的服务员，是因为她/他阻止了前女友的"失贞"，从而把前女友的"第一次"保留给自己。尽管都是做爱，甚至之后的做爱"都是很好的"，双渔仍然赋予"第一次"以特殊的重要性。在访谈的其他部分，双渔还提到，第一次的性经历对女性来说影响很大，如果恋爱双方最后没能结婚，女方在婚后如果碰到第一次与之发生性行为的男性，仍然可能与他再次发生性行为。可见，双渔倾向于认为，男性通过"第一次"能够在更大程度上"占有"女性，不仅占有女性的身体，而且占有女性的心灵。正是这种占有的逻辑及其激发的"美好想象"（通过对女性心灵的占有，甚至可以再次占有已婚前女友的身体），"占有女性的第一次"对男性而言成了一种重要的性资本。

3. 占便宜与被占便宜

有些女性被访者发展出与男性类似的立场，即女性也可以收获男性的"第一次"，并认为"第一次"具有特殊的价值。

问：你是在什么情况下？

春泥：跟男朋友有过。跟别的男生也有过。

问：是什么关系？

春泥：有一个后来把他当男朋友了，然后看清之后又不想要了。那个让我挺生气的，因为想到被他这么轻而易举地就占了便宜，我就非常的不爽。这个让我很不爽。不过，比较有心理补偿的是，这家伙，一眼就能看出来是一个 CN（处男）。然后，我想想也很爽。是这样的。

春泥在不情愿的情况下和一个男生发生了性行为。尽管后来她与这个男生发展为恋人关系，但之前的性行为仍让她非常生气，因为刚认识不久就被"轻而易举地占了便宜"。但是，当看到这个男生是第一次发生性行为时，她又感到心理平衡了。可见，男性的"第一次"也被视为具有特殊价值的东西，可以被用来补偿女性的损失。

春泥把男性的"第一次"当作可以收获的性资本，就此而言，她似乎接受了男性的逻辑，呈现"男性化"的特点。但是，被占便宜所引发的"不爽"表明，她保留了女性把性行为等同于"丧失"的倾向。这次被占便宜的性行为并非春泥的"第一次"，但"占便宜"与"失贞"的逻辑是类似的，都强调性行为给女性造成的资本损失以及给男性带来的资本增值。

二　性经验：资本还是负债？

除了"第一次"，性经验也可以构成性资本的基础。这里同样存在明显的性别模式。通常来说，男性倾向于把自己的性经验当作值得炫耀的性资本，而把女性的性经验当作负面的东西来理解；女性倾向于把自己的性经验也当作负面的东西来理解，而对男性的性经验则持有复杂的态度：可以是否定或中立的态度，也可以是模糊的肯定态度。

问：那他告诉你，他在国外都是那样？
筱清：对啊。
问：你心里介意吗？

筱清：没有，因为那是他在国外的生活，跟他在中国的生活完全不一样的。他在中国，他回中国以后他没朋友。其实，很多从国外回来以后的人都是这样，因为他在国外生活好几年，然后他再回中国，中国就没有朋友了。他回中国以后特老实，特本分，就跟我一个人待着，没朋友，平时。但在国外不一样。但是，那种生活是你管不着的，你也没必要去想那种生活，因为在国外的留学生都那样，不是他一个人那样。当时，他们说一个问题，说"你胆儿真大，从国外回来的人你也敢惹，万一有点儿病什么的"。

问：那你怎么说？

筱清：没有，他应该挺干净的人。

问：但是他们跟你这么说，你怎么回他们？

筱清：没说什么吧，我也忘了。估计就笑呗，没什么吧。因为你首先得先了解这个人，才能跟他做这个事。他这个人肯定是要求比我还高的那种，就是说更要求这些方面的干净啊，怕染病。人家都怕染病，你还怕什么啊？他肯定是一特干净的人，他肯定不会是乱交。

筱清曾和一个在国外留学多年的男生谈恋爱。男生向她坦诚，他在国外的性经历比较丰富，与很多女性发生过性行为。因此，在两人的性生活中，他要求筱清配合他的要求。显然，这个男生把自己丰富的性经验视为一种资本。

筱清的朋友把男性丰富的性经验与乱交和疾病联系在一起，认为筱清"胆儿真大"，敢与这种男生交往。可见，至少在一部分人眼里，丰富的性经验并不是什么值得炫耀的性资本，而是风险之源；如果从资本的角度来说，则是资本的负面状态，即负债。

筱清对男友丰富的性经验持有一种中立的态度。她化解了朋友所持有的负面态度，认为男友"肯定不会是乱交"，对防病很注意，因此肯定是一个"特干净的人"。筱清的这个例子显示，"丰富的性经验"在普通人眼中通常具有负面形象，它需要特殊的辩护和说明才能摆脱负面形象，转化为中立形象。但是，通常来说，它很难获得明确的正面形象，即直接被承认为具有积极价值。在思瑗的例子中，男友丰富的性经验产生了积极作用，但对它的承认却依然模糊不清。

> 问：如果你爱一个人，你能接受他在外边和别的女人发生关系吗？
>
> 思瑗：不能。我觉得这是一种亵渎吧，绝对不能接受。
>
> 问：那在爱你之前呢？
>
> 思瑗：那可以，只要跟我在一起不那样就可以。
>
> 问：那你的意思是，在你之前，他的经历你丝毫不在乎？
>
> 思瑗：不在乎。
>
> 问：无论什么样的经历？
>
> 思瑗：嗯。就现在这个，他在之前非常花心。他给我说……他自己都记不清了。
>
> 问：你不在乎？
>
> 思瑗：不在乎。
>
> 问：你为什么想得开呢？
>
> 思瑗：这不是想得开的问题。我觉得如果在乎，那这个就是太贪心了。没有那么完美无缺的事情。在认识我之前的，那和我没有任何关系。只要在认识我之后，他没有其他女人，对我一往情深，只对我一个，那就够了。

思瑗当时交往的男朋友比她大 14 岁，有家室，很富有。他的性经历也非常丰富。正是在和这个男朋友交往的过程中，她体验到了前所未有的性快感。相较起来，她感觉，与初恋男友所过的性生活"觉得不是性爱"，相差太远。之所以会有如此巨大的变化，她认为其中一个原因是男友具有丰富的性经验。这其实承认了丰富的性经验所可能产生的积极价值，但这种承认仍然非常隐晦和间接。例如，在解释为何不在乎男友三位数的经历时，她本来有机会直接肯定性经验的积极价值，但是她并没有这样做。对思瑗来说，男友丰富的性经历意味着不够完美（"没有那么完美无缺的事情"），而她之所以接受他，是因为不想"太贪心"。

因此，与筱清的姿态类似，思瑗所做的只是试图"洗刷"丰富的性经验身上所承载的"污名"，而不是更进一步，试图为其确立"美名"。换言之，男性的性经验对自己来说或许意味着性资本；但对女性来说，则常常意味着"负债"。因此，从中立的角度来接受男性丰富的性经验已属不易，直接承认它的积极意义则更难。

三 性资本的贬值与道德负担

由于性行为通常被认为会造成女性的性资本贬值以及男性的性资本升值，所以就产生了如下的倾向，即男性应该向同自己发生性行为的女性负责，尤其是在具有一定情感基础的关系中。正是基于这样的逻辑，荣枭在与女朋友发生边缘性行为后，感到难以开口说分手。同时，他又庆幸没有与女朋友发生核心性行为，因为在他看来，发生的性行为越靠近核心性行为，女性的损失越大，男性对女性所应负的道德责任越重。而道德责任越重，提出分手就显得越不负责任。

在上一章（"爱情的日常概念与文化库存"）中，我们分享了荣枭的一位朋友的经历，他面临着类似的困境。但由于他与女方交往的时间更长，在性和情感方面卷入的程度更深，他深感自己对女方背负的责任更重。所以，哪怕已经感到双方不再有共同语言，他也不敢选择分手，而是选择继续这段恋情。这种状况让他感到悲观绝望，虽然年纪轻轻，但似乎已到人生暮年。所以，他告诫荣枭，一定要慎重选择，不要和自己不爱的人在一起，更不要因为性行为而被迫和自己不爱的人在一起。

或许，很多人都会敬佩荣枭及他的朋友的道德责任感。但是，在了解这种道德责任感背后的性资本逻辑之后，我们的态度就很难再如此清晰简单。或许，在荣枭的无所适从和他朋友的悲观绝望中，我们能够感受到性资本逻辑的荒谬和"道德行为"的"不道德"。

第四章
无形的围城：传统性秩序的主体效果

在"性的日常概念与文化库存"一章，我们提到，性被视为一种自然的力量，对社会而言，它既具有破坏性，又具有存在的合法性。这意味着，人们倾向于认为，性在社会中必须被安放在一个合理的位置，在承认其合法性的同时限制其破坏性。

但是，怎样的位置对性才是合适的？对此，被访者有非常不同的意见。总体来看，人们倾向于给性寻找一个上位的原则，将性置于其下，只有很少的人能够接受性的独立存在。在接下来的几章中，我们将分别进行介绍。

在本章中，我们将聚焦传统的性秩序。无论是五四新传统，还是此前更久远的传统，性秩序都是以婚姻为中心的。这种性秩序的内化在主体的身心之中形成一个无形的围城，促使主体主动地把"性"安放在婚姻之内。当然，对不同的被访者来说，传统的性秩序内化的程度不同，其作用机制也有所不同。

第一节　内化的传统性秩序及其情感机制

一　秩序与随便

内化传统性秩序的被访者倾向于对违反该秩序的行为进行道德评价，相对温和并较为常用的评价词语是"随便"。例如，惜妍就认为，婚前同居显得女孩儿"挺随便的"。

问：那要是聊到，会涉及什么问题？

惜妍：现在我们聊，会涉及同居这件事。我说，我接受目前很多人同居，但是我结婚前不想去同居。

问：不想同居？就是不想发生婚前性行为？

惜妍：对。

问：为什么？

惜妍：可能我觉得，人的很多认识是跟他的成长背景有关的。如果你从小就生活在大都市当中，你从小看到很多这种，可能就会觉得很正常啊，无所谓啊。但是，我觉得我成长背景就是稍微有点儿传统吧，就是从农村一步一步过来，这个会受一些影响。反正我不太……就是自己不会那样做。

问：就是心里边接受不了？

惜妍：嗯。

问：即使你现在来到北京，看到了……

惜妍：我能接受别人，比如说我同学中也有。但是我不会那样做，我觉得那样有点儿随便。

问：有些女孩担心，觉得自己是吃亏。

惜妍：对，有些女孩觉得自己是吃亏的，但是我觉得……

问：你是因为这个原因吗？还是因为其他的？

惜妍：我觉得，这样显得这个女孩挺随便的。可能也有这方面的原因，自己没想过，但可能自己潜意识当中有这个原因吧。

……　……

问：你能完全排除这种可能性，坚决不会？

惜妍：嗯。

问：即使是对方强烈要求也不会？

惜妍：嗯。我觉得，我本身真的不希望那样做。如果双方真的是互相爱慕啊，他也会理解的。我觉得是。

惜妍可以接受别人在婚前同居，但无法接受自己这样做。尽管她尊重别人的选择，但依然认为，婚前性行为是"随便的"。

"随便"这个词语体现的是一种相对温和的负面道德评价，它假定了一种合法的道德秩序，"随便"意味着对这种秩序的无视和违背。当社会秩序经由长期的社会化过程内化到身心之中，它便会自动发挥作用，无须有意识的理性思考，便能得出对特定行为的评价。而且，评价本身充满道德色彩，而非采用理性的话语形式。例如，惜妍自己给拒绝婚前同居提供的理由是"随便"，而不是像檀香那样认为是"吃亏"。

惜妍明确地意识到，她在当代中国的社会空间中处于比较传统的位置。有意思的是，她为自己的处境提供了一个"常人社会学"的解释："人的很多认识是跟他的成长背景有关的"。她把成长背景区分为城市和乡村。前者比较现代，婚前性行为比较普遍，长期耳濡目染之后，人们会觉得婚前性行为很正常。后者比较传统，婚前性行为——至少在她成长的年代——比较少见，在这种环境中长大的人会认为婚前性行为有悖道德常规。惜妍自幼在农村长大，尽管后来到城市求学，但只是有限度地改变了她对婚前性行为的看法：她开始能够包容别人的相关行为，但无法接受自己的行为改变；尽管她尊重别人的选择，但她眼中婚前性行为的道德性质并未改变。

我们该如何理解惜妍为自己的立场所提供的解释？显然，她的解释符合基本的社会学或社会科学原理。而她作为社会科学的研究生，很容易接触到相关理论。所以，她是在运用自己所接触的理论来解释自己。但是，我们应该注意"自我解释"所发挥的功能。与社会科学家对社会所做的科学解释类似，人们在日常生活中所做的自我解释从来并不局限于达成一种"客观说明"，而是发挥着"自我合理化"的功能。当人们借用各种各样的文化资源库存，拼接成一种自己能够接受的解释，那么这种解释就让自己的行为或现状变得合情合理或者正当化了。只有碰到一些这种解释框架无法兼容的新经验，人们才会被迫去调整现有的解释或者发展新的解释。例如，当我说，有些女性是因为感觉吃亏才拒绝婚前性行为时，这对惜妍来说是一些新的经验。她并没有完全拒绝这些新经验，而是试图达成一种综合："可能也有这方面的原因，自己没想过，但可能自己潜意识当中有这个原因吧。"

另外，值得注意的是，惜妍认为，婚前性行为"显得这个女孩挺随便的"。她强调的是"女孩"，而不是"男孩"。在她看来，男性发生婚前性行为更普遍，更容易理解，也更正常。可见，传统的性秩序往往对女性和男性预设不同的标准。

二　传统性秩序的情感机制：羞耻、恐惧和内疚

传统的性秩序在内化之后，除了会自动地在认知层面生成道德评价，还会通过情感机制自动产生有助于维护秩序的身心反应。当人们做了自认为不该做的事情，或只是想象自己做了不该做的事情，人们便会产生一些负面的情感，尤其是羞耻、恐惧和内疚。正是因为这些负面情感在维护社会秩序中发挥着重要作用，所以它们常被称为"社会性情感"。

1. 羞耻和恐惧

在上一章中，我们提到，檀香认为，在婚前性行为中，"很明显女生是吃亏的一方"。但后续的访谈表明，她之所以拒绝婚前性行为，并非仅仅因为理性考虑，还因为婚前性行为让她感到羞耻和恐惧。

> 问：你刚才说，你觉得社会上大部分人都会在乎这个？
> 檀香：我是觉得，中国的传统观念可能会在乎。
> 问：你是说在乎女孩子的贞节，还是男孩子的？
> 檀香：不是，我是在乎那种生活方式，就是结婚之前就有这种亲密关系。至少，如果我有了，我都不好意思跟别人说，就不好意思承认或者怎么着。同样，我的同学可能在结婚之前有这种关系，他们也不会愿意告诉别人这样。我是这么认为喽，具体我也不知道。可能现在已经开放很多了吧，但是我是这么认为。
> 问：你是说这种生活方式？
> 檀香：对。如果我有了，我肯定不敢告诉我父母。我父

母肯定还会在意的，不愿意女生在结婚之前就同居或者怎么样，所以我觉得应该还有很多人在乎的吧。

与惜妍类似，檀香也把自己定位在传统或保守的位置上。对她来说，婚前性行为并非一种孤立的行为，而是代表着一种"开放"的生活方式。但是，在当代中国社会，仍然有很多人不赞同这种生活方式。所以，假如她有了婚前性行为，她"都不好意思跟别人说"。她相信，她的同学同样会不好意思承认自己有这种行为。这种"不好意思"其实正是羞耻感的一种温和的表现形式，它预设了一种集体的目光（"应该还有很多人在乎"），当这种目光被内化之后，人们就会自动地透过它来注视自己，从而能够在真正实施某种行为之前便产生特定的情绪感受。正是这种机制在预防人们采取违背秩序的行为。

婚前性行为除了让檀香预感到羞耻之外，还让她预感到恐惧。檀香说，假如她有了婚前性行为，她将不敢告诉父母。"不敢"传达的正是恐惧。相对于"不好意思"，"不敢"意味着行为可能引发更严重的后果。所以，檀香的恐惧表明，她的父母相对于一般人更加反对婚前性行为。

无论是"父母"，还是社会中的"很多人"，都是在自我中被内化的"他者"的代表。只不过，"很多人"代表的是"一般化的他者"，而"父母"代表的是"重要他者"。对不同的人来说，不同的"他者"在维护秩序中的作用可能有不同。

2. 内疚

面对婚前性行为，檀香感受到的是羞耻和恐惧，而公达感受到的则是内疚。

问：那重点来说，你要和一个人谈恋爱的话，你有可能在结婚之前发生性行为吗？你排斥它吗？

公达：这个我……我排斥，因为我觉得……我个人认为这件事是太重要了，对于每一个人来说，这第一次是太重要了。我个人还是比较那个……属于比较保守的吧，如果你第一次献给一个你……不是陪你走完终生的那个人的话，我觉得以后遇到合适的人，同她结婚的话，你的内心会有一种愧疚感，没有把真正好的东西奉献给人家，就是这个意思。因为那件事……人的这个第一次是会……人的第一次如果和心爱的人的话会……我觉得，和自己心爱的人发生第一次的话，以后会很幸福的。如果和……随便和哪个人，甚至是和专门做这个的发生这个的话，我觉得从内心深处来说就会有一种愧疚感，没有把自己最好的东西来奉献给自己最爱的人。

问：那比如说，你们两个的确是相爱呢？

公达：相爱的话，那到最后你们结婚还是有问题的。这个我觉得在我们国家，应该是……在我们中国，男方主动权比较大嘛，只要我们控制住的话，这件事在婚前婚后应该是男方能控制住吧，我觉得是这样。

问：那你是说，你会控制自己保持到婚后？

公达：是啊。

问：那就像你说的，只是因为你要把最好的东西献给将来要走过一生的伴侣吗？

公达：对。

问：还有其他原因吗？

公达：这个的话，我觉得就是一种……我觉得说得严肃的话，我觉得是一种道德和良心的问题嘛。我觉得那个就应该献给自己最心爱的人嘛，因为你……因为既然走到一起了，就应该……以后有什么，互相理解、互相关心都可以，就这样。

问：那为什么你觉得第一次是非常美好的东西呢？

公达：因为……因为我觉得一个人从小到大，从不知道有这个东西，到知道有这个东西，就对这个东西产生一种向往。我觉得，它应该是人类美好生活的一个组成部分，是吧？如果你把美好生活组成部分的这个第一次的机会就随便奉献出去的话，其实我觉得也是不完整的人吧，人生也是不完整的。如果你就那么随便奉献出去的话，甚至和一个你不认识的人的话，那样的话，我觉得不好。我觉得就自己以后工作的话，以后发达的话，我觉得回想起这件事的话，还是一种不痛快的经历吧。最好是和跟自己谈得来的人，特别那种……就这个意思。

与檀香和惜妍一样，公达认为自己是一个"比较保守的"人。他所内化的"道德和良心"告诉他，性是美好生活的一部分，而"第一次"则更加意义非凡，"就应该献给自己最心爱的人"。而且，"最心爱的人"必须是妻子，不能是尚未结婚的恋人，因为在结婚之前，谁也无法保证双方一定能够结婚。如果能把这么美好的礼物奉献给自己的妻子，双方的生活将会更加幸福。如果"随便"奉献给其他人，他便会感到内疚。尤其是，假如奉献给"专门做这个的"人——也就是性工作者，他将会更加内疚。公达认为，这种内疚将会伴随他的一生。如果以后"回想起这件事的话，还是一种不痛快的经历"。可见，他把婚前性行为视为一种能够让他抱憾终生的行为。

3. 羞耻与内疚：道德良心的性别差异

相对于檀香所感受到的"羞耻"，公达所感受到的内疚是更加个体化的。羞耻往往意味着内化的他者的目光，无论是一般化的他者或者重要他者。内疚当然也是他者内化的结果，但是，他者在内化的过程中与自我结合在一起，逐渐模糊甚至失去了他者的形象。因此，公达主要强调的是自己的"内心"，是自己的内心在监督自己。除此之外，他没有提及起到监督作用的"他者"形象。比如，他没有提到自己的父母，也没有提到社会大众。

那么，公达与檀香的差异是否与他们的性别差异有关呢？

从上面的引文来看，公达似乎承认了性别的影响。他认为，男性在涉性交往的过程中掌握着更大的主动权。主动要求发生性行为的往往是男性，所以，如果男性主动控制自己的性要求，那么就能避免婚前性行为的发生。公达没有直接表达出来，但我们可以联想到的是，男性之所以倾向于主动要求发生婚前性行为，是因为社会更加容忍甚至鼓励这种倾向。换言之，在男性内化的"道德良心"中，社会的"他者"并不谴责尝试婚前性行为的男性，因此他们通常不会因为婚前性行为感到羞耻。但是，社会的他者可能已经与男性的道德自我高度融合，使得社会他者的要求转化为男性自我的要求，也就是男性的"责任意识"。对公达而言，把第一次性生活这个美好的礼物奉献给妻子是男性应尽的道德责任。由于男性在决定是否发生婚前性行为中掌握着主动权，因此，如果男性没能把"第一次"留到婚后，那么这是男性没有尽到自己的责任，男性应该为这种失败负责。这种内化的责任意识激发的情感便是内疚。或者说，内疚是这种责任意识得以维续的情感机制。同时，这种责任意识也让我们联想到荣枭所感受到的道德负担：因为与女朋友之间发生了一些边缘性行为，所以感到内疚，难以直接开口说分手。

相对于男性，作为女性的檀香更敏感地感受到社会对女性的性期望。所以，至少在女性内化的与性相关的"道德良心"中，"他者"与"自我"存在更加明显的分化，女性拒绝婚前性行为在更大程度上是因为羞耻（及与之相关的恐惧），而不是因为内疚。

第二节　理性的外表与传统的内里

在上一章中，我们提到，檀香认为，婚前性行为对女性来说明显是吃亏的事情。在这一章中，我们又提到，婚前性行为是让檀香感到羞耻和恐惧的事情。所以，在解释自己为何拒绝婚前性行为时，檀香同时采用了理性话语和道德话语。但是，就檀香而言，这两套话语并非具有同等的重要性。其中，传统的道德话语内化更深，是更根本的。理性话语浮在表面，如同道德话语的一个"外包装"，它掩盖了道德话语的内核。但是，一旦我们去探究把"失贞"与"吃亏"联系在一起的机制，就能发现，理性话语所盘算的"吃亏"（成本）和"（占）便宜"（收益）本身具有鲜明的道德色彩，即"成本"与"收益"的内容本身是由道德规范所界定的。就此而言，檀香对婚前性行为的解释是"理性的外表"与"传统的内里"的结合。

冬葑的情况与檀香类似。只不过，冬葑的理性解释更加多维与全面。但即便如此，理性的外表依然无法彻底掩盖传统的内里。

一　理性的外表

问：那你和男朋友交往多久了？

冬葑：一年多了。

问：从来没有发生过什么？

冬葑：嗯。因为我已经告诉过他，我跟他之间没有爱情，我不太考虑在我结婚之前和他发生什么，因为这对我来说是很不划算的。如果说我现在想去香港，又想去美国，我就是那种喜欢到处跑的人，我不和他在一起呢？

问：就是不确定会走到一起？

冬葑：嗯。我不是那种把自己生理上的需求看得高于一切的人，所以我也不会做那种傻事。我知道大部分的人，尤其是才子型的男生，他们都有处女情结的。如果我不跟我男朋友在一起，那我下一个男朋友怎么办？对他不公平啊，对不对？

问：你刚才说是因为你不爱他，那你如果爱他呢？

冬葑：那也不行啊！两个人领了结婚证还会离婚呢，两个人不在一起的时候发生关系的话，吃亏的只能是女孩子。意外怀孕了怎么办？对身体不好啊！

问：不是有可以避孕的措施吗？

冬葑：避孕套的保护程度是85%。避孕药呢，万一哪次忘吃了呢，万一"中奖"了呢？那怎么办？那对身体伤害很大的。我不可能做伤害自己的事情。我不自私，你可能也看出来了，但我非常自我，我保护自己的程度超过了所有的。我可以不在乎利益，身体之外的时间、钱财我浪费在别人身上都无所谓，但我对自己的思想和身体保护得非常厉害。因此我特别固执。一旦我有了一个想法，我们宿舍人都看出来，小事情，比如买这件衣服和那件衣服之间，我觉得这个好看，可你非说那件好看，我会尊重你的意见买那件衣服的。我觉得，既然你觉得那么好看，我穿衣服就是给别人看的，我为什么不穿上让你觉得好看一些？我就特别容易改变主意。但是像我想要从事的行业，我想要出国的想法和喜欢做学问的想法，他们再说我适合去工作，我都不会听，因为我有很固执的一面。只要认定了，绝对不会改，除非我一头碰到那上面头破血流，我会把血擦干净，继续再碰。我非常非常固执。就像我和我男朋友说过，如果我和他结婚，我不想去他家举行婚礼。刚才在路上我还告诉他呢，我说："你一定要想清楚了，你应该非常了解我，既然我已经说了，就绝对不会改变；你一直在敷衍我，觉得我会改变。"就像我说的，我不想要小孩，不想去他家举行婚礼，我说："你不要等着要改变的那天，你才说后悔。"我无数次地跟他说过，不要想着我会改变。如果他因为这个和我分开，我也不会说什么，我也不会改变我的决定，也不会妥协。

问：那你刚才说，不准备在婚前和某人发生性行为，其中有一方面也是说，有才情的人一般都有处女情结？

冬莙：对啊。其次，就是不想对自己的身体造成伤害。而且，对我以后的男朋友不公平。如果我和现在的男朋友结婚了，无所谓啊。我这个人就是不容易离婚的那种。就像我当时买的（笔记）本装的是（Word）2000，我在那个研究团队做课题的时候，大家在一起，他们就觉得我的 Word 非常不好用。那个男生说："我给你个 2003 吧。"我说："行。"他拷给我一个，结果第一天过去了，他还是发现我很慢。他说："你没装吧？"我说："没装。"他说："你怎么忍了这么久？"我说："我已经用了一个多月了。"他们就觉得，我是一个不容易离婚的人，自己不舒服也不会想到去换。我很奇怪的。

问：你刚才说有才情的人有处女情结，为什么呢？

冬莙：文人吧，都是这样，你不这样吗？

问：那如果不是文人呢？

　　冬莴：如果不是文人，我瞧不起他，不会和他在一起。因为感情和性对我来说不是最重要的，所以我不可能这样随随便便地去伤害我的身体。我做所有事情都是有计划的，它一定会对我某一个阶段有好处。

　　在上面的引文中，冬莴为自己拒绝婚前性行为提供了详尽的解释。这个解释呈现鲜明的理性化色彩，具体体现在以下几个方面。

　　第一，冬莴认为，婚前性行为对她来说"是很不划算的"，只会让她吃亏，而不会产生任何让她看重的收益。"不划算"和"吃亏"是她给婚前性行为所做的整体定位，这种定位具有鲜明的理性色彩。

　　第二，冬莴非常强调婚前性行为可能导致的怀孕风险。并且，她对风险的表述是这样的："避孕套的保护程度是85%"，给人以非常科学、理性的印象。在访谈的其他部分，她还详细介绍了她所了解到的医学知识。这些知识储备是她对怀孕风险进行判断的理性基础。

　　第三，冬莴说，"我做所有事情都是有计划的，它一定会对我某一个阶段有好处"，这显示了她针对整个人生的理性态度。在访谈中，她以五年为单位，详细介绍了她的人生规划。其中，学业和事业居于核心地位，恋爱、婚姻、家庭、生育、性需求的满足等都处于非常次要的位置。正因为她不看重"生理上的需求"，所以婚前性行为对她而言是一件"傻事"，只能带来风险，而无法带来收益。

　　第四，冬莴所使用的"公平"话语也是一种现代社会的理性话语。和公达类似，她也把"第一次"性行为视作某种有价值的好东西。如果她与现在的男朋友发生婚前性行为，但后来没有结婚，那么她就没法再把这个有价值的礼物留给自己的老公，而这对其老公是不公平的。

　　单从理性逻辑本身来说，冬莴的论述是很难挑出毛病的。但是，真正耐人寻味的是：（1）她为何会认为婚前性行为只会让女性吃亏？（2）她为何倾向于认为避孕套是不安全的？（3）她为何如此看轻生理需求的满足？（4）她为何认为"第一次性行为"这种一次性的价值物是需要公平分配的？通过探究这些问题，我们会发现，在冬荠的理性逻辑背后，是传统的性道德观念。

二　传统的内里

冬荠说，"我知道大部分的人，尤其是才子型的男生，他们都有处女情结的"。如果她不与当时的男朋友结婚，那么她很可能会找一个"才子型的男生"，因为她特别看重男性的才华，而非身高、外貌。这意味着，她将来的丈夫很可能会在乎女性是不是处女。假如她不是处女，又和一个具有处女情结的男性结婚，这明显对她是没有好处的。所以，她现在主动拒绝婚前性行为，其中一个目的就是迎合未来丈夫的需求。从实用的角度来说，这是一种理性的决定。另外，冬荠还借"公平话语"把自己的这种决定包装为一种符合现代社会"启蒙理性"的行为。

但是，冬荠没有思考的是，她为什么要迎合才子型男生的处女情结？女性主义思潮早已指出，处女情结是与男尊女卑的性别秩序联系在一起的，是男性对女性实施统治的一种重要机制。为了满足自己的实用需要（与自己喜欢的才子型男生结婚），冬荠屈从于或至少不去挑战不平等的性别秩序。这印证了一些女权主义者所说的女性的"实用需要"与"战略利益"之间的冲突。[①] 但是，值得注意的是，冬荠似乎根本没有意识到这种冲突的存在，没有意识到她事实上的屈从地位。她竭力传达的信息是，她是一个理性的人，她所做的决定是一个理性的决定。但是，理性的外表不仅掩盖了她对不合理的传统秩序的接受，而且将不合理的传统秩序合理化了。

正是由于对传统性/别秩序的不合理之处缺乏足够的反思，冬荠倾向于认为，如果两人发生婚前性行为而后来没有结婚的话，

---

① Molyneux, M., "Mobilization without Emancipation? Women's Interests, the State, and Revolution in Nicaragua," *Feminist Studies* 11 (2) (1985).

则"吃亏的只能是女孩子"。正是由于预先接受了"女性吃亏"的逻辑，她更容易接受贬低安全套效果并夸大怀孕风险的言论。同样是由于接受了女性在传统性秩序中的位置，冬莴倾向于贬低生理需求的重要性，并认为"第一次"是一个非常有价值的礼物。

三　理性的外表：传统的保护壳

冬莴与檀香为拒绝婚前性行为提供的解释都是理性的外表与传统的内里的结合。这种结合至少有两个方面值得关注。

首先，传统的性秩序本身成了一种需要辩护的东西，不再是不言自明、自然而然的。而且，在为其提供辩护时，人们无法接受直截了当、道德化的辩护。所以，当檀香解释自己为何拒绝婚前性行为时，她采取了防御的姿态，声明自己并不是因为处女情结。此时，理性话语能够为传统的性秩序提供更加有效的辩护。一方面，理性化的说辞掩盖了道德化的说辞，让人们关注理性的表象，而忽视传统的内核。另一方面，理性的逻辑通过自身的自圆其说，以迂回的方式把隐藏在背后的传统内核予以合理化了。

其次，维护传统的道德话语更具有集体色彩，而理性话语则更具有个体色彩。因此，理性话语的流行迎合了社会个体化的趋势，契合了个体化趋势下人们对彰显自我的需要。冬莴说，"我不自私，……但我非常自我"。她把"自我"划分成"边缘自我"和"核心自我"，前者对应于"利益、身体之外的时间、钱财"，后者对应于"自己的思想和身体"，并具体体现为"我想要从事的行业，我想要出国的想法和喜欢做学问的想法"。对于边缘自我，她愿意听从别人的意见或做出妥协。而对于核心自我，她则宁可碰得头破血流也绝不让步。通过这种方式，冬莴强调了她的核心自我的独立性。结合理性话语的运用，她似乎树立了这种形象，即她完全是从理性的角度来决定是否发生婚前性行为，作为独立自主的主体，她不会也没有被动地屈从于外部的干涉。但是，她忽视了，任何理性话语都预设了特定的价值前提。她恰恰没有思考构成其理性思考之基础的价值预设。

　　总之，无论被访者自己对此是否有明确的意识，理性话语事实上以理性的形式为传统的性秩序提供了辩护。这既显示了传统性秩序的根深蒂固以及传统借以延续自身的那些机制的复杂性，也显示了韦伯所区分的传统行动和理性行动在具体的社会行动中的复杂关联。

第三节　个体的偏好与传统的倾向

　　前面提到的惜妍、檀香、冬莳和公达都对传统的性秩序抱有某种发自内心的眷恋，只不过眷恋的程度和表现形式有所不同。其中，惜妍的眷恋程度最深，并以道德化的方式体现出来。檀香和冬莳的眷恋都同时以理性化和道德化的方式表现出来，但相对而言，檀香的道德化色彩更浓，而冬莳的理性化色彩更浓。就此而言，檀香对传统性秩序的眷恋和内化程度更深。公达是男性，他对传统性秩序的眷恋与女性的眷恋表现形式不同，无法通过整体比较来判断谁的内化程度更深，但他与檀香和冬莳各有相似之处。与檀香相似的地方在于，公达的眷恋也具有强烈的道德化色彩，强调的是道德良心。与冬莳的相似之处在于：公达的眷恋也具有鲜明的个体化色彩，强调的是自己的内心，而不是来自他者的约束；和冬莳一样，都把首次性行为视为一个应该留给未来婚姻伴侣的美好礼物。

　　相对而言，薇禾对传统性秩序的眷恋更加隐蔽和复杂。一方面，它体现为个体化的偏好，与集体的传统道德拉开了距离；另一方面，它在方向上又与传统的倾向保持高度重叠，让人不得不怀疑她对传统性秩序仍然保持着眷恋。

一　个体化的偏好

　　问：你刚才是说，结婚之前不能接受发生关系？
　　薇禾：哦，从心理上是不能接受的。但是，就是说……人的行为并不是能够……真的去做我想做的事情不是很容易的，也许在什么情况下会发生这样的行为，但是心里是不接受的。

问：那比如说，上次不是谈到你和一个南方的朋友，是吧？那你心里其实也是不接受的，但实际上还是会发生什么？

薇禾：对啊。我想，不能排除这种可能性，的确有可能啊。我会在心里排斥这个事情，我会觉得这个东西是一个崇高的……是一个在心理上无法逾越的东西，但是行为……这个很难，并不完全依靠理智，就是在某一个时刻，把这些都抛掉了，还是有这种可能性。

问：你为什么排斥呢？基于什么考虑？

薇禾：基于什么考虑？可以说是一种……就像结婚一样，是一个仪式，我也希望把它当成是一个仪式。当然，这是解释之一。

问：什么之一？

薇禾：这是我的解释之一。就是从这样一个方面来讲，我把它当成一个仪式。就是说，我跟你结婚，我来跟你做这样一件事情，这是我所希望的。就是因为你是我的老公，所以你有这样的资格，这是我在心理上可以接受的。

……　……

问：那比如说现在，你希望它发生还是不发生？

薇禾：现在的情形是不发生最好，还是不希望它发生，当然不希望它发生喽。

问：为什么呢？

薇禾：因为我会觉得我一直所坚持的东西，就是说我要和我真正的老公，我要结了婚之后我才可以去做这个事情，或者说才能把这个权利交给我的丈夫，这是个仪式。可能会觉得，我失掉了我一直坚持的东西，也许这个东西并不是说那么重要，那么不可改变，但是既然我坚持它了，我就要坚持到底。也许对我自己而言，这个个人的意义要大于传统啊、道德啊、道义啊这些意义。其实我并不鄙夷这些事情，但是我觉得，自己既然想做另外一个事情，就要做到底。但是，

　　我要是做不成，真的是做不了了，那就做不了了吧。

　　在上面的这段访谈中，薇禾试图传达的关键信息是：与老公发生第一次核心性行为是一件对她个人而言具有重要意义的事情。为了强调这件事情的个人意义，她从不同角度进行了论述。

　　一方面，她试图与传统性秩序拉开距离，希望表明自己的决定并非出于遵从传统的压力。例如，她说，这件事情的个人意义"要大于传统啊、道德啊、道义啊这些意义"；她强调自己"并不鄙夷"婚前性行为，并非因为负面的道德评价才把第一次性行为推迟到婚后。

　　另一方面，她把与老公发生第一次核心性行为描述为一种个体偏好。借助"仪式"这个比喻，她把与老公发生第一次核心性行为当作一种仪式，从而与"结婚仪式"进行对比。如果说结婚仪式是一种集体仪式，那么首次性行为则是一种个体仪式，在这种仪式中，没有在场的他者施加的监督与控制。因此，她的坚持不是因为他者的期望，而是因为她对自己的期望："既然我坚持它了，我就要坚持到底。"而且，坚持的意义并非来自所坚持的事物的重要性："也许这个东西并不是说那么重要，那么不可改变。"既然如此，坚持的意义更多来自坚持本身，来自坚持所体现的"自我实现"。

　　总体来看，相对于惜妍、檀香和冬蓉，薇禾对传统性秩序的眷恋程度要低一些。与惜妍不同，她不倾向于对婚前性行为进行道德评价，不会觉得它意味着"随便"。与檀香不同，她并不觉得婚前性行为令人羞耻，也不害怕让父母知道。在访谈的其他部分，薇禾曾多次提到，她会告知母亲自己与男性交往的情况，自己与男性的互动发展到哪个地步，并坦然承认发生婚前性行为的可能性。与冬蓉不同，薇禾根本没有提及婚前性行为的风险，没有强调性的负面形象，也没有贬低性需求的价值。最后，薇禾也与公达不同。尽管二人都把"第一次"视为"崇高的"或者"最好的"，但公达把它与"道德良心"联系在一起，而薇禾则强调"个人意义"大于"道德意义"。

二　对传统的残余眷恋

在访谈中，薇禾努力与传统的性秩序保持距离，试图表明自己是一个拥有独立人格的主体；她之所以拒绝婚前发生核心性行为，是因为这是她个人的偏好和追求，而非传统道德的压迫。但是，她所偏好的方向恰恰是传统性道德所推崇的方向。当个体偏好与传统倾向恰好重叠，我们便很难评价一个人的行为选择究竟在多大程度上源自传统的内化。

但就薇禾的例子而言，我们仍然能够看出她对传统性秩序的眷恋。由于眷恋看起来不是那么浓厚和热烈，我们可以称之为"残余的眷恋"。眷恋的表现有以下几点。

首先，薇禾说，"个人的意义要大于传统啊、道德啊、道义啊这些意义"。她强调的只是"大于"，而没有完全否认"传统啊、道德啊、道义啊"这些东西对她而言仍然是有意义的。

其次，婚前失去"第一次"对薇禾而言仍然是一种丧失的体验："我失掉了我一直坚持的东西"。当然，由于"一直坚持的东西"并不是"那么重要，那么不可改变"，丧失不会引发檀香所感受到的羞耻和恐惧，也不会引发公达所感受到的内疚，但仍然意味着一种缺失和遗憾。或许，这是"处女情结"在去除强烈的道德色彩之后形成的"个体化的残留"。

最后，在薇禾那里，传统性秩序仍然保留着日常个体偏好通常所不具有的神圣意义。我们通常不会用"崇高"来描绘日常生活中的普通兴趣、偏好。但薇禾则说，把第一次留给未来的老公"是一个崇高的……是一个在心理上无法逾越的东西"。此外，薇禾把与老公发生第一次核心性行为视为一种"仪式"，而仪式通常是为某种超越日常生活、具有更高价值的东西准备的。可见，虽然薇禾有意拉低婚前守贞的重要性，认为"也许这个东西并不是说那么重要"，但也没有彻底否定它的重要性，而是以一种隐晦和迂回的方式承认了它的神圣性，尽管这种神圣性是一种个体化的、对她个人而言的神圣性。

第五章
以爱之名：对传统性秩序的趋附与偏离

在本章中，我们考察的被访者都能够以爱情的名义接受核心性行为的发生。具体可分为两种情况。

首先，是通常所说的"婚前性行为"。在这种情况下，性突破了婚姻的限制，在爱情之中获得了合法性。这种合法性并非仅仅停留在观念或象征层面：在本章介绍的被访者中，除珞姗之外，均已发生过婚前的核心性行为。

其次，是"情外情"，包括通常所说的"婚外情"和未婚者之间的"三角恋情"。在这种情况下，爱情不仅赋予"性"以合法性，而且使得当事人可以在某种程度上忽视自己或对方此前已经结成的恋爱关系或婚姻关系。

在两种情况下，被访者与传统的性秩序均具有一种复杂的关系，既偏离了它，又趋附于它。就婚前性行为而言，有些被访者虽然认可婚前性行为的合法性，但其合法性基础仍在很大程度上依赖于以婚姻为中心的传统性秩序。就情外情而言，相关被访者虽然在更大程度上偏离了传统的性秩序，但内心依然承受着来自"正统"的压力。

第一节　婚前性行为

一　爱情趋向婚姻：对传统性秩序的趋附

1. 谈婚论嫁的地步：略微倾向于保守

珞姗能够接受婚前性行为，但前提是：对方是适合结婚的对象，感情已经比较稳定，双方已经到了谈婚论嫁的地步。所以，虽然"性"被允许突破婚姻的限制，但其核心组织原则依然是婚姻。

> 问：比如，如果是你的话，你能接受吗？
>
> 珞姗：我暂时不能接受。
>
> 问：为什么？
>
> 珞姗：我觉得还是，从我自己来讲，我没有那么强烈的要求。而且从那个，从感情的阶段来讲，没到那个谈婚论嫁的地步吧。或者说，那个人不是我特别特别……怎么说，就是没有让我有那种特别特别强烈的要求的时候，我没有必要强迫自己，还是尊重自己内心的感受和选择。而且，就是……怎么说，还是跟家庭教育有关，还是略微倾向于保守的类型，就是不一定说婚前一定不发生，至少那个人可以让我感觉就是，有安全感，或者让我觉得可能是适合结婚的对象的时候才会考虑。

珞姗认为自己是"略微倾向于保守的类型"，这显示了她既突破了传统，又依然趋附于传统。

一方面，"略微"这种限定显示，珞姗并不完全认同传统，试图与传统的立场保持一定的距离。这种自我定位与惜妍和檀香的定位明显不同。惜妍和檀香坚持婚前一定不能发生性行为，而对珞姗来说，则变成"不一定说婚前一定不发生"。

另一方面，尽管加了"略微"的限定词，珞姗依然把自己定位为"保守的类型"。其保守性体现在，爱情虽然能够赋予婚前性行为以合法性，但并非所有的爱情都具有这个能力。只有发展到特定阶段的爱情，即趋向婚姻的爱情，或者说根据目前的预期能够发展为婚姻的爱情，才具有这个能力。接下来，珞姗又围绕"安全感"对这些内容做了更加详细的解释。

> 问：那你刚才提到安全感，你怎么理解安全感？

　　珞姗：就是……这个我觉得，怎么说，感觉两个人感情比较稳定，不会发生太多的那种意外。有的时候，就是确定性比较强，比较踏实，对彼此的不信任啊、猜疑啊，那种东西会比较少，会比较互相信任。可能……怎么说，可能还跟时间有关系。

　　问：时间？

　　珞姗：嗯。时间长一些，我觉得安全感会更大（强）。

　　问：那安全感是不是说，就是将要走向婚姻了，才有安全感？

　　珞姗：也不完全是。有时候就是，在可预见的未来里。我觉得就是，怎么说呢，我周围有好多我的同学，恋爱了好几年，五六年，然后也有就分手了。所以，也不一定。而且，现在结婚还是挺远的一件事。但是，就是，在趋势发展上，不一定最后结婚，但是有那个趋势，觉得两个人已经不是小孩子似的那种单纯的恋爱，有一种互相……也不是说依靠，有一种……有点儿亲人的感觉。

　　关于性行为的合法性，珞姗既不认为所有爱情都能提供充分的基础，也不认为必须要以婚姻为基础。她试图寻求的是某种中间位置。但是，在爱情与婚姻之间，该如何确定这个位置？珞姗的答案是凭感觉，这种感觉就是"安全感"。珞姗强调的是，并不是马上要结婚了，她才会有安全感；而是在可预见的未来里，婚姻构成了一个可预期的合理结果。具体来说，就是两个人的感情进入了比较成熟和稳定的阶段，双方相互信任，觉得如果不出意外，结婚的可能性是比较大的。而从情感体验来说，双方之间产生类似"亲人的感觉"。用我们的术语来说，即爱情发展到"亲情"阶段。

　　与惜妍和檀香一样，珞姗把自己的倾向归因于家庭教育。如同我们之前提醒过的，这种自我解释绝非纯粹的"客观说明"，而是承担着自我合理化的功能。三人的自我解释表明，她们已经接纳了自己的位置，并为自己的状况找到了自认为合理的解释。不同之处在于，惜妍和檀香处在更为靠近传统的位置，而珞姗则努力在传统与现代之间寻找某种中间位置。

2. "性"之破坏性：要比较保守，但不要特别封建

艾歆与珞姗在多个方面均具有相似性，这里强调其中两点。首先，艾歆也希望在传统与现代之间寻找某种中间立场，"要比较保守"，但不要"特别封建"。

> 问：你刚才说，你对待性那方面的态度？
>
> 艾歆：要谨慎，也要比较保守。但是，不是说就要特别封建那种，一旦接触，女的就要跳进黄河自杀那种，不是那样。
>
> 问：那你接受婚前性行为吗？
>
> 艾歆：我自己是可以接受的。但是我不认为别人都应该接受。
>
> 问：为什么在你和别人之间做出区分呢？
>
> 艾歆：因为我周围有很多女孩子，她们看起来都很单纯。我不觉得那样的女孩子早点儿接触这种事情会好。她们甚至连恋爱经验都没有。恋爱经验都没有，如果一开始谈恋爱，不能一开始谈恋爱就发生这种事情。这样对她们的影响是不好的。而我个人的恋爱经验也不丰富，是上大学以后才恋爱的。我有很失败的恋爱史，这个东西是已经发生的事情，所以我把这个东西就区分出来了。我觉得在感情上我肯定比她们要成熟。

艾歆所说的"特别封建"的类型指的是因为婚前失贞而自杀的女性，这种形象映射的是她之前的状态。在访谈的其他部分，艾歆提到，"我曾经觉得，有了性经历而没有结婚的话，这是很可悲的一件事情，足以让人自杀了"。但在这里，艾歆只是把这种类型当作负面的参照点，借此表明自己的位置。她论述的重点在于不同于"特别封建/保守"的"比较保守"。

艾歆把未婚女性区分为两种类型：（1）缺乏恋爱经验的"单纯女性"；（2）具有较为丰富的恋爱经验的"成熟女性"。在她看

来，前者不应该发生婚前性行为，因为她们还没有做好准备，不清楚性行为究竟会产生怎样的影响。在这种情况下，若仓促发生性行为，那么"对她们的影响是不好的"。

相对于惜妍、檀香和冬莓等人，艾歆不再一般地认为婚前性行为一定会产生消极的影响，而是做了一些限定，将消极影响局限于特定的情况，即当事人缺乏情感经验、不够成熟的情况。但是，与上述三人一样，艾歆仍然倾向于从消极的角度来理解婚前性行为。甚至可以说，根据艾歆的逻辑，消极影响源自婚前性行为的根本属性，它必须通过额外的、有意识的努力来予以限制，而艾歆所强调的恋爱经验和情感成熟就是用来限制婚前性行为的消极影响的。

简言之，艾歆用"谨慎"来概括她坚持的这种"比较保守"的立场。在这种立场背后，隐含的是充满消极能量或破坏力的"性"的形象。谨慎的目的就在于规避或限制性的消极影响。这不由得让我们想起在"性的日常概念与文化库存"一章中讨论过的"性"的自然性和动物性。

另外，与珞姗一样，艾歆也强调，婚前核心性行为的发生需要"深厚的感情基础"。

> 问：你怎么来断定可以还是不可以呢？在这种情况下？
>
> 艾歆：我看一个人，我要觉得他完全符合我的要求。
>
> 问：什么叫完全符合你的要求？
>
> 艾歆：从外貌，还有比较在意男人是否保持清洁。好多人看上去脏兮兮的。那种不管他人多好，或者我跟他之间感情到什么地步，估计我心理上比较膩歪。比如说一个很清洁的男人，我们之间有感情，还有就是事情到了那种份儿上，应该会可以的。
>
> 问：你怎么断定事情到了那个份儿上呢？
>
> 艾歆：感情到了那种程度上，没有必要再克制。
>
> 问：能说出感情到了一个份儿上，只是一种感觉还是有时间限制？

艾歆：怎么说呢？如果男女之间光有情欲的话也能发生那样的事情。那样子女方会觉得不安全。首先两个人要有深厚的感情基础，其次就是有情欲。

问：比如说深厚的感情基础，有时间上的标准吗？比如你们（交往）四个月，你觉得还不够？

艾歆：我们（交往）四个月，但是我家直系亲属以外的人当中我和他相处时间最多。我们很多时间都在一起，几乎时时刻刻在一起，除了休息。

问：你觉得四个月不够是吗？

艾歆：（通过）这四个月（我）对他的了解远远比我花三四年对一个人的了解要多得多。

问：那如果他提出要求，以四个月的交往，你会答应他吗？

艾歆：是可以的。

问：可以的？

艾歆：嗯。

问：那你介意我问你们两个之间有没有过关系吗？

艾歆：有。

问：有？

艾歆：嗯。

问：就是你可以接受，是吧？

艾歆：对。但其他人我暂时是没法考虑的。我个人觉得，因为我和他在一起，我个人对他的感觉已经达到一定程度了。我对其他人可能很难再有这样的感觉了。即使我和他分手，我都在发愁，我担心再不会有这样让我满意的人了。现在是这种感觉，但是任何事都不是绝对的，只是我强烈希望能和他一起走下去。（我）原先计划是要保研或考研。他是要出国嘛，他家多年前就给他做好了准备。所以，我也就在准备出国，一起走。

与珞姗一样，艾歆用"深厚的感情基础"来解决安全感的问题，或者，也可以反过来说，用是否有安全感来判断感情基础是否深厚。但无论如何，深厚的感情基础或者安全感对应着：（1）对恋爱对象的"满意"（对珞姗来说，意味着对方是"适合结婚的对象"）；（2）希望能和对方"一起走下去"的强烈愿望（对珞姗来说，则是在可预见的未来里，爱情朝向婚姻发展的趋势）；（3）爱情体验"已经达到一定程度"，即爱情发展到亲情阶段。在访谈的其他部分，艾歆说："爱情最后肯定会变成亲情……我现在看我男朋友，看着就特别亲切，就跟自家小孩一样。"这种对爱情体验的描绘非常类似于珞姗所说的"亲人的感觉"。

但艾歆对安全感与时间之关系的理解与珞姗稍有不同。珞姗认为，"时间长一些，我觉得安全感会更大"。尽管珞姗并没有直接说，多长时间算是"长"，但是她接着所举的同学恋爱的例子（"恋爱了好几年，五六年，然后也有就分手了"）表明，她所说的时间具有客观维度，"时间长"可以通过时间的客观延展来实现。相对而言，艾歆强调的则是特定时间长度内互动的频繁程度及交流的深入程度。艾歆在与男朋友交往四个月后便发生了核心性行为。如果按照珞姗的客观时间标准，这个时间或许并不足以让她产生足够的安全感。但是，艾歆强调的是，在这四个月中，他们"很多时间都在一起，几乎时时刻刻在一起，除了休息"。而且，通过密集的互动和深入的交流，"（通过）这四个月（我）对他的了解远远比我花三四年对一个人的了解要多得多"。换言之，艾歆希望表达的是，即使通过客观上较短的时间也能实现主观上深厚的情感基础。因此，在刚刚交往四个月便发生核心性行为并不属于"不谨慎"。

二　贞操问题：对传统性秩序的偏离

珞姗和艾歆都承认，即使双方的感情已经非常稳定，存在一起走下去的强烈愿望，或有着明确朝向婚姻发展的趋势，但谁也无法确保二人一定结婚。尽管如此，珞姗和艾歆都表示，并不会因为没有结婚而后悔发生性行为。

1. 自己的选择，自己负责

　　问：比如，你们当时预想着要走到一块儿，发生了关系。然后，在分手后，你会觉得可惜吗？

　　珞姗：可惜倒不至于，就是发生了关系。可惜你是说分手了可惜，还是后悔跟人家发生关系这个可惜？

　　问：后悔这个。

　　珞姗：我觉得，应该不会。因为怎么说，你当时不管是因为有安全感还是需要，选择了发生关系，那都是你自己做出的选择。只要不是他强迫你的，我觉得就没有什么好后悔的。因为谁也不能保证，你这次发生关系，将来就一定要结婚，这样。

　　在上面的引文中，珞姗强调的是，只要是自己主动做出的选择，"就没有什么好后悔的"。其中至少包括两个方面的关键信息。首先，行为必须是主动做出的，而不能是"他强迫你的"。其次，"没有什么好后悔"意味着坦然面对行为可能引发的后果，尤其是消极后果。就婚前性行为而言，其后续的结果可能是结婚，也可能是分手，这些都是客观存在的可能性。珞姗认为，当事人在做出决定之前就应该虑及这些可能性。既然事先已经考虑过了，那么事后也就无须后悔了。

　　在接受访谈之前，珞姗并未发生过核心性行为。所以，当她说"应该不会"后悔时，更多凭借的是一种想象。与之不同，艾歆在访谈之前发生过核心性行为。因此，当她说"我不会后悔"时，更多反映的是她的切身体验。不过，在二人为"不后悔"提供的解释中，却隐含着相似的逻辑。

　　问：那如果说，你和你男朋友发生了性关系，但又没有走入婚姻，你会不会觉得，相对于那种没有发生关系的恋情会更失败呢？

　　艾歆：不会，是等价的吧。

问：并不会觉得更悲惨？

艾歆：嗯，应该不会。

问：为什么？

艾歆：嗯，我确定我和他之间是在经历爱情这种东西。我不会去后悔的。我做一件事情，大家都不小了，每个人做一件事情之前都会充分估计各种后果。我甚至想过，我不会后悔，所以我就……嗯，就算以后有可能会后悔，我会及时打住说："你当时做的决定，你后悔也来不及，还是往前看吧。"瞻前顾后总是不好，还是只往前面看吧。

问：嗯。

艾歆：我就是不太愿意回味以前不太愉快的过去。

艾歆认为，婚前性行为并不会因为之后结婚或不结婚而有所不同，既不会更加悲惨，也不会更加美好。首先，她强调了爱情这个前提，即爱情赋予婚前性行为合法性；如果双方之间不存在爱情，那么性行为的性质就变得可疑了。其次，与珞姗类似，她强调行动之前的理性思考："每个人做一件事情之前都会充分估计各种后果"。既然在充分考虑各种后果的前提下做出了选择，就应该勇敢承担行为的结果；即使将来会后悔，也要告诫自己"往前看"。

艾歆说，"每个人做一件事情之前都会充分估计各种后果"。但这里的"都会"应该被理解为"都应该"，而非"都必然"。在前面，艾歆之所以强调缺乏恋爱经验和在情感上不成熟的女性不应该发生婚前性行为，正是因为她们被认为无法充分估计性行为所可能导致的各种后果。换言之，艾歆认为，充分估计行为的后果需要以一定的经验做前提。

2. 面对未来的老公：不会遮掩

对女性而言，婚前性行为总是意味着这种可能性，即婚前的性伴侣没有成为自己的丈夫，而未来的丈夫又在乎她们是不是处女。艾歆和珞姗都认真考虑过这种可能性。但她们表示，即使未来的丈夫很在乎，她们也不会为此而故意遮掩。

问：有些女孩子会顾虑，将来结婚的对象在意自己是不是处女。

艾歆：我在跟这个男朋友刚交往的时候，我曾经跟他讲过。但是，首先，我不愿去多想，我将和别的男人结婚怎么样，我就认定就是他，我会和他怎么样。他也会努力和我在一起，我坚信。如果将来迫不得已因各种事情分开，就算将来结婚的话，我也不愿意去欺骗我的老公。而且我将来的老公，他未必就是没有过性经历的。现在的社会，能够在30岁左右的时候保持一个没有过性经历状态的人并不是特别多吧。

问：你觉得应该占多大比例啊？

艾歆：我不知道，我没做过调查。

问：你估计一下。

艾歆：在中国可能会超过70%吧。

问：你是说有过的，30岁之前？

艾歆：要是出国之后，国外人他可能，性更开放一点，可能有些过了。

问：过了？

艾歆：嗯。我毕竟要考虑到我将来生活的环境是怎么样的。比如说，我从国外回来，30岁左右，我和一个中国男人结婚了。我如果跟他说没有性经历，你觉得他会信吗？

问：呵呵，你说从国外回来之后，是吧？

艾歆：对。性并不是见不得人的东西。你可以去享受它，但是你还是要保持纯洁。不是说有过性经历，不是处男处女，就见不得人。可能在没有性经历的时候，大家都会有这样的认识，包括我。

问：你曾经这样认为？

艾歆：我曾经觉得，有了性经历而没有结婚的话，这是很可悲的一件事情，足以让人自杀了。

问：到什么时候为止，你还是这样看的？

艾歆：和这个男朋友相处之前，我还是保持这种认识。

问：那你和前两个男朋友没有这种关系？

艾歆：嗯，没有。

问：当时，你觉得没有结婚，会是很大的打击？你刚才说，足以让你自杀的？

艾歆：对。还是有一些中国传统的思想。说是传统思想，其实是蛮误人子弟的。好多人都跳河了、自尽了怎么的（笑）。没有什么东西比活着更重要，好死不如赖活着。

艾歆不仅自己思考过失去处女身份对将来的婚姻可能造成的影响，而且还跟男朋友讨论过。但是，在爱情关系发展良好的情况下，她不愿花费过多的精力去考虑关系破裂的可能性，而是坚信双方会努力走到一起。同时，由于如下几个原因，即使将来和其他男性结婚，她也不打算掩盖自己的性经历。

首先，艾歆强调男女平等。在她看来，未来与她结婚的男性在婚前已经发生性行为的可能性很大，因此他没有资格要求她是处女。由于准备出国留学，她预计自己将会在30岁左右结婚。她认为，在现代社会，直到30岁仍然没有性经历的人口比例是很低的。据她估计，在目前的中国，30岁时有过性经历的人口比例应该会超过70%；而在性更加开放的国外，这个比例还要高一些。由于她估计的是包括男性和女性的一般人口，如果单说男性，估计的比例自然会更高。

其次，由于要出国留学，艾歆参照的对象是国外的生活环境，"我毕竟要考虑到我将来生活的环境是怎么样的"。在她看来，国外性更加开放，如果她在30岁留学归国时仍然保持处女身，简直是不可想象的。所以，她认为，将来的丈夫将会很容易接受她已经不是处女的状况。

最后，艾歆强调，"性并不是见不得人的东西"。在和当时的男朋友交往之前，她对性仍然持有非常负面的看法，即"有了性经历而没有结婚的话，这是很可悲的一件事情，足以让人自杀了"。但后来，她意识到，"性"是人们可以去享受的、有积极价值的东西，前提是在享受的同时"保持纯洁"；生命比一切都重要，因而驱使人因为婚前失贞而自杀的"传统思想"是"蛮误人子弟的"。既然"性"并非见不得人，而她的性行为在爱情中发生并因而是"纯洁的"，那么就没有理由向未来的丈夫隐瞒。

珞姗尚未发生过核心性行为，所以她的思考可能没有艾歆的那种切身体验做基础。不过，她同样倾向于不向未来的丈夫掩盖自己的性经历，即使存在切实可行的、可用于掩盖的技术手段。

> 问：有一个女生，说她周围的女生，好多就担心，将来结婚的对象会在乎自己的那个经历。
>
> 珞姗：我知道你说的那个。但是，其实要是开玩笑的话，现在科技这么发达，其实是有修补的办法。但是，就是，我觉得真的不会有人那么干。但是，那真倒是一个因素。越是男生，越是表面上强调不在乎的，其实确实也是在乎。其实也是父母一直强调的，不要很轻率地做出这种事，也是有这个考虑的。等你真正遇到爱的人，真正，比如说要结婚了，可能会后悔。但是，分手的当时应该不会有太明显的感觉。因为这个我也没有过，所以不太清楚。就我周围同学来看，好像有可能。我有一个大学本科同学，她是个女生，她也是在跟她朋友发生关系不久以后，然后那男生提出分手。然后这女生又喝酒又抽烟的，闹得挺夸张的。她还是挺后悔的，但是因为她是从农村出来的那种，那个村观念确实挺保守的，觉得那个，发生过关系，两个人就应该结婚。而且，他们已经见过父母了。所以因人而异，跟他们两个人具体的情况有关。

珞姗表达了三个关键信息。首先，未来的丈夫在乎妻子是不是处女确实是女性必须考虑的"一个因素"。她认为，很多男性在这方面是不可信的，因为他们表面上说不在乎，事实上却很在乎。因此，她觉得父母的叮嘱——"不要很轻率地"发生婚前性行为——是有道理的。

其次，发生核心性行为之后分手会不会让人后悔，取决于女性的保守程度。她举了一位女同学的例子，发生性关系后分手让这位女同学难以接受，非常后悔。但是，她把这种结果归因于女同学的成长环境：农村，那里的观念保守，依然认为发生性关系的两人必须结婚。珞姗在北京长大。通过保守的农村与开放的北京大都市的对比，珞姗间接表达了自己不会像那位女同学那样感到如此后悔。尽管她无法确定，等到要和真正相爱的人结婚时她是否会后悔，但认为在"分手的当时应该不会有太明显的感觉"。

最后，即使等到要和真正相爱的人结婚时会后悔，艾歆也不会刻意隐瞒自己的性经历。她知道处女膜的修复手术，但认为它只是一个"玩笑"，不值得认真对待。而且，她认为，"真的不会有人那么干"。此时，她指的是所有人，当然包括她自己。这事实上表明，发生性行为后分手并不会让她感到特别后悔，她也并不特别担心未来的丈夫知道她婚前有过性经历，因为假如真的非常担心负面影响的话，她本可以通过修复手术来进行弥补。

第二节　情外情

模仿"婚外情"，我们新造了"情外情"一词。之所以如此，是因为前者明显以婚姻为参照系，无法涵盖当事人均属未婚的情形。"情"具有很大的语意弹性，可以同时指婚前和婚后，或者婚外和婚内。因此，"情外情"可以用来包容"婚外情"。这正是我们在这里的用法。

一　"非主流"：对传统性秩序的偏离

1. 丛歌：婚外情不是一个特别恶的东西

丛歌在高中期间，因为偶然的机会认识了一个比她大8岁的男性。由于互相非常有感觉，不久之后他们便"做爱"了。在刚认识的时候，丛歌就知道男方已经有女朋友，并且二人已经到了谈婚论嫁的地步。但是，这种"情外情"并没有让她产生罪恶感。

问：那你有过性经历吗？

丛歌：有过。

问：那是和谁呢？

丛歌：我想想。应该不算是我男朋友，因为他有女朋友了。

……　……

问：那你愿意谈谈这段经历吗？

丛歌：想想从哪说啊。其实也没什么。当时就是他在一个城市，我在一个城市，但是我是偶尔到那个城市，通过别的朋友认识他的。后来认识了之后，就特别有感觉，两个人互相的。我从认识他开始就知道他有女朋友，他也没有瞒我，他们那时候已经在一块儿很久了，谈婚论嫁那种。后来我就躲着他。那个……我们就做爱了。

问：当时你们认识多久？

丛歌：没多久，十天半个月。因为我一直是这样觉得的，我知道这个想法不主流，我也不提倡，但是我自己的确是这样想的。比如说，婚外情不是一个特别恶的东西，但前提是它不能伤害对方。对，就是谁都不要伤害。……所以，当时我知道他有女朋友，我跟他在一块儿没有很大的罪恶感。

在"爱情的日常概念与文化库存"一章中，我们曾谈到丛歌的这段情感经历。由于男方已经有了女朋友，所以她和男方的关系不是通常意义上的爱情关系。但是，就情感体验而言，丛歌又认为，她和男方互相感受到的确实是爱情。所以，当时我们把她的情况概括为"有爱情体验但无爱情关系"。而在此处的语境中，我们把它概括为"情外情"，即"爱情之外的爱情"。"情外情"是我们新造的词语，日常生活中并不常见。尽管并不完全贴切，丛歌依然借用"婚外情"来概括自身的经历。

丛歌说，她一直认为，在不伤害对方的前提下，"婚外情不是一个特别恶的东西"。她知道，"这个想法不主流"，不值得提倡，但是她"自己的确是这样想的"。

显而易见的是，无论是从行为还是从观念来说，丛歌已经明显偏离了以婚姻为中心的传统性秩序。她的行为不仅属于通常所说的"婚前性行为"，而且属于所谓的"三角恋情"。此外，在行为发生的当时，她只有 17 岁左右，属于通常所说的"未成年人"。或许，在严格遵循传统性秩序的人看来，丛歌身兼"三重罪"。但丛歌本人却"没有很大的罪恶感"。

当然，这段"情外情"的经历给丛歌带来了身心方面的冲击。一方面，这段纠缠了两三年，甚至具有某种悲壮色彩的爱情让丛歌"身心俱疲"，她感到很难再像这一段感情这样去投入新的恋情之中。另一方面，在和男方交往的过程中，她怀孕并实施了堕胎，而且在堕胎期间，男方因为客观限制而没法来陪她。但是，值得注意的是，丛歌本人并没有把这些冲击称为"伤害"。在这段经历之后，尽管她没有做好准备去全身心地投入新的恋情，但她并没有对爱情失去信心，或者如她所说，"还具备这样的能力"。另外，尽管经历了怀孕和堕胎，丛歌并没有因此而对性行为的风险产生恐惧，这与没有性经历但却对性行为的风险非常敏感的冬莳形成了鲜明的对比；丛歌也没有因此而排斥性行为，或产生对性行为的厌恶，这与泳慧的经历形成了对比。①

2. 思瑗：等待与随缘

之前我们曾提到，思瑗是一个既注重感觉又讲求理性的人。一方面，她坚持爱情中必须要以心动的感觉做基础，充满感动但缺乏感觉的感情是她无法接受的。另一方面，她又不想放任自己"跟着感觉走"，而是希望根据现实条件，控制情感发展的程度。她认为，尽管一个人无法控制自己喜欢上谁，但可以控制自己别陷得太深。

在接受访谈的那段时间，思瑗爱上了一个比她大 14 岁并且有妻有子的成功男性。双方发生了核心性行为。在"性的日常概念与文化库存"一章中，我们提到，正是在和这位男性交往的过程中，思瑗体验到了从未有过的性快感。思瑗无法让自己不去喜欢这个男性，但是理性又告诉她，她不能采取更加积极的行动。因

---

① 关于泳慧的这段经历，我们将在后面的章节讲述。

此，她只能等待"上天"的安排。

> 问：那你们现在断了吗？
>
> 思瑗：也没算断吧，我觉得算是一种等待。因为他比我大 14 岁，他有家，我们不可能在一起。但他老婆是癌症，没有那种生活，子宫什么的都切除了，随时会有癌细胞转移，会有生命危险，那就很快了。但是，对我来说，我不能天天盼人死啊，这个太坏了，我不能这样做，那就只能等待了。可能到我 30 多岁，我等待不了，我就找个人结婚了。我对他确实喜欢，但我有理智，我不能让我自己更爱他，只能是默默地等待吧，等待有一天也许他可以和我在一起。但是，我毕竟要结婚啊，我要生孩子啊，我要过正常的生活啊，所以只能是一种等待。
>
> 问：他也爱你？
>
> 思瑗：嗯。他爱我，他确实爱我，我能感觉出来。但他对他妻子是一种责任。我也不希望他离婚，毕竟是病妻。如果男人为了我抛弃病妻，那这个男人也不能要啊。所以，只能是一种上天的缘分吧。我不应该去强求他，让他去怎么做，然后我也怎么做，然后天天盼着怎么样。我记得，有一次我去雍和宫求福，求车里的平安符，祝福他的妻子、孩子身体健康。我觉得，这是我应该做的。还是要看缘分吧，不可以去强求，随缘吧。我觉得，就是一个等待阶段，等个 3 年、4 年吧。这份我喜欢的、爱的爱情，也许它会有结果。如果它没有结果，我就随便找个人结婚。

这份爱情是思瑗所渴望的，她当然希望它会"有结果"，即走向婚姻。但是，由于男方的妻子得了癌症，并且到了晚期，她觉得自己不能去主动拆散他们的家庭，也不能期盼他的妻子早日去世，这些都是她的良心所无法接受的。所以，她决定再等待三四年。到时，如果男方仍然不具备与她结婚的条件，那么，为了"过正常的生活"，她再"随便找个人结婚"。

在访谈中，我们看不到思瑷因为她的婚外情经历本身而产生的忧虑或煎熬。她没有像惜妍那样，觉得违背传统性秩序的性行为很"随便"；没有像檀香那样，感到羞耻和恐惧；也没有像公达那样，感到内疚或罪恶。我们看到的是与丛歌的感觉类似的一种坦然，一种对"情外情"所做的"不值得提倡但却无伤大雅"的价值评判。但是，我们不能忽视的是，这种坦然和评判都是有前提的。其中一个重要的前提是爱情。借用艾歆此前所说的一句话："我确定我和他之间是在经历爱情这种东西"。因为爱情，"婚外情"或者"情外情"成了"一个不是特别恶的东西"。

就思瑷而言，她对自己这段婚外情的坦然或许还有一个更加情境化的前提，即男方此前一连串的婚外情经历以及妻子对这些经历的默许。

问：他以前是怎么想的？他的经历不是很丰富吗？

思瑷：他呀，他以前和他老婆结婚，就是因为上大学的时候好的。他老婆比他小两岁。他毕业了，之间断了两年。他老婆呢，第一次给的是他。他是外地的，他老婆是北京的。他后来回老家了，中间有过两个女人。他老婆呢，为了他专门换了指标。以前不都是分配吗，她把北京的（分配指标）跟别人换了他老家的（分配指标），然后跑到他老家去找他。他跟我说，当他老婆敲开他的门的那一刻，他就知道他必须娶她了。其实，没有爱情，只有责任。因为她家里反对，但她坚决去找他。他不知道，他都不知道她这么做。我觉得不是爱情。我觉得，这个女人也很伟大。一方面是感动，一方面是责任，然后就结婚。他老婆其实知道他这样。他老婆怀孕的时候，就跟他说，你去找别的女人吧。他跟他老婆在一起就有别的女人，而且三位数。他老婆也知道，但没办法。而且，中间他不到30岁的时候，他碰到一个女孩。他特别爱那女孩。他跟他老婆，跟那女孩，三个人在一起住。家里都承认二老婆，就是有两个老婆，大老婆，二老婆。最后那个女孩让他捉奸在床了，跟别的男人，捉奸在床了，然后，之后他就变得特别痛苦，痛苦了十年，在遇到我之前。

在思瑗看来，男方和妻子的婚姻主要不是因为爱情，而是因为责任，这为男方之后的婚外情埋下了伏笔；而妻子的宽容则可能进一步助长了男方的倾向，以至于男方可以将婚外的爱情对象邀请到家内居住，并且使婚外性伴侣的数目达至三位数。这种故事给人的感觉是，无论思瑗是否介入，男方和妻子之间的感情状况已经如此。如果从丛歌的逻辑来看，思瑗的介入本身并没有增加男方妻子的损失，因此思瑗的道德负担不会那么重。当然，思瑗自己并没有这么说。根据访谈掌握的材料，我们既无法确信这种可能性，也无法完全排除这种可能性。

3. 沐瑾：匹配度更高的婚外情

在接受访谈时，沐瑾正在经历一场已经维持四年多的婚外情。男方是她的同事。在沐瑾看来，相对于丈夫，她与男同事的匹配度更高。

沐瑾觉得，她与丈夫缺少共同语言。一方面，丈夫不善言辞；另一方面，最初之所以同意与其交往，主要是因为丈夫对她很好，在很艰难的情况下还愿意帮她。她希望借此回报他。她一直认为自己是一个心非常软的人，只要别人对她好，就总是想着要对别人好。在结婚之前的另两段恋情中，也都是这种模式，即交往的对象都不是让她感到有强烈吸引的对象，只是对方主动表达对她的好感和关心，然后就发展起来。所以，结婚后，她感觉和丈夫没有太多共同语言。加之丈夫常年在外地工作，只在周末回家，这也影响了夫妻间的感情交流。此外，沐瑾还提到，他们夫妻间的关系模式最初是男强女弱，丈夫比较强势，她处于弱势。在公众场合，沐瑾都不敢乱说话。比如，朋友一起聚会，她有时高兴，多说了几句，就会被丈夫提醒和指责（"你怎么那么多话！"）。丈夫的支配让她感觉压抑。她把这当作双方不匹配、不默契的表现。而当遇到一个更加匹配、在一起很舒服的对象时，她感觉是非常难得的。因此，她认为，不平等的夫妻关系模式对于她发展婚外情也是一个促成因素。

男方与妻子也存在类似的状况。双方缺少共同语言，当初男方与妻子结婚，以及结婚后不愿离婚，都是因为妻子的家庭给男方提供了很大的支持。男方与妻子已经三年没有性生活。

沐瑾与男方因为工作中的接触产生相互吸引并加深了相互了解，他们发现彼此非常契合。沐瑾自己提出了"匹配度"的概念，认为人一生很难找到一个各方面匹配度都很高的人，而她与男同事却恰恰匹配度很高，因此很难得。匹配度高的明显例证是共同语言，双方似乎有说不完的话。在宾馆约会的时候，双方可以一直聊天，只是拉着手或者靠着背，有时反而忘了去做其他身体上更加亲密的事情。这种精神交流的状态就让他们感觉很舒服、很满足。

二　既存关系的正统地位：对传统性秩序的趋附

沐瑾强调，婚外情的发展是个过程，并不是一蹴而就的。对女性——包括她自己以及她所了解的其他女性朋友——来说，婚外情的过程充满了煎熬。一方面，内化的传统观念告诉她们，不能这样做；另一方面，在与婚外情对象交往的过程中，情感会逐渐发酵，而一些特殊的场合又提供了亲密接触的机会，从而使关系实现了一定的突破。

相对而言，丛歌和思瑗则没有因为情外情而感到明显的煎熬，或至少没有在访谈中表达这些煎熬。沐瑾之所以感受到更加明显的煎熬，或许与她的处境更为复杂有关。她不仅像丛歌和思瑗那样介入到另外两方之间既存的关系中，而且她本人也处在既存的关系中，因而婚外情冒着损害两个既存关系的风险。当然，沐瑾的煎熬还可能存在其他的原因，比如，相对于丛歌和思瑗，她可能更加深刻地内化了传统的性秩序。

不过，三人都在不经意间流露出对既存关系的"正统地位"的认可，这体现了她们对传统性秩序的共同依附。

例如沐瑾，她不仅能够接受男方不离婚，而且希望男方的家庭生活能够好起来，不要因为婚外情而拒绝与妻子过性生活。当男方告诉她，在双方交往的四年中，他已经三年没有与妻子过性生活之后，她感受到一种道德压力，觉得自己的存在导致了另一个女性的悲哀。可见，在偏离传统性秩序的同时，沐瑾又不希望自己的行为损害传统的性秩序。她更希望自己的婚外情属于"额外的增量"，但她自己以及她的女性朋友的婚外情经历告诉她，这通常是一种奢望，因为婚外情会日益发展出一种排他性，使得婚外情与婚姻难以共存。

思瑗同样表达了对男方既有关系的尊重。尽管她非常喜欢对方，非常渴望与他继续发展关系，但是她不希望以主动的姿态破坏对方的家庭。当然，在思瑗的例子中，有一个特殊的情况，即对方的妻子身患重病，这让思瑗于心不忍。但是，即使排除这一点，思瑗是否就会更加积极地"拆散"男方的婚姻，也仍然是未知数。

丛歌关于婚外情的看法表明，她同样不希望影响对方的既有关系。而且，她认为，男方的既有关系是真正符合他长远需要的关系。

> 我知道，从始至终他都特别爱他的女朋友，因为他女朋友跟他在一起特别久，是很贤良淑德的那种女孩。他们生活圈子重叠也比较多，年龄也比较相近，就是他们才是可以走一生的这种。但是我和他又互相吸引，又没有办法逃开他……反正就是一直逃不开吧。一直到去年他结婚……我就觉得已经身心俱疲了，真的很没意思了。对，差不多就这样才没有联系的。

在这段情外情中，丛歌的想法比较简单，就是要获得快乐。她不想让男方的女朋友伤心，也不想取而代之。她之所以参与进来，只是因为她与男方互相吸引，而激情又使得她无法逃脱。当然，在这个过程中，男方产生了更多的要求，希望放弃既有的关系。正是这种致力于彻底改变的努力与迫使他维持现状的现实之间的冲突让丛歌卷入反反复复的纠缠之中，最后让她"身心俱疲"，并决定彻底中断联系。但自始至终，丛歌一直把"不能伤害对方"作为情外情的前提。而这个前提恰恰体现了她对传统性秩序的支持和依赖。

第三节　传统道德的个体化: 理性与偏好

如果把上一章与本章的内容综合来看,我们或许可以总结出道德化的传统性秩序得以个体化的两条路线: 理性路线和偏好路线。

一　理性路线

贝克的《风险社会》[①] 一书表明,风险论题与个体化论题紧密相关。个体化发生在风险社会的背景下,从依赖传统的生涯模式到自己设计生涯模式(婚前性行为只是自主设计的生涯模式中的一个选项而已),个体在享受自主选择之自由的同时,被迫接受自己的选择所可能带来的各种风险。因此,为了尽可能地降低自己行为的风险,或者更准确地说,为了接受自己准备接受的风险并规避自己不愿接受的风险,个体必须在行动之前进行充分的理性思考,想象各种可能的后果及其发生的可能性,并在综合计算的基础上确定自己的行动路线。尽管艾歆和珞姗与冬葑和檀香的行为倾向不同,但都沿着理性化的路线,在不同程度上与道德化的传统立场拉开了距离。

艾歆和珞姗对婚前性行为的总体态度可以概括为"要谨慎"或"不要轻率"。"谨慎"意味着既不是一刀切地拒绝婚前性行为,也不是毫不区分地接受婚前性行为;"谨慎"意味着,婚前性行为如同一个未知的领地,里面充满了不确定性和风险,探险者需要小心翼翼,摸索前行;"谨慎"还意味着,在行动之前,人们需要进行理性思考,充分估计各种可能的后果。因此,在艾歆和珞姗的谨慎态度背后,是一种理性化的生活取向。

---

① 乌尔里希·贝克:《风险社会》,何博闻译,南京: 译林出版社,2004。

在上一章中，我们提到，冬葑和檀香为拒绝婚前性行为所提供的解释也具有理性化色彩。对这四位女性被访者来说，理性思考之所以必要，都是因为她们预感到风险的存在。只不过，对冬葑和檀香来说，理性思考告诉她们，婚前性行为的风险是不可接受（女性明显吃亏）和不可控制的（例如，檀香认为自己会"无限放大"男朋友对她的不好；冬葑认为安全套无法有效避孕）。而对艾歆和珞姗来说，风险是可以接受和能够控制的。

这迫使我们思考，理性思维为何导向了不同的结论？或许，并不是这么简单的逻辑关系，即理性思考让冬葑和檀香倒向传统的性秩序，而让艾歆和珞姗寻找传统与现代之间的某种位置。反向的逻辑关系同样甚至更可能存在，即自我定位决定了理性思考的具体内容以及给这些内容的赋值，从而使冬葑和檀香倾向于关注艾歆和珞姗所不在意的风险，并夸大这些风险。这再次表明，理性解释绝不简单意味着"客观说明"，而是发挥着自我合理化的功能。借助理性解释，冬葑和檀香使传统性秩序及她们的传统定位变得合理化，而艾歆和珞姗则使传统与现代之间的某种中间立场变得合理化。

二　偏好路线

与冬葑和檀香以及艾歆和珞姗相对，惜妍、公达、薇禾和丛歌的解释则缺乏理性化色彩。惜妍和公达的解释具有鲜明的道德化色彩，强调的是道德良心。薇禾的解释虽然没有那么道德化，但强调的仍然是把首次性行为安放在婚内所具有的神圣意义。或许，我们可以把薇禾理解为惜妍和公达的弱化和个体化的形式：当集体化的道德良心转化为个体偏好，婚前守贞的道德价值就转化为个体意义。

薇禾与道德化的传统立场拉开了距离，但采取的路线并非理性化。她对婚后才发生首次性行为的青睐更接近于一种难以被理性解释的个体偏好。在无须甚至拒绝理性解释的意义上，它与集体化的道德良心一样具有"非理性"的色彩。在访谈中，当薇禾被要求给出解释时，她提供的解释与其说是理性的解释，不如说是文学化的描摹："就像结婚一样，是一个仪式，我也希望把它当成是一个仪式。当然，这是解释之一。"正因为文学象征缺少理性解释所具有的精确性，它可以变幻出各种"形"不同但"神"相似的形象，所以，薇禾说，她的解释只是"解释之一"。当然，在对薇禾的访谈中，我们未能考察下面这种可能性，即她能否为她的个体偏好提供与冬葑或艾歆等人类似的理性解释。至少，从逻辑上说，我们不能排除这种可能性。

进而，我们或许可以把丛歌理解为薇禾进一步弱化的形式。丛歌说，她一直认为，在不伤害对方的前提下，"婚外情不是一个特别恶的东西"。她知道，"这个想法不主流"，不值得提倡，但是她"自己的确是这样想的"。这似乎表明，丛歌把自己对婚外情的态度视作一种独特的个体偏好。这种偏好与薇禾对婚后的"性创始仪式"的偏好类似，往往难以给出理性的解释，因而显现非理性的色彩。但是，薇禾的偏好被赋予某种超越日常生活的崇高意义，而丛歌的偏好则被自视为"不主流""不值得提倡"或至多"无伤大雅"。这种差别是否与传统性秩序的内化有关，即薇禾的偏好与传统的倾向保持一致，而丛歌的偏好与传统的倾向相背离，以至于薇禾的偏好尚可借助传统的光环保留某种神圣意义，而丛歌的偏好则只能以防御的姿态安于接受某种低调的身份？对此，我们无法给出确切的答案。

三　未知的领域

到目前为止，对于这两条从道德化立场向个体化立场进发的路线，我们的探索还非常有限。在理性路线上，我们目前只是考察了两种基本类型：为传统辩护的理性化类型（冬葑和檀香）和既趋附传统又偏离传统的理性化类型（艾歆和珞姗）。在偏好路线上，我们也只考察了两个粗略的类型：与传统倾向相一致的偏好类型以及与传统倾向相背离的偏好类型。从理论上说，应该还存在更多其他类型有待我们的探索。

　　另外，必须指出的是，理性路线与偏好路线只是理想类型意义上的区分。对现实中的个案而言，两种路线通常是兼而有之的，这就使得我们很难把一些个案归入某个类别。例如，思瑗和沐瑾就属于这种情况。

第六章
爱情之外的性探索：矛盾的主体性

在上一章，我们讨论了被访者如何以爱情的名义来摆放性的位置。从中，我们已经看到了主体位置的矛盾性，即对传统性秩序的趋附与偏离的共存。在本章，我们将讨论被访者在爱情之外进行的性探索。在越发远离传统性秩序的"偏僻疆域"中，主体位置的矛盾性似乎也变得越发凸显。但是，这种矛盾性并非源于主体所占据的位置本身，而是因为主体内化了相互矛盾的性秩序；在不同的性秩序框架内，同一个主体位置获得了相互矛盾的含义。

第一节　暧昧关系

在上一章，我们分享了丛歌所经历的"情外情"。在经历过这段长达三四年的"三角恋情"的"折磨"之后，她还没有准备好全身心地投入新的恋情之中。但在此期间，为了避免无聊或孤独，她并不排斥与异性交往，建立某种"暧昧关系"。她的这种选择本身内含着矛盾性：一方面，她认为，暧昧关系是一种缺乏平衡的非常态，不值得提倡；另一方面，她又认为，暧昧关系带有某种积极意义，是值得尝试的。

一　暧昧：对感觉的要求更高

丛歌：没了，我的故事讲完了。后来，我还有过跟很多人被扼杀在摇篮之中的感情。也不是很多人了，有过几个吧。

问：什么叫"扼杀在摇篮之中"？

丛歌：就是他未必不好，也不是说他对我不好，或者是怎么样的。但可能是，试着相处一点点时间后，我就觉得我自己没有理好，我的状态特别不适合谈恋爱，因为以前那一段对我伤害太大了。不应该说是他施加给我的伤害，我们是互相折磨对方，就弄得很累。

……　……

问：你提到"暧昧的对象"。那什么叫"暧昧的对象"？

丛歌："暧昧的对象"啊？比如说，认识一个人，印象还行，我对他还蛮有好感的，我也能觉出来他对我感觉也不坏，但我们什么都没有明说，就待着呗，没事就耗在一起啊，干什么都泡在一块。然后，每天没事就打个电话、发个短信什么的，也可能会发生性关系啊。但是，因为两个人心里都明白这不是恋人的关系，不是那种需要为对方负责任、要考虑到未来、要考虑到许多别的现实因素的这样的一个关系。就是，我们在一块儿待着挺开心的，就可以了。我把这种称为"暧昧"。

问：那你对这种"暧昧的对象"也有要求吗，还是说只是凭感觉？

丛歌：感觉啊！而且，甚至这个我需要感觉的程度更高一些，因为我跟他在一块儿，唯一的目的就是，我跟他在一块儿要很开心。

……　……

问：那你现在有"暧昧的对象"吗？

丛歌：此时此刻，是吗？

问：比如说，这一段时间。

丛歌：你的"这一段"延续多长？

问：你说跟你原来的那个是不是不大联系了？在那之后。

丛歌：哦，有啊。

问：和你刚才说的准备谈恋爱的那种有重叠吗？

丛歌：没听懂什么意思。

　　问：就你刚才说的，有些人对你很好。

　　丛歌：我跟那些基本上就算暧昧了，其实。

　　问：就算暧昧？

　　丛歌：嗯。暧昧有很多种啊。也有那种，就是可能两个人其实心里都清楚，不是可以长久的之类的。也有可能他真的喜欢我，想跟我（成为）男女朋友那种恋人的关系。我会跟他说，"我现在可能没有准备好，我可能没有办法对你全心地投入，虽然我也挺喜欢你的，我跟你在一块儿挺开心的"。他说，"没有关系，我们可以试一下"。那就会腻在一起一段时间。最后，可能他就会觉得受不了了，"我觉得你真的不爱我，我们这样没有意思"，就分开了。也可能，是我说，"我觉得没有意思"，就分开了。

　　问：这都是你真实的经历吗？

　　丛歌：对啊。

　　在经历过"情外情"的折腾之后，丛歌并没有对爱情彻底丧失信心。但是，她认为自己需要时间来调整一下状态，尚不适合谈恋爱。在这个调整期，她并不排斥与男性交往，但这些都属于暧昧关系，持续不久便"被扼杀在摇篮之中"。

　　丛歌提到两种类型的暧昧关系。一种是：双方互有好感，密切交往，也可能发生性关系；虽未明言，但双方都清楚，两人不是恋爱关系，因此无须考虑未来和相互的责任。另一种是：男方真的喜欢丛歌，想与其发展恋爱关系，而丛歌坦言没有准备好，但愿意尝试一下。

　　两种情况的共同点是，丛歌给关系的定位都不是恋爱关系，而是为了寻求开心而短暂相处的暧昧关系。这种关系的"唯一的目的就是，我跟他在一块儿要很开心"。所以，它对感觉的要求程度更高，而对"许多别的现实因素"则不关注。当感觉消逝，关系也便自然解体。

　　反过来说，从暧昧关系到恋爱关系再到婚姻关系，丛歌对现实因素的关注程度越发提高，而对感觉的要求程度则逐渐下降，就像前文所提到的："爱情，应该是把它当作一个'人'来对待。这个人，他的性格，我跟他在一块儿开心不开心，我觉得应该是从这个角度才能衡量爱情。那种我先考虑他的收入、他的职业、他的家庭背景，再去考虑我应不应该跟这个人在一起，这个更倾向于婚姻。"

二 "无伤大雅"但"不值得提倡"的"非常态"

尽管丛歌能够接受暧昧关系，但这种接受是有条件的。

> 问：就你呢？
>
> 丛歌：哦，你说我有一个男朋友，我们不在一块儿，我去跟别人？我觉得，我应该不会。但是，也很难讲。就是我现在，从价值层面上讲，因为我没有经历过这样的事，我不能保证说我一定会怎么样。……很难讲，但是就我现在来说，多半不会。
>
> 问：那你刚才讲的是你和你爱的人在一块儿。那如果是另外两个人，他们相爱，你现在一个人，你能接受和其中一个人暧昧一下吗？
>
> 丛歌：这是可以接受的，但是就是很不值得提倡的。而且它的底线，我的底线就是不要伤害任何人。
>
> 问：你刚才说不提倡？
>
> 丛歌：我也会对自己说，这样不好。但是，如果偶尔为之，我也不会太有罪恶感。
>
> 问：你为什么觉得这个不好呢？
>
> 丛歌：因为这明显不平衡，不是一个常态嘛。我刚才已经说过了，最好的状态就是那两种，每个人都是这样，不管是对谁。
>
> 问：那你希望你达到那种常态吗？
>
> 丛歌：对啊。我希望我自己要么就有一个很好的男朋友或者老公，要么就我自己一个人。但是，当我找不到一个最

合适的人来谈恋爱的时候，我可能又很孤单寂寞，又有一个合适的人可以和我暧昧一下的话，我也会接受这个暧昧的生活方式。

在上面的引文中，丛歌至少提到接受暧昧关系的两个前提条件。

首先，她自己没有处在爱情关系中，即她没有男朋友或丈夫。但有意思的是，她却能够接受与已有女朋友或妻子的男性发展暧昧关系（或者爱情关系，如同上一章的分析所表明的）。换言之，丛歌能够接受男性对爱情"不忠"，但却不能接受自己对爱情"不忠"。可见，她为自己和男性设置了双重标准。只不过，与通常所说的双重标准不同，丛歌的双重标准似乎对自己更严格，而对他人更宽容。

其次，暧昧关系只能"偶尔为之"，"不值得提倡"。在丛歌看来，暧昧关系无法成为一个"常态"，因为它"明显不平衡"。尽管丛歌没有解释"不平衡"究竟意味着什么，但从她对"常态"的接受来看，她已经假定了某种合法的社会秩序和性秩序。丛歌认为，常态有且只有两种情形：要么找个男朋友或丈夫，要么独身。而且，在访谈的其他部分，她说，这两种常态构成了她心目中"最健康、最平衡、最好的那种状态"。显而易见的是，在两种常态中，人与人之间的性行为只能发生在第一种常态中，即有男朋友或丈夫的情况下。因此，丛歌实际上承认了，爱情关系中的"性"是最健康、最平衡、最理想的性，而暧昧关系中的性只是孤单寂寞时的一种临时补充。就此而言，她仍然在很大程度上服膺以爱情为中心的性秩序。

在满足上述条件的前提下，丛歌认为"暧昧一把也无伤大雅"。这类似于她对婚外情/情外情所做的评价。在这里，"大雅"象征的是改革开放以来所建立的以爱情为中心的性秩序，而"无伤"则意味着暧昧关系的偶发存在被认为不会对上述性秩序构成威胁。

三　积极地看待"性"

尽管丛歌接受了以爱情为中心的性秩序，但她毕竟也在某种程度上承认了爱情关系之外的性的合法性，并在事实上突破了以爱情为中心的性秩序。而她之所以能够做到这一点，与下面的事实密不可分，即她能够从积极的角度看待"性"，并对倾向于否定"性"的传统性观念十分不满。

丛歌：我一直在想，为什么爱情到现在，到了大部分的人心里，就变成了现在这个样子了呢？当然，现在这个样子也不是说……我没有一个很清晰的画面，"现在这个样子"是什么样子。我只是觉得，类似的东西它不应该是大部分人想象的那个样子。

问：大部分人怎么想象的呢？

丛歌：对啊，我就是不知道，我现在没有办法很清晰地描述出来。但是，我就觉得，这两个都应该是特别特别特别美好的东西。但是，就是给人伤害太大了。在我所认识的很多人当中，因为这两个受伤害的人太多了。

问：他们怎么受伤害了？

丛歌：就比如说，有很多人会觉得性是万恶之源啊，对吧。我觉得，这种想法肯定特别不健康，很病态！但是，我也想不出来……

问：他们是一直这么想，还是后来才这么想的呢？

丛歌：有很多人从小就这么想，尤其是女孩儿。比如说，现在你去问一个18岁的女孩："你觉得性是怎么样的？"她可能就会说"哎呀，好恶心啊！好肮脏啊"之类的。我就觉得，这是一个特别畸形的状况。但是，我也不知道它问题出在哪里。我就觉得，不应该是这个样子的。

问：那你和你（的）同学啊、朋友啊聊过吗？

丛歌：很少吧。

问：很少？

丛歌：偶尔。

问：那你怎么知道他们的想法呢？

丛歌：在寝室里啊什么的，肯定多少会说起来的。

问：一般来说，在什么情况下，宿舍会突然说起这个话题呢？

丛歌：比如说，有个女孩儿她一晚上没回来，然后第二天我们会开玩笑那样地说，"昨晚上你上哪儿风流去了，跟男朋友怎么了"之类的。如果是我被问到这样的问题，我可能就会……我就觉得，这个应该不是一个特别应该避讳的事儿。但是，在有些人，她可能就会说，"哎呀，你的想法怎么那么龌龊啊"之类的。就是这个意思啊，她不是这么表达的。

丛歌认为，性和爱情"都应该是特别特别特别美好的东西"。她一连用了三个"特别"，足见她对性和爱情的美好或积极一面的强调。但是，她难以理解的是，这么美好的东西却常常给人带来很大的伤害。例如，"很多人会觉得性是万恶之源"，或者觉得性是"恶心"和"肮脏"的；性成了一种必须避讳的事儿，当有人试图谈论这些不可言谈的事情时，就会被认为想法"龌龊"。丛歌认为，这些都是受到社会毒害的结果，是不健康、病态或畸形的表现。只是，她不清楚原因何在。

但无论如何，丛歌认为，性是一个美好的东西，是人们——包括女性或者尤其是女性——可以享受的东西。即使是爱情关系之外的性，也并非"一个恶的东西"。尽管它不够完美，但"没什么关系，就是不像有些人想的那么不好，那么无法接受"。可见，丛歌对"非主流的性"的积极理解与她对"一般的性"的正面理解密不可分。

第二节　开放式关系

在这里，开放式关系指的是非爱情、不排他的亲密关系。我们主要以晴雪和春泥为例。在这两人的开放式关系实践中，都呈现主体位置的矛盾性。这种矛盾性都可以概括为痛苦和快乐之间的矛盾。只不过，对晴雪和春泥而言，痛苦和快乐的来源不完全相同。

一 晴雪：以感觉为中心的性秩序

在接受访谈时，晴雪是一名大三学生，拥有远较同龄人更为丰富的性经历。她不仅交过多个男朋友，而且在与男朋友交往时也与其他男性维持着开放式的性关系。在她的性实践背后，我们能够识别出一个"以感觉为中心的性秩序"。相对于"以爱情为中心的性秩序"，"以感觉为中心的性秩序"不再以爱情作为性实践的核心组织原则，并削弱了排他性。

1. 开放式关系：相互坦白、没有负担

晴雪与一个外地男孩建立了开放式的关系。当时，男孩在国外留学，在国外和国内各有一个女朋友；晴雪也有男朋友。对于这些情况，双方都很清楚，因此无须遮掩。同时，双方都只满足于对方的陪伴，没有更高的预期，因此也没有心理负担。

> 问：你一个人？
>
> 晴雪：没有，我们两个人。就这样。
>
> 问：那你们俩什么关系呢？
>
> 晴雪：不知道，没谈过这个问题。
>
> 问：不知道？那你怎么认识他的？
>
> 晴雪：去年（2005 年）认识的。
>
> 问：网上？
>
> 晴雪：不是不是，他是我同学的朋友。
>
> 问：同学的朋友？大学同学？
>
> 晴雪：也不算同学，反正在一个学校。而且我老家在 NJ，我每年可能都去。
>
> 问：他是在那边上学？
>
> 晴雪：他在国外上学，但是他家在 NJ，他每年都回来。他特有代表性。他反正每次回来……我记得，去年（2005 年）去 NJ 的时候，他在国外有个女朋友，然后在 NJ 也有一个女

朋友，然后再加上我，反正挺忙的。去年我们俩一起剪头发，然后他 NJ 的女朋友打电话问："你在哪儿？"结果一问，就隔了一条街。NJ 特别小。他还说，他一同学，带着一个女孩儿去一个喝茶打牌的地方，结果碰上另外一个女朋友，然后非说身边的女的是他妹。我觉得，这样挺好的，至少这样大家都坦白。而且反正……

问：坦白了吗？不是说，他说那是他妹？

晴雪：不是。我知道他有女朋友，我们俩都知道怎么回事，我觉得这样更好啊。反正没有负担，在一起。他也问过我："你看我和我女朋友打电话、发短信，你生气吗？"我说："我不生气。"他说："也是，你也根本不在乎。"

问：那你在乎他吗？

晴雪：没想过。

问：比如说，你离开他，还会想他吗？

晴雪：会吧。

问：是什么形式的想？

晴雪：就是觉得跟他在一块儿特高兴，然后回来了就得一个人。你觉得这是爱情吗？

问：我不知道啊。你自己怎么看啊？

晴雪：我觉得不是。因为我觉得爱情是自私的，但我对他一点儿也不自私。我觉得，只要我们俩在一块儿高兴，只要他能陪着我，我管他谁给他打电话，谁给他发短信呢。

　　晴雪说，她与男方没有讨论过两人是什么关系，她也没有想过是否在乎对方。之所以如此，是因为这些问题对她而言并不重要。她真正在乎的是有人陪伴，并且这种陪伴让她高兴。她并不在乎对方是否有女朋友，也不在乎对方把时间分摊在其他女性身上。

　　正因为这种"不在乎"，晴雪认为她与男方之间的感情不是爱情。在她看来，"爱情是自私的"，也就是具有排他性。但是，基于她与这个男孩相处的经历，她并没有感觉到对男方的女朋友的排斥。

有意思的是，相对于排他性的爱情关系，这种非排他的亲密关系持续更久。

问：你们认识多久？

晴雪：一年吧。而且他一年之内也换过女朋友。那会儿，我认识他的时候，我是跟另外一个男朋友在一起，然后他也是跟另外一个女朋友在一起。后来我也分手了，他也分手了。但是，我们俩还是没在一起，我也找了个新的，他也找了个新的。反而发现我们俩好像在一起时间比较长，而且也不用换或者不换，最多可能他不想联系我了就不联系我了，我不想联系他了就不联系他了。

在这段关系持续期间，晴雪与男方都与原来的男朋友或女朋友分手了，但双方并没有因此从开放式关系转变为恋爱关系。后来，双方各自找了新的恋爱对象，并继续维持原来的开放式关系。

开放式关系之所以维持更久，或许与双方对关系的预期相对更低有关。晴雪说，"反正就是不可能在一起。因为知道不可能，所以不难过，也不伤心，也不会做出努力非要跟他在一块儿"。反过来，在恋爱关系中，人们期望更高，做出更多的努力，但也可能更容易失望和痛苦，从而也更容易导致关系的解体。晴雪说，"反正，我喜欢他就觉得特高兴，天天爱着他就觉得特累"。因此，除了初恋之外，她"从来就没跟一个人在一起时间特别长"。

2. 爱情：痛苦、累、烦

其实，晴雪不仅是对开放式关系的期望不高，对恋爱关系的期望也不高。她不希望在恋爱关系中投入过多的感情，不希望过于喜欢或者爱上对方，因为对她而言，爱情意味着痛苦、累或者烦，爱上对方会使自己变得更容易受伤。

问：什么不一样？

晴雪：可能，比如说，你有男朋友，你有爱情啊。但是，这样你可能并不高兴，因为我觉得爱情本身就不是个高兴的事儿。我觉得，你只要一旦爱上别人，肯定挺痛苦的。

问：为什么啊？

晴雪：因为我觉得爱情最后肯定不是分手，要不就是最后更多煎熬。不是长痛就是短痛，说白了。如果在一起，那就（是）更多的煎熬。如果说分手，那就短痛啊。长痛和短痛反正都是痛。

问：那为什么说就是更多的煎熬呢？

晴雪：因为两个人在一起时间长，肯定会出问题啊。肯定的。

晴雪说，"两个人在一起时间长，肯定会出问题"。可见，她对爱情关系持有一种非常消极、负面的看法。正是基于这样的判断，她觉得"跟一个人在一起时间特别长是一件特别痛苦的事情"，而婚姻则令她感到恐惧："我跟一个人待的时间长，就比如说，我要跟谁结婚，这事儿挺可怕的，因为好像自己的生活马上就一眼望到头了似的，我以后就这么生活了。"

当然，晴雪也知道，有些人能够容忍爱情带来的烦恼。例如，她的初恋男友。

问：你的第一次可以说是爱情吗？

晴雪：只能说是最喜欢的。最喜欢能不能到爱，我也不知道。他们不是说，爱就是真正的喜欢吗？不知道到哪儿，说不清楚，不太懂。但是，我又搞不明白，如果我要真特别爱他的话，我为什么特想离开他啊？

问：特想离开他？

晴雪：你觉得，爱和烦冲突吗？

问：那看你（怎么）定义了。你觉得冲突吗？

晴雪：他有时候跟我说："其实我有时候特烦你，但我还是特别爱你。"我说，"为什么啊？怎么会有这种事呢？如果我特烦一个人，我肯定不想理他了。"他说："有时候特别烦你……"我觉得，这样应该算爱吧，就是我明明特别烦一个人，我还是特别想跟他在一起，特别想跟他好。

问：没有过这种感受吗？

晴雪：从来没有。我觉得，我要是烦一个人，我就巴不得赶快离开他。

晴雪认为，如果一个人明明厌烦另一个人，但仍然愿意跟他／她在一起，那么这应该算是真正的爱情。就此而言，她的初恋男友应该是真正爱着她。但是，她却无法做到像男友那样。尽管她知道男友对她特别好，父母也都非常喜欢他，但她在最后仍然迫不及待地想要离开他。所以，她认为，尽管初恋男友是所有男友中她最喜欢的一个，但自己可能并不真正爱他。

如果她对最喜欢的一个男友的感情都称不上爱情，那么她对其他男性的感情就更谈不上爱情。由于她自己没有亲身体验过"痛并爱着"的状态，晴雪对爱情是否真正存在其实抱有深深的疑虑。基于她自身的经历，一旦一段关系让她感到痛苦、心烦或累，她就希望离开。而且，为了减轻关系可能带来的痛苦，她采取了两项"预防措施"。其一是尽量减少感情投入，不让自己过于喜欢对方。

晴雪：我估计这事儿也不靠谱。但是我现在，就尽量让自己不喜欢别人，这样安全。

问：安全？喜欢上了就不安全了吗？会给你带来什么危险？

晴雪：容易受伤害吧。就算不是伤害的话，可能比如说你会想，"他怎么还不给我打电话？""他现在干吗呢？"肯定会想。我觉得耽误时间，也耽误事，耽误心情。我可能太自私了吧。

其二是准备"备胎"："我觉得备胎多一点儿，不管有什么事，自己也好受一点儿。……我觉得，我分手之后，肯定也不会太难受啊，反正后备力量那么大。"

如果爱情意味着痛苦，那么为什么非要谈恋爱呢？晴雪说，

"两个人总比一个人好过"。她把爱情理解为生活中的一种"位置"："比如说，我身边有这么个位置，如果甲坐在这，他就是这个人；如果乙坐在这，那乙就是这个人。可能是谁不重要，只不过是这个位置比较重要。"可见，晴雪最为看重的是有人相伴，至于是谁来相伴则没有那么重要，至少不像有些人认为的那样重要。在其他一些人看来，爱情对象是命定的、唯一的、不可替换的；他们的爱情理想是，首先找到这个完美的另一半，然后白头偕老。然而，晴雪强调的则是爱情对象的可替换性。

3. 感觉：情感与性的组织原则

与丛歌以及上一章所讨论的其他被访者不同，晴雪没有以爱情为中心来安排她的情感以及性生活。之所以如此，有两个主要的原因。其一，晴雪不那么相信爱情，对爱情是否真正存在充满怀疑。她或许体验过被爱，但从未体验过爱上别人的感觉。因此，她无法把爱情当作处理现实生活的依据。其二，晴雪也不想追求爱情，不愿全身心地投入任何一段关系中。她希望有人相伴，但又害怕长期相处所带来的痛苦和烦恼，所以她倾向于避免过深的感情投入，让感情停留在相对较浅的层次上。这样即使分开，也不会受到伤害。

作为替代，晴雪以"感觉"来对她的情感生活和性生活进行组织。一方面，"有感觉"是她与男性发展亲密关系（包括恋爱关系和开放式关系）的最基本前提。另一方面，凡是她同意与之交往的男性，也都是她愿意与之发生核心性行为的男性。

> 问：你喜欢每一个人，都会和他们发生关系吗？
>
> 晴雪：那得看他喜不喜欢我了。
>
> 问：如果他喜欢你？
>
> 晴雪：应该会吧。
>
> 问：那你刚才说的你喜欢的标准，是不是就是你可以和他们发生关系的标准？能看出来那种标准吗？
>
> 晴雪：我觉得，这不是个标准的问题，因为我喜欢的不一定都是那样子的，或者说那样子的我都喜欢。或者可以这

么说吧，喜欢的定义可能就是，我不介意我和他发生关系。我可以这么说。但这也不太……

问：那你能接受和什么样的人发生关系呢？

晴雪：我喜欢的人。

问：不喜欢的呢？

晴雪：那不行。

问：必须是喜欢的？

晴雪：至少得有那么一点点喜欢吧，怎么着得比不讨厌强一点吧。

问：那和刚才说的还是不一样啊。你刚才说，喜欢的人你可能说不在意。

晴雪：嗯。

问：就是说通常你喜欢的人，你可能接受？

晴雪：差不多吧，出入不大。可能会有一点儿出入，但出入不大。我觉得可能是"欣然接受"和"接受"的区别。

…… ……

问：就是说，迄今为之，都是和你喜欢的人在一起？

晴雪：或者换个词吧，叫有感觉的人吧。

问：有区别吗？

晴雪：有区别。

问：区别在哪里？

晴雪：我觉得，"有感觉"应该比"喜欢"的标准低一点儿吧。我觉得，喜欢可能就是欣赏他某一方面，但有感觉可能是，我说不清楚他哪儿特别好。比如说，我要说喜欢，我可能会说他人特高特帅，就是特别好，特别喜欢他。可能有感觉就是，我只想跟他在一起，在一起感觉不错。就是这样的。

晴雪认为，很难给她喜欢的男性总结出某种固定的标准。但是，从性行为的角度来说，她所喜欢的男性有一个共同点，即她不介意与他们发生性关系。所以，她才想到从这个角度来给喜欢下定义。

　　但是，在给出喜欢的定义之后，晴雪马上意识到其中有不太合适的地方，但是又不知从何说起，所以欲言又止。后面的谈话表明，她之所以觉得给喜欢所下的定义不合适，是因为她接受与之发生性关系的人并不仅限于喜欢的男性，还包括虽然谈不上喜欢但是让她"有感觉"的男性。换言之，她愿意与所有她喜欢的男性发生性关系，但她愿意与之发生性关系的男性并不一定都是她喜欢的人。

　　在晴雪眼里，"感觉"是比较笼统的，对于让她有感觉的人，她说不清楚他们好在哪儿；喜欢则是清晰的，对于她喜欢的人，她能够清楚地说出她喜欢的特质。感觉与喜欢的区分有点儿类似于吉登斯对实践意识和话语意识的区分①：感觉对应于实践意识，心里明白，但说不出来；而喜欢对应于话语意识，心里明白，也能说得出来。

　　在"爱情的日常概念与文化库存"一章中，我们提到，感觉和喜欢都是爱情的相关概念。有些被访者甚至认为，感觉就是爱情，或者喜欢与爱情不存在本质区别而只存在程度差异。但显然这不是晴雪的看法。晴雪对感觉、喜欢和爱情做出了明确的区分。在她的区分框架里，感觉和喜欢都不具有排他性，而且是相对容易发生的东西。因此，当她以感觉作为情感生活和性生活的组织原则时，平行存在的情感关系和性关系就变得自然而然了。

二　春泥：一半很传统，一半又很叛逆

　　春泥说，她"一半很传统，一半又很叛逆"，其自我定位显然不同于珞姗的"略微倾向于保守"以及艾歆的"要比较保守，但不要特别封建"。这不仅体现在传统对春泥而言的重要性下降了，而且体现在出现了一种与传统势均力敌并进行对抗的力量。正是因为存在传统与反传统力量之间的"拉锯战"，主体的矛盾性在春

---

　　①　安东尼·吉登斯：《社会的构成：结构化理论大纲》，李康、李猛译，北京：生活·读书·新知三联书店，1998，第110页。

泥身上表现得比丛歌和晴雪更加明显。

1. 师生恋：秘密的"复杂关系"

春泥与她的研究生导师形成了一种秘密的"复杂关系"，意即通常所说的"师生恋"。

问：你刚才说深层次的接触，是发展关系了吗？

春泥：你说跟哪个人啊？

问：你刚才说，感情上的一些秘密。

春泥：有，有一些别的男人。

问：别的男人，是说两个人发展恋爱关系吗？

春泥：不是，是复杂的关系。我现在就有，跟一个五十岁的人。

问：那什么叫"复杂的关系"呢？

春泥：这种关系补偿了一种……一个（种）父爱，然后又有一种成熟男人的魅力。其实他很多时候心态特别年轻，就让你觉得很诡异。但是……这种谈不上是爱情，（也）谈不上别的情感，就是在一起能够交流很多方面，互相能够……可能我是学习的心态，他是放松的心态，在一起若有若无、那种模模糊糊的界限。是一个……也许我有好奇心在里面。同样是我以前很鄙视的一种感情，就是这种跨越年龄段的……你说恋情，也勉强可以，的确很鄙视。但是，有这样一个规律，就是我以前鄙视的东西，很快就能被我自己统统打破。

问：很快？

春泥：就是我鄙视什么……或者，不是很快就去打破吧，就是会去实践。

问：那去实践的时候还在鄙视吗？

春泥：嗯，去实践的时候还在鄙视。一边实践，一边鄙视。享受快感，并且享受折磨，比较"作"。但都会有一个回归平淡的结局。我要看透一段感情需要很长的时间，这个时间充满了我对自己的谴责。就像你说过的，会有两个人打架的情况，真的会有。但是，这样也是一种快感。可能好奇心有点太旺盛了，不好。很多女孩会自动制止一些想法，我会很放任让它冒出来，并且去看一看这个世界，去走一走。

问：比如什么样的想法？

春泥：师生恋啊，就这种啊，乱七八糟的。

问：你去尝试过吗？

春泥：是啊。我其实现在想去弄清楚这一部分人究竟是什么心态促使他们去师生恋，或者是怎么样。（那）什么时候我觉得我这个案例我看透了，（那么）什么时候我就会退出。

无论是因为补偿了父爱，还是因为"成熟男人的魅力"，春泥被她的老师所吸引。双方"在一起能够交流很多方面"，当然也有亲密的身体接触，包括核心性行为。

春泥说，她从以前到现在一直都很鄙视师生恋。但是，她与其他女性不同的地方在于，她不仅会放任自己的想法，去想一些自己不应该去想的东西，而且会放任自己的行为，去尝试社会不认可而自己也鄙视的那些行为。在放任自己并挑战社会规范的过程中，她既体验到刺激所带来的快感，也体验到内心的谴责所导致的折磨。但是，从整体上说，这种自我内部的斗争以及快感与折磨并存的状态对春泥而言是一种快感。

春泥认为自己的好奇心比较旺盛。她之所以放任自己的想法和行为，事实上带有探究社会禁忌的意味。例如，她去亲身实践师生恋，也是想弄清楚，究竟是什么促使人们去尝试师生恋。她说，当她明白了其中的道理，把这些"看透了"，她就会退出。

当然，春泥之所以会故意打破社会禁忌，并非仅仅出于认知的目的，即不是简单地为了理解人们为什么会这样做；更重要的原因是，她渴望体验破除禁忌所带来的刺激或激情。

问：那老师有朋友吗？有结婚吗？

春泥：孩子都和我差不多大了。很有意思的。你在怀疑和谴责以及爱恋中的感情是很有趣的。有这么几种感情，一种是你小时候的第一段真正的感情，再有就是你婚后，甚至是违背伦理道德的、不正常的、那种轨道外的感情，是人生中最有激情的两段。估计我内心就是寻找一种激情的存在，所以才会有这样的一些想法和行为的存在。所以我男朋友……我们俩分手也是对的。他特别生气。他说，要跟我结婚的话，我早晚也得出轨。可能看得也比较透了。我索性结婚之前玩个够。就是这样，一半很传统，一半又很叛逆，就看哪一半战胜哪一半了。嗯……你还想要我说什么？

春泥说，她准备在结婚之前"玩个够"。"玩"不仅意味着一种玩世不恭、无视社会规范的倾向，而且意味着从"违背伦理道德"、越轨或反常中获得快乐的倾向。她这种倾向并不是偶发的，而是具有持续性。例如，她在与男性交往时就特别不在乎性别界限，或者故意去挑战这些性别界限，这让她的男朋友"特别生气"。他正是依据她的这些表现，认定她婚后肯定会"出轨"。

春泥是一个充满矛盾的主体。在对她进行的访谈中，矛盾的迹象随处可见。例如，在访谈当时仍在进行的师生恋中，她在"精神上坚持"底线，"但行动上不一定坚持"这些底线。

问：你刚才说的，和老师这种可以称为爱吗？

春泥：师生之爱肯定存在，我对他（作为）长辈的尊崇、敬爱也肯定存在。他对我作为一个小女孩的怜爱也存在。但是，我相信某些时刻真的是有男女之爱。因为你得承认……我不知道，是我自己承认的，年轻女性永远是对男人有吸引力的，而成熟的男人对于女孩也很有杀伤力。我倒不至于被他杀伤，就是觉得挺温暖的。因为他跟我在一块儿不爱谈学习上的事情，而且他会把工作上的……他和同事的关系拿出来讲。实际上他是有风险的，如果这些话我说出去的话对他非常不好。

问：那你刚才说底线，你有底线吗，在这里面？

春泥：具体是哪方面的底线？

问：就是各方面的，有吗？

春泥：我觉得，我是精神上坚持，但行动上不一定坚持。

问：精神上坚持？

春泥：嗯，就是……怎么说呢？我们俩已经心照不宣地定下游戏规则，就是互相不牵绊。任何一方想退出，随时可以退出，绝不纠缠。比如说，我有了男朋友或者是老公，都可以。这就是一个界限吧。其他的可能就能做什么就做什么吧。

当问及师生交往中的"底线"，春泥回答的主要是双方交往的"游戏规则"："互相不牵绊"，"任何一方想退出，随时可以退出，绝不纠缠"。这些内容清晰地表明，春泥的这段师生恋关系符合我们这里所说的开放式关系。

但我其实想问的是身体接触方面的底线。具体到这一点，春泥说，"精神上坚持，但行动上不一定坚持"；在遵守开放式关系的游戏规则之外，其他的"能做什么就做什么"。这符合她之前所说的"一边实践，一边鄙视"的倾向。后续的访谈表明，她确实已与这位老师发生过核心性行为。

在这段师生恋情中，春泥看重的也是感觉，而不是某些功利性的目的。在访谈的其他部分，她说，"我倒也没有想过利用他什么资源。也许，他会给我一些帮助。但是，是真的没有那么想"。当然，春泥在师生恋中所感到的"感觉"未必与同龄人之间的感觉完全相同。例如，她提到"父爱"的补偿、"成熟男人的魅力"、"温暖"等。但是，跨代恋情与同辈恋情在感觉上也可能存在相似的地方。春泥说，"我相信某些时刻真的是有男女之爱"。在这里，"男女之爱"或许强调的便是这些相似之处。

2. 对女性化性/别角色的抗拒

春泥的叛逆还体现在她对传统的性和性别角色的抗拒。她说，"我给自己的定位肯定早就不限于一个女人了"。

春泥：……女性这道门一旦被打开的话就不容易被锁上。

我的一个好朋友也是，她就是生理要求很强烈，她心理上也谴责。但是，后来跟男朋友有过之后就分手了。她会身体痒痒，她需要男人。很难过，然后没有办法。

问：身体痒痒？

春泥：她需要男人在一起。

问：那是心理上的，还是生理上的？

春泥：生理上的。她就是身体需要。好在我不需要。我就是有人，健康就上了，没有人就算了。所以，这让我越发在身体上模糊了社会角色和性别角色，不会想什么男性女性损失、利益方面的东西，但是会强化我生理上的极力斗争和未来想要获取一种事业上的高峰和生活上的那种权力（社会）的一种欲望。

问：什么社会？

春泥：就是，我在生理上很模糊自己，我给自己的定位肯定早就不限于一个女人了。不管是在未来的事业上，还是在生活上，我感觉我都在渴求男性的一种追求成功的状态。性或者老公可能在我眼里很多时候也是一个休息的地方或者是老婆的角色。其实，这种心态我不希望发展下去，发展下去的话挺委屈家里人的。

问：家里人？

春泥：嗯。挺委屈将来和我结婚的人，是吧。

春泥说，无论是在事业上还是在生活上，她都渴望像男性一样去追求成功。这意味着，她希望像男性那样来处理婚姻、家庭、性等私人领域的事务。所以，她把"性或者老公"同"休息的地方或者是老婆的角色"联系起来。很明显，她把角色颠倒了过来。本来，她应该在婚后扮演"老婆"的角色。但是，由于她把自己定位为男性，希望将来扮演丈夫的角色，那么她将来的丈夫就需要扮演老婆的角色。

面对自己希望颠倒男女性/别角色的欲望，春泥再次陷入了一种矛盾状态：她既希望满足这种欲望，又不希望让这种欲望继续

发展下去，因为这将使她未来的老公受委屈。挑战传统的欲望和
对传统的眷恋结合在一起，并蒂而生，这似乎意味着春泥很难摆
脱自相矛盾的状态。

就"性"而言，男性化的角色定位让春泥不在乎"什么男性
女性损失、利益方面的东西"。在第一次性行为发生之后，后续的
性行为似乎就变得无足轻重了。

> 问：你刚刚说，和男孩子交往的时候没有性别感，那这
> 必然会导致两个人发生关系吗？
> 春泥：不会必然导致。但至少和你发生关系的时候不会
> 那么难受，没什么，大家都是人，就是这样。而且，有了第
> 一次，就可以有第二次。可以跟这个男的，就可以跟那个男
> 的。你的生疏感和距离感都会消除。确实挺不好的。

春泥的这段话正好应和了她在前面说的一句话："女性这道门
一旦被打开的话就不容易被锁上。"换言之，春泥倾向于认为，女
性一旦有了性经历，不再是处女身，之前用来控制女性或女性用
来控制自身的那些机制就失去了效用，更多的性经历似乎并不会
改变女性的处境，或者并不会给女性带来更大的威胁。

春泥说，在"闸门放开之后"的性关系中，"大家都是人"。
这种性/别想象与通常的想象非常不同。在通常的想象中，女性因
为性行为"吃亏"和"难受"，而男性则通过性行为"占便宜"
和"享受"，其中存在明显的不平衡。而在春泥的想象中，女性则
变得和男性相似了。

由于放开性行为的"闸门"被认为具有把女性和男性同质化
的效果，所以春泥认为，性经历进一步模糊了她之前本就模糊的
性别角色。春泥说："我从小就比较希望自己是男人，就觉得当女
孩子真没意思，女孩儿都特别愚蠢，斤斤计较的，很看不起女孩
子。"从小到大，她都非常厌烦女孩子的打扮。直到进入大学后，
她仍然感到非常抗拒。

上大学之后，也会难过，这种难过并不来源于我的不满，而在于同学评价，说你这么不会打扮，将来工作的话，这是社会化的一步。那想到这个深层次的话，我就会难过。是一种对于社会化的抗拒吧。为什么女性一定要这么打扮？不打扮自己就真正在那个群体没有地位？或者是，不够展现你的魅力？通过反思这些问题，就让我自己很没有兴趣花四百块钱去买个洗脸的东西。给自己那么多装扮，你说你买化妆品……是，你自己感觉很好。但是，老了之后对你的皮肤究竟是伤害还是保护？现在那些化学药品那么让人怀疑。一想到那些制药厂家一瓶成本两块钱的东西能卖好几百，我就气不打一处来。然后还是买了！作为女孩子都有妥协的一步，其实是，因为整个社会是按男性标准把女生塑造成这样的一种刻板印象，那么我就要去适应。对于这种社会化，不是我能抗拒的。我知道我要加入，从理性的角度考虑。而且，我也不是不肯。我相信，如果我加入的话，我也可以做得很好。但现在，我就是不想加入。没意思。

春泥意识到，女性对于梳妆打扮的兴趣与男性在整个社会中所掌握的权力优势有关。对于这种社会化的动力，她无力抗拒，而只能去适应。尤其是，从理性的角度考虑，她需要向现实妥协。她相信，假如自己决定加入其他女性的行列，努力打扮自己，她同样可以做得很好。但是，就当时而言，她仍然感到很强烈的抗拒，不愿做出充分的妥协。

春泥认为，她对女性化的性别角色的抗拒与父母的教育有关，因为他们在她很小的时候就"把这种打扮和非常肮脏的词语联系在一起，让我觉得女孩子不要那么注重外表"。必须承认，我们无从判断，她的这种解释究竟在多大程度上符合现实。但是，我们知道，她的解释具有自我合理化的功能，即它为她对女性角色的抗拒找到了理由，从而使其变得合乎情理了。同时，我们也知道，春泥所参与的开放式的师生恋并非一种孤立的性实践，而是与她对女性化的性/别角色的抗拒有关，因而必须放到这个大背景中进行理解。

第三节　一夜情

筱清在大学期间有过一次"一夜情"的经历。但这只是一个"小插曲"，是筱清在爱情绝望之后突然"放开"导致的结果。事情过后，她希望重新回到原本相对保守的性秩序。

一　爱情绝望之后的"放开"

筱清在高一交了一个男朋友。这是她的初恋。当时，双方交往"特别单纯"，身体接触比较少，而且亲密程度也较低，"顶多拉拉手，就连亲都很少"。

> 那时候还没那么开放，（像）现在初高中小孩（那样开放）……但我那会儿，高中还很少（有）这种事。然后他也……他那人就是，我们俩谈恋爱那会儿是特别单纯的，顶多拉拉手，就连亲都很少，特别、特别单纯。他对我真的特别单纯。虽然他身边的那些哥们儿从小（就）在外边混嘛，这帮小男孩这方面东西都懂得多，可能上网接触这方面东西也挺多的，但他从来没跟我提过任何这方面的要求，就特别纯洁。那会儿，就觉得这个东西，怎么说呢，还小，不应该接触，说实话。就是，看着那么大的小孩做这种事吧，虽然不觉得太讨厌或怎么样的，但总觉得太小，不应该做这种事。原来我是这种想法。后来，到了高二、高三的时候吧，那会儿交男朋友，他们就有提这方面要求的。然后，我就说不能，不能到最后那份上，你可以做别的，但你不可以做最后的那件事。就这样，就还是守着最后一道防线。

筱清说，她的初恋男友从小跟哥们儿"在外边混"，对性方面的东西知道得挺多，但是他从来没有向她提出性方面的要求。她认为，这体现了男友对她的体贴和尊重。这也是她特别喜欢这个男友的原因之一。

在和初恋男友分手后，再交其他的男朋友，他们就会提出性方面的要求。但是，筱清一直坚持"最后一道防线"，即可以做其他的，但不能发生核心性行为。当时，筱清认为，尽管高中生发生核心性行为并不令她讨厌，但她还是觉得这对高中生来说太早了。

筱清和初恋男友的感情很好。之所以会分手，是因为出现了一个意想不到的转折。

> 我挺喜欢他的，他也挺孩子气，挺好玩的。那会儿特别好。他有时候还去接我放学之类的。然后，一个多月的时候吧，他们在外边有认的那种大哥什么的，社会上那种大哥，然后排行什么的，排老几那种的。当时，大哥生日，请一大堆人吃饭，一帮哥们儿带着朋友一块去。然后，我就跟着他去了。去了以后，特变态的一事就是，他是排行老八，他有一哥哥是排行老四还是老五的样子，跟他说看上我了，直接跟他说，"我看上你媳妇了"。他说："那什么意思啊？"他说："哥，你比我大，你说了这话，那我就得让啊。"你说变态吧，他就是那种。当时，他特喜欢我，但他把哥们儿义气看得比这个"老婆"还重要一点。他就傻了吧唧，就在网上把我的号给那男的了。那男的来找我，说什么什么他是我男朋友的大哥。当时，我一听就急了。我说："哪有这样的事啊？"然后，我就找他理论去了。我找他理论，我说："你什么意思啊？你就这么把我推给别人了？"然后，他就不说话。他说，"可是那个我们兄弟都约好了"，说"比我大的什么的，这种我就得让"。就跟我急了。我再去找他，他就再也不见我了，再也不理我了，再也不见我了。

这种分手方式对筱清来说是一个很大的打击，因为"当时正好得跟什么似的，而且不是因为两个人感情上出现问题了，是因为这么一个事"。所以，分手之后，筱清仍然非常怀念那段感情，期望两人在将来能够复合。但是，到了大一时，她对复合感到了彻底的绝望。在这种情况下，她与一个刚刚认识一周左右的男网友发生了核心性行为。

　　问：那你谈谈你的。

　　筱清：我觉得，其实这两个东西是分不开的，但我做过的事很多都是分开的。就是这样。因为以前最早交男朋友的时候，特别喜欢男朋友，什么都没有，一直特喜欢、特喜欢。然后，后来等到上大学以后吧，觉得可能没希望了，后来就随便找一人。

　　问：觉得没希望了，什么意思？

　　筱清：就是觉得跟那男的肯定没希望了。

　　问：真的很喜欢他？

　　筱清：对。但那是高中时候的事了。高中的时候，反正一直特喜欢他。后来，分了以后，他就不跟我好了。就特喜欢、特喜欢他。但那时候，我们俩特单纯，什么都没干过。然后，后来就特别后悔。一直想还要跟他好，一直特喜欢他。大概等了四年吧。后来四年（后）他也找女朋友了，我也觉得没希望了，就找了一男的。所以吧，我感情上一直觉得这种东西应该不能分开，分开的话感觉不对。但是，有时候也没办法，你不可能跟完全的自己喜欢的人在一起。

　　问：刚才你说，随便找了一个男的。你喜欢他吗？

　　筱清：不喜欢。

　　问：那你厌烦他吗？

　　筱清：也不厌烦。比我小。

　　问：那你怎么描绘你们两个在一块儿的那种感觉呢？

　　筱清：没感觉，我们俩一共见了两次面。

　　问：见了两次面？

　　筱清：然后，我就把这事儿跟我一特好的姐妹儿说了。她就说："你真绝！你总是做出那种让人意想不到的事！"挺奇怪的。

问：见过两次面，接触了多长时间呢？

筱清：接触就两次啊。第一次就唱歌，第二次唱完歌就上网。

问：你们在网上聊了多久？

筱清：网上大概一个礼拜吧，差不多。

问：你别的对他了解吗？

筱清：不是很了解，就知道他挺小的一小孩儿，（19）87年的吧，长得还行，挺健谈的，也北京的小男孩嘛。然后，后来也不知道怎么回事。其实，我是比较被动的一个人，但只要对方主动的话，我当时也有那心，我就不拒绝了。就这样。但后来完了之后，我就再也不理他了。他特意外，他特郁闷。本来他说，觉得我这人挺好的，想跟我好来着。但我跟他谈了以后就不理他了，他真郁闷。

问：那你为什么不愿意跟他交往下去呢？

筱清：我觉得他太小了，一小孩儿。

问：你很介意年龄吗？

筱清：不是。但我觉得，他不成熟，是一挺不成熟的人。就是说，你要长久地考虑交往下去的话……所以既然不长久，玩玩我觉得没意思，那样交往还不如不交往。

筱清说，她一直认为，性与爱情是不能分开的。她一直期望着能跟初恋男友复合，并把自己的第一次留给他。但是，当她意识到这不再可能时，她突然觉得自己的坚持变得毫无意义，"第一次"留给谁也变得无足轻重。在机缘巧合之下，正好赶上一个特别主动的人。当男方在第二次见面提出发生性行为的要求时，她感到自己不再有继续拒绝的理由，便答应了。

其实我一直就想着把那个留给他，说不定以后有机会再在一起。后来觉得真的是没希望了，跟他，三年四年的样子。后来觉得算了吧，就想那就无所谓了，反正早晚的事。然后，也是赶上那么一个人，那个人也是一特别、特别主动的人。当时他一主动嘛，我就没想拒绝，因为当时就没有这个拒绝的什么了，所以就答应了。

筱清的这次经历是名副其实的"一夜情"：只此一次，不再发生。在性行为发生之后，筱清"就再也不理"男方了，不仅不愿意见面，也很快与其切断了联系。男方告诉筱清，说他觉得筱清这人挺好的，想跟她"好"，也就是想与其发展恋爱关系。无论男生的说辞是否真诚，但筱清不愿意与他继续交往，因为她觉得男方"挺不成熟"，不是适合长期交往的人。如果明知不会发展成恋爱关系，还继续交往，那就只能是"玩玩"。在筱清眼里，她与这个男生的交往本身就是"玩玩"。在网上聊天和两次网下见面的过程中，筱清或许曾经觉得有意思，否则也不会坚持这么久。但是，在性行为发生之后，她觉得继续玩"没意思"，所以决定不再来往。

但是，究竟是什么东西让她觉得继续"玩"没有意思呢？

二　想回来：性还是个事

"一夜情"的经历虽然短暂，但却让筱清对"性"产生了新的认识。

> 现在再想这件事吧，我觉得这个东西真的是没有想象得那么重要，尤其是在没有感情的时候，真的不重要，让人感觉就像吃一顿饭一样就过去了。

在这次经历之前，筱清一直认为，性是一个非常重要的东西，无论它是否与爱情结合在一起。当与爱情结合的时候，性因为美好而重要；当与爱情分离的时候，性因为各种消极负面的评价（如同丛歌所说的肮脏、恶心、龌龊）而重要。但是，在这次经历之后，她意识到，性这个东西没有之前想象得那么重要。筱清说，在没有爱情的时候，性"就像吃一顿饭一样就过去了"。联想到"食色，性也"，把无爱的性行为比作吃饭至少是一个比较中性的评价。如果联想到吃饭所能带来的满足，那么甚至可以认为，筱清肯定了无爱之性的正面价值。无论如何，显而易见的是，筱清不再简单地把爱情之外的性当作一个负面的东西来看待。

但是，尽管如此，筱清仍然为这次经历感到后悔。

> 如果没感情的话，你做与不做区别不大，都一样。其实就是说，有一个转变就是说，从以前挺保守的思想，觉得至少应该给自己最喜欢的人，后来变得就有点儿无所谓。但是，也就是那么一阵儿吧。然后，做完以后就有点儿后悔了，就再也不做这种事了。直到遇见那个从国外回来的那男朋友，才跟他有那么一段。然后，再交的男朋友就再也没有了。就我现在，还是觉得应该保守一点儿。现在又想回来了，有点儿，还是觉得想回来了，应该保守一点儿。

筱清认为，"一夜情"的经历让她从"挺保守"的状态变得更加开放了。但是，这只持续了"那么一阵儿"。不久之后，她就回到更加保守的状态，认为性不仅应该发生在爱情之内，而且只有在碰到让她"特别心动"的人之后才可以。在前后两个相对保守的状态之间，是相对开放的状态。而"开放"之所以可能，是因为主体实现了"放开"。

> 问：为什么觉得又"应该保守一点儿"呢？
> 筱清：因为我觉得，一女孩儿，你要做这个，损害自己也没必要。而且，我现在也遇不到让我特别心动的人啊，所以我没必要。就是说，在我没确定我特别喜欢一个人之前，就跟他做，这样我觉得，做完以后自己心里不好受，觉得自己跟做错一件事似的。然后，有时想不开，可能会觉得自己挺坏的，怎么就成这样了？但是现在想一想，其实只要我想回来，再保守一点儿这么过，其实别人也不会觉得有什么的。

以后这种事，其实说说再怎么样或者什么的，已经有感情的这种人再去做，应该也是很正常的吧。其实谁都有这么一阶段，就会对这方面比较那什么。

问：比较什么？

筱清：比较放得开，或者不当回事，觉得它不是什么。但是你再大一点儿，再经验丰富一点儿以后，你会觉得它还是个事儿。

对筱清来说，放开——或者"放得开"——指的是把性"不当回事"："你做与不做区别不大，都一样"。与之相对的是"放不开"和"想不开"，即"做与不做"并非都一样。如果和不是让她"特别心动的人"做，筱清认为对她是一种"损害"，"自己心里不好受，觉得自己跟做错一件事似的"，或者"觉得自己挺坏的"。换言之，性不再"像吃一顿饭一样就过去了"，而是让她耿耿于怀。所以，她希望再回到原来相对保守的状态。

在筱清对"保守"的眷恋背后，隐含着对他者的想象："只要我想回来，再保守一点儿这么过，其实别人也不会觉得有什么的。"很明显，筱清非常在乎"别人"的看法。在这里，"别人"代表的是一个模糊的、一般化的"他者"，是筱清所内化的道德的代言人。正是在这个他者的注视之下，她才会觉得自己"挺坏的"，"跟做错一件事似的"。这不由得让我们联想起前面所分析的"传统性秩序的情感机制"。

"放开"意味着无视甚或挑战"他者"的目光，意味着摆脱对传统秩序的依恋，或者将主体从传统秩序的束缚之下解脱出来。但是，核心的问题是，主体何以能够实现"放开"？

就筱清的经历而言，"放开"显然并非她主动寻求的结果。一方面，从"一夜情"发生的宏观背景来说，她的"一夜情"经历缺乏预先存在的、为行为提供合法性的道德原则的支撑。就此而言，她与丛歌不同，后者的"情外情"以及暧昧关系实践都与她对一般意义上的"性"以及"非主流的性"的特定理解有关。另一方面，就"一夜情"发生的微观情境而言，筱清是被动的，男方是主动的；如果没有男方的主动，那么"一夜情"可能就不会发生。

因此，筱清的"放开"带有很大的偶然性和情境性，是热恋之中的爱情的突然中断导致的念念不忘以及对念念不忘的爱情的彻底绝望把筱清突然引向了"对立面"，是她所坚持的道德原则的不可实现所导致的激进反转。对她的日常生活而言，"一夜情"的经历是一个明显具有异质性和不协调的东西。所以，她的这次经历不仅让她最要好的朋友感到惊讶，而且也让她自己感到"挺奇怪的"。这些"惊讶"和"奇怪"表明，筱清并没有割舍她对自己所熟悉的道德秩序的眷恋。所以，一旦脱离当时的情境，她很快就开始后悔，希望回到原来的状态。

第四节 放开与主体位置的矛盾性

一 放开与放得开：主体的过程与能力/状态

在这里，我们把"放开"理解为一个主体过程，即主体性的重塑过程，以相对于宏观的社会进程，即"开放"。显然，放开与开放密切相关。就当代中国的社会转型而言，社会整体层次的开放总是意味着主体层次的放开，而只有主体能够放开，社会整体才能实现真正的开放。

如果"放开"指代的是一个行动过程，那么"放得开"指代的则是一个状态，即特定过程的某个结果；同时，它也可以指代主体的一种"能力"，即斯威德勒所说的文化意义上的一种能力（cultural competence）[1]，这种能力显然与布尔迪厄所说的文化趣味[2]有关，也与莫斯所说的身体技艺（bodily techniques）[3] 有关。与放开和放

---

[1] Swidler, A., "Culture in Action: Symbols and Strategies," *American Sociological Review* 51 (2) (1986).

[2] 皮埃尔·布尔迪厄：《区分：判断力的社会批判》，刘晖译，北京：商务印书馆，2015。

[3] 马塞尔·莫斯：《社会学与人类学五讲》，林荣锦译，南宁：广西师范大学出版社，2008，第 85 页。

得开相关或类似的词语还有：看开与看得开；想开与想得开；放下与放得下。如果说"放"强调的是一种外显的动作姿态，那么"看"和"想"强调的则是动作之前或者与动作相伴的、相对内隐的观察与思考过程。"开"则意味着原本相对封闭和严密的秩序被打开了一个"口子"，秩序因此而被突破或逾越；或者，如同"放下"所唤起的想象，原本高高在上并被严密守护的"入魅之物"被赶下"神坛"。

放开意味着主体从"放不开"转变为"放得开"。这是一个复杂的主体过程，通常来说，它并非一个简单的状态改变，而是意味着文化能力的习得和锻炼过程，或者说文化实践或缓慢或剧烈发生变动的过程。根据之前掌握的访谈材料，我们尚不足以把这个过程非常详尽地刻画出来。但是，我们可以把支撑放开或放得开的合法性原则揭示出来。如果一个主体能够从相对保守的状态过渡到相对开放的状态，并且维续下去，那么通常有一种能够提供合法性的道德原则为其提供支撑。

二　放开：合法性的基础

如前所述，筱清的"放开"带有很大的偶然性和情境性，缺乏为转变提供合法性的道德原则作支撑。因此，她的转变是短暂的。相对而言，丛歌、晴雪和春泥在爱情之外——也就是在以婚姻为中心的传统性秩序和以爱情为中心的新的性秩序之外——进行的性探索，均具有更加明确、坚实并且可持续的合法性基础。

就丛歌而言，提供合法性的道德原则是性的积极价值，即性本身并非一个肮脏、恶心或龌龊的东西，而是一个特别美好并能给生活带来享受的东西。丛歌认为，在避免给他人带来伤害的前提下，人们都可以去积极地享受性的快乐。但是，让丛歌感到遗憾和不解的是，在当前的社会中，人们倾向于以特别消极的眼光来看待性。她认为，这是一种畸形的状况，是需要改变的，尽管她不知道原因何在及如何改变。

就晴雪而言，她虽然没有像丛歌那样把支撑她行为的道德原则细致地勾勒出来，但是，我们仍然能够在访谈中识别出来。

　　问：大家都知道吗？这种状态不是男朋友？
　　晴雪：那你得看谁知道了，我肯定不会让我男朋友知道，肯定不会。但让 NJ 那男孩知道无所谓。
　　问：哦，如果说是跟他情况差不多的，就可以让他知道？
　　晴雪：我力争要跟他情况差不多。他情况比较多嘛。
　　问：NJ 那男孩？
　　晴雪：对。所以我说，"我力争要跟你情况一样多"。呵呵，这也不是什么坏事。而且，我觉得，这算欺骗别人的感情吗？
　　问：欺骗谁的感情？
　　晴雪：比如说，如果我有男朋友，他不知情的话，这算欺骗他的感情吗？
　　问：你自己觉得呢？
　　晴雪：我当然觉得不是了。
　　问：我就是想了解你自己怎么看的。
　　晴雪：欺骗应该还是有欺骗的因素吧。但我觉得，只要我不伤害他，我的目的就达到了。我觉得，本身让自己高兴点儿，没有什么错。而且，这样我觉得备胎多一点儿，不管有什么事，自己也好受一点儿。

　　在上面的对话中，关于"跟他情况差不多"，访谈者与被访者明显存在理解的偏差。我强调的是男方所占据的开放式关系中的情侣这种角色，而晴雪关注的则是性关系的复杂性和丰富性。晴雪说，她要力争跟男方的"情况一样多"，即力争同时维持多段亲密关系，包括恋爱关系和开放式关系。她一方面倾向于认为，这并不是"坏事"。但与此同时，她又对自己这种倾向的道德合法性存有一丝疑虑。所以，她才会以疑问的口气问："这算欺骗别人的感情吗？"当我反问的时候，她直截了当地回答："我当然觉得不是了。"但是，她稍后又承认，其中存在"欺骗的因素"。不过，她认为，欺骗是为了不伤害男朋友。她真正的目的在于"让自己高兴点儿"，这"没有什么错"，是值得肯定、值得追求的事情。

简言之，晴雪的道德原则可以概括为：追求个人的快乐，同时不伤害别人。这与丛歌的立场非常类似。有一个差别在于，丛歌在自己身处恋爱关系的情况下不愿发展其他的"情外情"，而晴雪则愿意同时经营多段亲密关系。导致这一差别的根源在于，丛歌仍然眷恋排他式的爱情，即使历经折磨也没有丧失对爱情的信心；而晴雪则对爱情充满了疑虑，既不确定它是否存在，也不认为它值得追求（因为它意味着痛苦）。

对春泥而言，其行动的合法性基础来自男性化的性/别角色的自我定位，即她希望像男性一样，在公共领域追求事业的成功，并在私人领域追求休闲和享受。当然，男性化的角色定位的合理性建立在对传统性/别角色的不合理性的批判上，如同丛歌把性的积极价值建立在对所谓"畸形"社会状态的批判上。相对而言，春泥的社会批判具有更清晰的理论基础，因为她把女性对外表和化妆的重视归因于男权社会中的性别权力不对等。而面对视"性"如恶的社会倾向，丛歌则感到困惑，不知该如何解释。

回过头来看，以爱情为中心的性秩序也意味着对以婚姻为中心的性秩序的偏离。如果被访者之前内化的是以婚姻为中心的性秩序，而后来接受了以爱情为中心的性秩序，那么他们也必然经历了一个"放开"的主体过程。而这个过程之所以能够实现并持续下来，当然也需要某些道德原则所提供的合法性支撑。简单来说，对所有相关的被访者来说，都涉及爱情这种意识形态本身所提供的合法性。对强调"感情稳定、爱情逼近婚姻"的被访者来说，涉及婚姻这种道德原则所提供的合法性。对"情外情"的实践者（尤其是丛歌和思瑗）来说，则涉及"性"的积极价值所提供的合法性。

三　主体位置的矛盾性：对主流秩序的偏离与依恋

放开导致主体偏离了主流的性秩序。当存在某种积极的道德原则为偏离提供合法性支撑时，偏离将得以持续。但是，这并不意味着主体会彻底放弃对主流秩序的依恋。或者，更准确地说，主流秩序原本对主体所拥有的支配效果并不会因为主体的放开而完全消失。只不过，对于开启放开进程的主体来说，主流秩序的支配效果呈现一些独特性。在我们的访谈中，至少可以识别出两个方面。

首先，当人们跳出以爱情为中心的性秩序，在爱情之外进行性的探索时，他们就成了道德上的少数派。面对道德上的多数派即主流社会的压力，他们被迫采取一种防御的姿态。这种姿态体现了他们对主流秩序的一定程度的接受和认可，即使不能说是依恋，但至少可以说是依赖。

例如，为了逃避痛苦，寻求安全感，晴雪不愿在亲密关系投入过多的感情，拒绝承诺，青睐短期的关系而惧怕长期的关系，同时能够接受平行开展的多段亲密关系。对于这种生活方式，她一面说，这"没有什么错"，一面又说，"其实，我自己也不能说我赞成我这种生活，我只能说这种生活让我觉得最舒服、最安全"。可见，晴雪对自己这种生活方式的评价类似于丛歌对暧昧关系和"婚外情"的评价。"不值得提倡"或者"不赞成"这些用语表明，丛歌和晴雪对于自身所占据的道德上的少数派位置具有清晰的意识。她们把自己的生活方式定位于个体的偏好，即仅仅适用于自己，仅仅限于自身生活的范围。在坚持自己的生活方式、在宣称自己选择的合理性与合法性的同时，她们也被迫施加一些约束和限定，即她们采取特定的生活方式只是为了满足个体的需要，让自己更舒服和更安全；她们不希望在更大的社会范围内来扩散和传播自己的生活方式；她们也没有给自己的生活方式选择赋予更高的使命。

其次，主流秩序往往能够制造一种奇妙的主体效果，即促使主体通过放开而获得一定满足的同时，也让主体感受到一种缺憾，从而制造一种两难困境。例如，晴雪为了避免在亲密关系中遭受伤害而采取更加放得开的姿态，以感觉替代喜欢和爱情作为性的组织原则。但是，令晴雪困惑的是，她并没有因此获得充分的满足。

但是，真的你一点儿都不付出的话，你又会觉得一点儿都没有意思，人生特没劲。所以，我觉得，这事儿你可以好好研究一下。反正到现在，我还没想明白呢。因为确实你谁都不爱了，你只为自己活着的话，你肯定不会高兴。但是，你真的特别爱了，心里是爽了，但最后受伤害的也是你。

为了避免在亲密关系中受伤害，晴雪倾向于尽量少付出，尽量不让自己喜欢别人。她发展亲密关系更多的是为自己活着，让自己感觉舒服和安全。但是，在真正这样做了之后，她感到的其实是不高兴、没意思和没劲。不过，她同样不愿意因为真心投入而受伤害。于是，她陷入了一个两难困境，不知如何是好。这是长期困扰她的一个问题，直到接受访谈的时候，她仍然没有想明白。而且，她认为这是一个重要的问题，否则不会建议我"好好研究一下"。

对于晴雪提出的这个问题，我们无意提供一个深入全面的解答，而仅仅希望强调一点，即她所面临的两难困境或许与她所占据的道德少数派位置有关。当一个人偏离主流的道德框架，向人类经验中的冷僻甚至未知的领域进发，肯定会遭遇失去方向感、瞻前顾后、进退两难的情形。对不满于既有经验的"探险者"来说，回归主流生活框架可能并不会让他们感到满足。那么，问题便在于，如何在现有的道路之外，开创新的、让人觉得高兴、有意思和有劲的道路呢？而这个问题又和下一个问题有关："探险者"所感受到的不高兴、没意思和没劲究竟是源自新的生活方式本身，还是因为它和既有主流生活方式的关系？我更倾向于后者。简言之，当主体内化了两种相互矛盾的道德框架，当主体通过自己的行动占据的位置在两个道德框架内会得到截然不同的评价，那么高兴与不高兴、有意思和没意思、有劲和没劲必将共存或交替出现，即主体性的矛盾性在所难免。

人们从事性行为的一个重要目的是获得快乐。只不过，这个目的有时并不那么容易实现，甚至也不被接纳和认可。下面，让我们来看看被访者对性快乐的理解与实践。

第一节　性快乐的体验

一　女生可能没有这方面的冲动吧，反正我是没有

对女性来说，追求性快乐往往面临更大的困难。其中一个表现是，有些女性被访者在长达几年的恋爱过程中甚至没有产生过性冲动，例如檀香。

在前面的章节，我们曾提到，檀香在婚前只能接受与男朋友拥抱、亲吻和牵手，这些都是在她看来不属于"性"的内容。她无法接受更加亲密的身体接触，更不用说核心性行为。为了避免在交往过程中产生冲突，她和男朋友在恋爱关系稳定之前便讨论过这些内容，并达成了婚前不越界的约定。

问：你们约定好了？
檀香：对啊。
问：他怎么说呢？
檀香：他也同意啊。他也觉得，这是应该的。所以，我

们还好，这方面也都 OK。

问：比如说，你们在一起三四年了，他没有提出过要求吗？

檀香：没有。

问：那你们什么时候有这个约定的？

檀香：我不知道，我忘了。很久了吧。就在我们稳定之前，这些东西我们都谈过。

问：那他能很好地做到这些？

檀香：对啊，我觉得一直都很好啊。可能他的家教也类似吧，他父母也不会赞同他这样的。

问：这是你的估计，还是你对他家庭的了解？

檀香：既有了解，也有估计。我见过他父母。应该是，我觉得。

檀香说，她的男朋友一直都能很好地遵守双方的约定，从来没有提出越界的要求。她认为，这和男朋友的家庭环境有关系。她见过男方的父母，觉得他们和自己的父母一样，都是比较保守的人。她判断，男方的父母也不会赞同婚前的性行为。另外，她认为，这也和客观条件的限制有关，即"根本没有任何可能发生行为的场合和地点"。

问：然后，两个人在一起会有一些亲密的行为，他能很好地保持这种所谓的分寸吗？

檀香：是啊，我觉得还好，反正现在没什么问题。而且，我和他都在念书啊，要发生行为也没有场合可以，哈哈。我和他一直都在念书，大家都住宿舍，根本没有任何可能发生行为的场合和地点。

问：两个人是在一个学校吗？

檀香：不在，不在一个学校。

问：那你们一个星期能有多少时间在一块儿？

檀香：你是按小时还是按什么算？就我们一周见一次面，

最多两次，或者有特殊节日可能在一起。然后，主要的活动也就是在我学校或他学校去散散步，或者去某个公园看展览或者怎么着，最多去他宿舍看个电影什么的，就没有其他的活动。你知道，学生嘛，根本就没有可能有其他活动，所以要发生什么也不太可能。

但是，根据前面对檀香所做的分析，我认为檀香的话应该反过来理解，即不是客观条件的限制导致了她和男朋友没有更加亲密的行为，而是她（和男朋友）对亲密接触的排斥限制了他们的活动场合和内容。

关于性冲动和亲密接触的关系，或许我们也应该按照同样的逻辑来理解。必须承认，我们很容易受到下面这种说法的诱惑，即檀香和男朋友之所以没有更加亲密的接触，是因为她没有性的冲动。但是，或许相反的解释更加合理：正是因为檀香和男朋友缺少亲密接触，所以，她体会不到通过亲密接触所激发的性冲动。

二　性和谐需要共同摸索

在访谈中，我会把之前访谈中得到的感受与被访者分享，并请他们谈谈自己的看法。例如，在访谈中，我跟思瑗谈起过女性缺少性欲望的状况。

思瑗认为，有些女性之所以缺乏性的欲望，是因为她们没有体验过性的快感。即使她们有过性经历，甚至是长达多年的性经历，她们同样可能没有体验过性快感，因此同样可能对性缺乏兴趣。

思瑗谈到她的女性朋友的例子。其中一个朋友怀孕并堕胎了五六次，但竟然不知道何为性快感，她对此感到惊讶。但是，她也知道，身边还有不少的女性朋友都存在类似的状况。在她看来，男性对这种状况负有责任。尽管她没有做出后续的解释，但言下之意是，男性只顾在性行为中满足自己的需要，忽视了女性伴侣的需要，这是她们难以体验到性快感的原因。

尽管思瑗认为，男性对女性缺乏性快感体验的状况负有责任，但并不认为仅仅是男性的责任。在她看来，性的和谐需要双方共同努力，一起摸索。

思瑗和初恋男友交往 6 年，其间很长时间都有性生活。但是，她认为，他们两人之间的性生活"就不叫性爱"。可见，她对那段时间的性生活质量非常不满。但是，在双方交往的当时，她并没有如此不满的感受。因为，如同她前面所言，她"没有享受过那种性爱真正的快感"，所以不知道还有更美好的东西可以期待。

在和一个比她大 14 岁并且性经历非常丰富的男友交往之后，她感受到"从来没有感觉过的快感"。之所以会有这种变化，她提到了两方面的原因。一个是双方共同的摸索。对她而言，性快感"不是一下子感受到的"，而是"在摸索过程中感受到的"。另一个是男友丰富的性经验。所以在双方共同的摸索中，思瑗说"我跟他在摸索"。"跟"传达了一种引导与跟随的关系，即男友在摸索的过程中扮演引导的角色，而思瑗扮演跟随的角色。

三 性快乐的中西对比

相对于男性，女性的性快感体验更为多元。有些女性被访者还对女性的快感体验进行了中西对比。

艾歆说，她没有体验过"终极的"性快乐但体验过"很兴奋""很舒服的感觉"。她持有与思瑗类似的看法，即为了获得性快乐的体验，人们需要"经常锻炼"，不断积累经验，一段时间之后，"慢慢就能享受了"。

有意思的是，在艾歆对性快乐体验的理解中，隐含着中国与西方社会的对比。在访谈中，至少有三个相关的表现。

首先，艾歆区分了"传统中国的性"与"欧美的那种有点儿变态的性"。前者指的是女性"为男人服务的"性。关于后者，艾歆没有直接做出解释，但是她提到自己的男朋友曾在澳大利亚留过学，因此接受了一些令她"脸红"的东西，其中包括男性通过刺激敏感部位为女性服务的性行为方式。因此，"有点儿变态的性"或许指的就是传统的性交之外的、那些令她脸红的性行为方式。

其次，艾歆提到，很多中国的孩子"在性这个问题上是白痴"。她之前也处于"白痴"的状态，只是在和这个男朋友交往之后，才变得不那么白痴。艾歆说，"我男朋友他不是很开放，但他比一般中国人要开放"。同样道理，她其实也认为，她的男朋友要比一般的中国孩子在性方面"更不白痴"，或者说具有更丰富的性知识与经验。而他之所以会如此，是因为他在澳大利亚留学期间"接受"了一些西方经验。换言之，西方社会的孩子被认为"在性这个问题上"处于更高的"启蒙状态"。

最后，艾歆提到，"有好多中国女人她一辈子都没有体会到那种感觉吧"。在这里，"那种感觉"可能是指一般意义上的"性高潮"。所以，艾歆再次与思瑗的看法类似，即倾向于认为中国女性缺乏性高潮的体验，而且认为这与男性有关。只不过，思瑗只是简单提到了男性的责任，而艾歆则将之归因于男尊女卑的权力关系。在这种语境下，当艾歆说自己的男朋友"比一般中国人要开放"，也就意味着她的男朋友要比一般中国人更能"放得开"，更能摆脱男尊女卑的权力关系，更能做到在性活动中为女性服务；而在性技巧的层次上，则意味着她的男朋友能够通过采用更加西方化的性技巧来帮助女性获得快乐。

简言之，艾歆把中国与传统、男尊女卑、性行为方式的单一以及缺乏性快乐体验的女性联系起来，把欧美、澳大利亚等西方社会与现代、男女平等、性行为方式的多样甚至"变态"以及享受性快乐的女性联系起来。她认为中国过于传统，而西方过于现代，所以她渴望的是一种"折中"的状态。这种状态被认为一方面摆脱了传统中国的男尊女卑，另一方面则摆脱了西方的"性变态"，即对性技巧的过度追求。

显然，艾歆对中国与西方的理解是一种刻板和简化的理解。

四　同时高潮：可遇而不可求

我跟丛歌也谈到了一些女性被访者缺乏高潮的情况。尽管她觉得"不好评价"，但也试图给出了自己的解释。

丛歌说，如果女性没有体验到高潮，那么可能"她们运气不够好"。这首先肯定了高潮是一种积极的、值得肯定的体验，其次也赋予高潮某种"运气"色彩，即它们是可遇而不可求的，比如，是不是能碰到最合适的性伴侣。

当然，丛歌并不认为，高潮完全取决于外部的偶然因素；她显然也承认个体的努力会起到作用。比如，一个人对自己身体的了解程度可能会影响体验到高潮的可能性，而了解程度是可以通过个人努力提高的。丛歌觉得，她对"自己身体的了解（程度）高于同龄人的平均水平"。而她之所以能够做到这一点儿，不仅因为她有更多的切身经历，而且因为她通过媒体了解到更多与性和身体有关的内容。比如，她阅读过性方面的书籍，也会像艾歆那样上网查找性的信息。此外，她认为，"毛片"（色情影像）也会增进她对身体的了解。顺带提一下，丛歌是为数不多的几位坦承看过"毛片"并认可其积极价值的女性被访者之一。

在访谈中，丛歌提到，她不仅体验过高潮，而且体验过性伴侣双方同时达到的高潮。

第二节　性快乐的来源

一　刺激的性与舒畅的性

性快乐可以有不同的来源。例如，艾歆把性区分为两类：刺激的性和舒畅的性，意即性的快乐源于两个方面：新鲜刺激和温馨舒畅。

问：你觉得，陌生人之间的性和男女朋友之间的性有什么区别吗？比方说，感受啊什么的？
艾歆：两个人熟悉在性方面会更完美一些。
问：更完美？

艾歆：两个人熟悉彼此，虽然就是，不一定是一件特别新鲜刺激的一件事情，但是，嗯，觉得性注重的……你可以去玩很刺激的性，但是很舒畅的性，很温馨、很舒畅的性还需要有感情在内。我希望有这种，我的性生活希望是这样的。

问：不希望是新鲜刺激的？

艾歆：新鲜刺激的有什么意思呀？在性方面总是女人处于劣势，是这样。

问：处于劣势？哪些表明了是劣势？

艾歆：我就觉得是处于劣势。女人是比较容易接受的一方，男人很爽吧，男人是占有的一方。凭什么让一个陌生男人来占有你呀?! 我凭什么要随便去接受一个人?! 我不了解他，我对他的背景不清楚，我不放心。还有，我对他没感情，我们彼此都会面红耳赤，很羞涩的，那样还做什么呀？

"刺激的性"指的是陌生人之间的性，"舒畅的性"指的是熟悉并有感情的人之间的性。艾歆认为，后者"更完美一些"，是她希望拥有的性生活类型。

艾歆无法接受新鲜刺激的性。她提到如下几个原因。

首先，她认为，"在性方面总是女人处于劣势"，男性是占有的一方，女性是接受的一方。这让我们联想起在"性的日常概念与文化库存"一章中讨论过的"战争攻防"和"性资本"。这种观念认为，男性之所以在"性的战争"中扮演主动进攻的角色，是因为他们在性生活中总可以"很爽"，无论是与陌生人还是与有情人过性生活；而对女性来说，性生活则首先意味着"丧失"或者"被占有"，同样无论是与陌生人还是与有情人过性生活。在上一节中，艾歆说，"传统的中国的性还是为男人服务的"，其实表达了类似的意思，即无论是在婚内还是在婚外，性对女性而言意味着劳动与负担，对男性则意味着享受与收获。所以，艾歆拒绝"让一个陌生男人来占有"；"凭什么"这个词表明，她认为那种行为毫无理由、不合逻辑。但是，她为什么能够接受让男朋友或者未来的老公占有呢？对于背后的理由和逻辑，她在上面的引文中并没有直说，但在访谈中间接提到了。问题的关键在于"彼此服务"，即在她所想象的性生活模式中，并不只是女性单向地被占有，还存在男性为女性提供的回报或补偿。但是，艾歆倾向于认为，这种回报在现代社会的爱情或婚姻关系中能够获得保障，但在陌生人关系中则是不确定的。这和她对陌生人的想象有关。

其次，艾歆认为，陌生人令她"不放心"。这种不放心是全方位的，除了上面提到的不确定能否在性生活中得到服务和回报之外，还包括对各种人身和名誉威胁的担忧。她在上面的引文中没有详细谈到这些内容，但在谈论"一夜情"时表达了这些担忧。

最后，艾歆提到，陌生人在性生活中会"面红耳赤，很羞涩"，从而导致性生活无法顺利开展，或者至少会妨碍他们充分享受性的快乐。在上一节的访谈中，她曾提到，在和男朋友第一次过性生活时，精神紧张是使得她难以享受性快乐的原因之一。显然，与陌生人过性生活同样令她感到紧张。

对刺激的性与舒畅的性所做的二元区分并非仅为艾歆所独有，而是被访者常用的一种区分。

在访谈中，蔚沅同样区分了两种"激情"（或者吸引力、刺激）。

一种是他和妻子之间的激情。他妻子比较保守，所以他们之间的性生活"绝对是老一套那个"。他从未要求妻子采取其他性行为方式。尽管只是采用"老套"的性行为方式，他依然对他们之间的性生活感到非常满意，"觉得心里特别刺激"。同时，无论是在性生活中，还是在日常生活中，他依然感受到被妻子所吸引。在日常生活中，上班出发前或者下班回家后，他们都会互相拥抱一下，并口头表达一下爱意。虽然已经结婚多年，孩子也已经上小学了，但他们依然坚持着这种习惯。而且，这些习惯之所以延续下来，是因为他依然感受到妻子的吸引力，他是乐意为之，而不是"已经无所谓"了。

另一种就是婚外情的激情。让我们在下面详谈。

二　刺激的性：新鲜感

在刺激的性中，快乐和激情可被认为源于新鲜感。新鲜感至少包括两个层次。

一个是性行为方式带来的新鲜感。

另一个是性伴侣带来的新鲜感。蔚沅下面这段话讲的正是这一点。

> 一夜情也有，然后那个……找过一次小姐，我觉得感觉不好，那就是纯粹发泄，完事就走，但是确实刺激。我觉得每个人都不一样，人和人……都知道男女之间那种性的关系，是吧？但是，人和人不一样，真的。要不我说我不会写，要是写出来，绝对拍一部电视剧，而且肯定有人愿意看。确实刺激，跟陌生人。熟悉了，可能……就像你天天吃饭似的，你整天吃，多香的饭也有点儿腻了，想换换口，是吧？可能大鱼大肉，买根黄瓜吃，你都觉得，"呦！真清香！"是吧？绝对刺激，跟陌生人有性行为。

蔚沅把性生活比喻为吃饭。无论"多香的饭"，你如果"整天吃"，迟早会感觉"有点儿腻了，想换换口"。同样道理，如果每次都是跟同一个人发生性行为，那么也会感到"有点儿腻"。所以，"跟陌生人有性行为"之所以"绝对刺激"，是因为陌生人让人感到新鲜。陌生的性伴侣或许本身并不那么优秀，如同他们只是"大鱼大肉"面前的"黄瓜"，但是黄瓜同样可以让人感到"很清香"、很满足。

另外，陌生性伴侣所导致的新鲜感还会因为行为的越轨性质而得到强化。例如，蔚沅所说的"偷着摸着那种感觉"指的就是这个方面。"找小姐"的刺激感或许也和这个有关。尽管"找小姐"给他的感觉并不好，但他依然觉得非常刺激，这可能与这种行为的违法性质有关。

可能是由于"食色，性也"这句古语的影响，不少被访者都把性生活比喻为吃饭，并把它们同人的"天性"联系起来。根据这种逻辑，在食或色中追求新鲜，也是天性使然。例如，晨涛也是这种倾向。

晨涛认为，如同男性在大街上看到美女会多看几眼，男性也渴望与陌生的女性发生性行为，这些都是"天性"，是"很自然的"。这种天性就是对"新鲜感"的欲望。在他看来，人们一旦在性生活中熟悉了对方的身体部位和身体动作习惯，就会产生"审美疲劳"，从而失去"身体上的刺激"。

在访谈中，晨涛最初谈的是男性的天性。但在后面，他又说："她也没有什么新鲜感，你也觉得没有什么新鲜感。"可见，他并没有把对新鲜感的渴求局限于男性群体，而是认为它体现了所有人的天性。既然如此，那么女性同样可能因为审美需要而在大街上多看别人几眼，或者找个陌生人发生"一夜情"。

有意思的是，晨涛认为，新鲜感带来的美好感受主要体现为"身体上的刺激"。这或许与他对"审美疲劳"的特定理解有关：既然审美疲劳主要源于身体层面（部位和动作）的熟悉，那么新鲜感主要源于身体的陌生，而和陌生的身体过性生活所带来的刺激主要是"身体上的"刺激。在晨涛的认知框架里，与"生理上的"或"身体上的"内容相对立，"心理上的"东西主要与人们相互了解或认识的程度有关，而且两者呈正相关关系：相互了解的程度越高、越熟悉，双方交往可能产生的心理上的刺激就越显著。简言之，晨涛倾向于认为，性生活中的生理刺激与心理刺激成反比。按照这种逻辑，陌生人之间的性生活自然主要与生理刺激有关。

三 舒畅的性：默契感

1. 感情在性里面是润滑剂的作用

在访谈中，我曾让丛歌比较"有爱的性"和"没爱的性"，希望了解爱情究竟能给"性"增加什么。

丛歌提到，"感情在性里面是润滑剂的作用"。"润滑剂"这个比喻让人联想到机器的流畅运转，正好应了艾歆的说法，即"舒畅的性"。丛歌和艾歆对"舒畅的性"的想象非常相似，都强调"温馨"，而这种温馨又和感情的存在有关。

2. 性何以舒畅：默契感

但是，对于感情如何发挥"润滑剂"的作用，如何能让"性"变得"舒畅"，丛歌在访谈中并没有做出具体解释。筱清对此给出了详尽的解释，其解释的核心在于"默契感"。

问：和谐是什么意思？

筱清：和谐当然是两个人特别有默契了，包括在感情上、性上都特别有默契。这种东西同你跟一个陌生人在一起肯定是完全不同的，因为这种默契是知道对方需要什么，他哪儿敏感啊，他怎么样会最舒服啊。这些东西都是长期培养出来的。然后你跟陌生人的话，可能会有很多新鲜刺激的东西，但是在这种默契感上可能会不舒服。

问：那这种默契会增强性的感受吗？

筱清：默契的话，我觉得默契会产生亲情。就比如说，你跟你的父母住得时间长，从小一起生活，家里人时间长了，是有默契的。就哪怕是你和他们之间有代沟，但是你的家，整个的家庭还有那种默契的话，或者说默契的氛围，就让人觉得特别舒服。因为你总是需要待在一个环境里，你说一句话，或者说你不说话，别人都能理解你是怎么回事。这种环境才是最舒服的，不用你去解释什么或者说什么。所以就是说，如果两个人时间长了以后的话，有一种默契感的话，我觉得氛围应该是很好的，应该是。怎么说呢？人都会有厌倦的心理，时间长（了）以后，觉得没劲了或者是怎么样的，但是要看你从哪方面体会了。如果这个时候你觉得这种默契感也特别好的话，你也可以去享受那种亲情的氛围。

问：但是，你刚才说，可能那种新鲜感没有了，对吧？

筱清：对，新鲜感肯定会没有了。但是，我这人可能就是兴趣点转移得特别快，你知道吗？我从小就这样，就是我小时候什么都学过，但每个都学了一点就不学了。就是我这人兴趣点转移得特别快。所以，我觉得新鲜感这个东西，可能对别人来说……反正我觉得，对每个人来说都是一个阶段就没了，只不过长短不同吧。有些人新鲜感保持得长，有些人新鲜感保持得短。

问：那你重视新鲜感吗？

筱清：不是很重视。我看重长久。因为我知道新鲜感的东西都是刚开始会有，以后会没的。这个东西既然是这样的话，你就没有必要特别地去看重它了。你要看重的是跟这人以后。

问：那你以前有过看重这种新鲜感的情况吗？

筱清：嗯……有过。

问：什么时候？

筱清：就高中的时候吧，连续换了好几个男朋友的时候。就觉得……因为那时候也挺空虚的，觉得需要找个人待在一起。玩得挺开心的，但玩了一段时间又觉得没什么意思了，然后就分了，然后就再找一个觉得有新鲜感的人。就这样。但是，只有高中时候这样，上大学以后就不这样了。人都是慢慢地成长吧，慢慢地明白一些东西。

与其他被访者类似，筱清把"新鲜刺激"与陌生人之间的性联系起来，把默契感与"长期培养出来的"熟悉联系起来。不同之处在于，筱清比他人更为详尽地解释了默契感。

对筱清来说，默契感意味着"知道对方需要什么，他哪儿敏感啊，他怎么样会最舒服啊"。这似乎在说，双方的默契会增强性生活的快乐感受。但是，当我试图直接跟她确认这一点时，她又开始强调其他的内容。或许，我们不应该把这理解为一种否认。从逻辑上说，她提到的这两个方面并不互斥。所以，我们不如把这两个方面都理解为默契感的"润滑"功能。

筱清所指的另一个方面是：亲情的氛围。她以和谐的家庭做例子，长期的共同生活使得家庭成员之间产生了默契，有时候你只需要说很少的话，或者甚至不说一句话，对方就能理解你的意思。所以，她强调的是心有灵犀的感觉。在这种氛围中，"不用你去解释什么或者说什么"，就能达成相互的理解，因此"就让人觉得特别舒服"。套用到性行为上，这意味着，无须烦琐的、直接的沟通，性伴侣之间就能明白对方的需要；在这个基础上，如同艾歆所说，"两个人彼此服务，为了对方的感觉，两个人一起努力，到最后双方能一起有一个比较愉快的感觉"。

当然，筱清所说的这两个方面是联系在一起的。比如，心有灵犀当然需要"知道对方需要什么，他哪儿敏感啊，他怎么样会最舒服啊"。但是，筱清之所以把默契感理解为一种"氛围"，其实强调的是一个边界宽泛和模糊的范围，即心有灵犀的范围要远远超出对对方的性需要和性敏感部位的了解。

筱清认为，默契感和新鲜感如同鱼和熊掌，不可兼得。陌生人之间的性生活虽然给人新鲜的感觉，但由于双方缺乏默契感，所以可能会让人"不舒服"。同样道理，伴随着默契感的提升，新鲜感会降低，性生活可能会让人"厌倦"或"觉得没劲"。所以，该如何选择，要视个人的需要而定。

筱清自己更重视默契感，而不在乎新鲜感。她为自己的选择提供了两个理由。其一是，对任何人而言，新鲜感无论持续多久，都终究会消失。其二是，对她个人而言，兴趣的转移比常人要快，意即事物的新鲜感对她而言持续得更短，消失得更快。因此，她认为，新鲜感不值得追求，没有必要为它伤神费力。

另外，值得注意的是筱清对"成长"或成熟的特定理解。她以自己高中阶段的恋爱经历为例，认为那是一个追求新鲜感的阶段。当时，也就是在和初恋男友分手之后（请看上一章的分析），她感到"挺空虚的"，所以"觉得需要找个人待在一起"。刚和新的男朋友交往时"挺开心"，但不久之后便觉得"没什么意思了"，所以就分手。但分手后仍然感到空虚，所以就继续找新的男朋友。于是，在这段时间内，她"连续换了好几个男朋友"。直到上了大学之后，她才中断这种模式。显然，她把追求新鲜感与"空虚"和不成熟联系起来，而把追求默契感与"成长"/成熟、"明白"或者丛歌所说的"充实"联系起来。但她的这种理解是一种特定的理解，是与她自身的特定经历联系在一起的。在此处分析的基础上，大家可以重温一下，上一章提到的筱清的"想回来"究竟意味着什么。

3. 身体的默契与心理的默契

丛歌虽然没有像筱清那样详尽地解释何为默契感，但她对之进行了更细致的类型划分。在下面的引文中，她把默契感区分为"身体的默契"和"心理的默契"。

> 问：那你说，在你和陌生人之间，和在暧昧的人之间，会一样吗？
>
> 丛歌：应该不一样吧。
>
> 问：那你能区分一下吗？
>
> 丛歌：这个比较好区分。陌生人的身体到这儿，然后心理到这儿。暧昧的，这个不一定，身体也可以略微高一点，因为身体的个体差异比较大啊，心理可能到这儿。爱情可能是……身体……因为身体这个个体差异比较大。
>
> 问：你是说取决于具体的个人，是吗？
>
> 丛歌：对啊。
>
> 问：而且，不一定是关系状态，是吗？这取决于具体的个人？
>
> 丛歌：都有关系，但是好像跟个人的关系更大一点儿。我觉得身体的默契很难求，身体的默契和心理的默契一样难求。
>
> 问：什么叫"身体的默契"呢？什么样的身体在一块儿是默契呢？
>
> 丛歌：比如说，两个人"心理有默契"，你能理解什么意思，对吧？比如说，我可能还没说完，你就能懂；或者是，我说我的一套想法，我说给别人（听），别人都不能理解，可能我表达得并不足够好，但是你就能透过我这个不足够好的表达明白我到底想说什么。身体也一样啊，可能……
>
> 问：你说，传达一种信息？
>
> 丛歌：不是。可能一个人他的性能力不是特别强，但是他在跟特定的人在一块儿的时候就是能很舒服，然后两个人

在整个过程中就能很愉快……或者是什么的。这个不一定是
男女朋友之间。

问：这是身体的默契？

丛歌：对啊，我就觉得身体的默契和心理的默契一样
难求。

关于"心理的默契"，丛歌的理解与筱清类似，强调的都是心
有灵犀。回过头来看，或许可以认为，筱清对"默契感"的理解
主要强调的是心理层面，而丛歌对身体默契的强调在筱清的理解
中是缺失的。

关于身体的默契，我们在上一节分享了丛歌关于"同时高潮"
的体验。当时，她说，双方在性行为中同时达到高潮的概率与双
方身体的默契程度成正比。当然，身体默契可以体现为同时高潮，
但并不局限于此。比如，"两个人在做爱的整个过程中"能够"很
愉快"或者"很舒服"，而且能够比他们在和其他人做爱时更容易
达到愉快或舒服的状态，那么就说明他们两人之间在身体上更默
契。不过，无论体现为哪种情况，相对于更加宽泛的心理默契，
身体默契更加直接地与性的快感有关。

值得注意的是，丛歌认为，身体默契程度与关系的亲密程度
并不存在必然联系。例如，更容易同时达到高潮的性伴侣"不一
定是男女朋友"。相对于暧昧关系，爱情关系并不一定能够提升同
时高潮的比例。同样道理，相对于陌生人关系，暧昧关系也不一
定能够提升同时高潮的比例。丛歌承认，关系的亲密程度会对性
的身体感受产生一定的影响，但她认为，身体默契对性的身体感
受影响更大，而且，身体默契取决于个体的身体状况，个体差异
很大。再者，身体默契并不取决于个体的性能力，并不能通过后
天努力而明显改变，因此，与自己身体默契的人可遇而不可求，
在很大程度上取决于运气。

总体来看，在丛歌对身体默契的理解中，隐含着一个"充满
惰性的身体"形象。这个惰性的身体为人们共同获得性快感制造
了障碍，而且这种障碍无法被心理层面的默契所改变，即无法通

过提升双方的相互了解程度以及彼此为对方服务的性能力而改变。因此，障碍的消除或逾越只能交由偶然性的法则，即交给运气或命运来安排。

4. 抗拒理性沟通的"惰性身体"

但是，丛歌为什么会接受这种"惰性的身体"形象呢？对此，我们在访谈中未能深入探讨。不过，蔚沅的一段经验分享或许能为回答这个问题提供一些启发。

蔚沅虽然并不认为自己是一个典型的双性恋者，但也不认为自己是一个纯粹的异性恋者。他虽然强烈地被女性所吸引，而且性伴侣主要是女性，但是他也与网络上认识的一些男性发生过性行为。所以，他能够基于自己的切身经验对男人之间以及男女之间的性行为进行对比。

在他看来，男男性行为的吸引力在于，男性之间更能"体会"或"体验"彼此的快乐，更容易沟通，因此也更容易帮助彼此得到快乐。在此，体会或体验意味着一种更加深刻的"知道"。它们不同于通常所说的"感觉"。比如，你能观察或感觉到异性身体的变化。但是，你却无法"体会"对方的"心理状态"，也无法"体验"对方的"快乐"。因此，"体会"或"体验"意味着用"身体"去感受和了解对方，而不是利用"语言"所代表的理智。直接的身体经验被认为要比语言描述的经验更加深刻，因为：（1）没有前者，后者无法实现，例如，"女人怎么快乐"，男人用语言"描述不出来"；（2）即使有前者，后者也未必能够实现，例如，虽然"男人之间的感觉都差不多"，但仍然可能"说不出来"。

简言之，与丛歌类似，蔚沅也把异性之间的身体经验设想为存在难以逾越的障碍。而且，他认为面对这种障碍，语言沟通、性能力、心理默契等也都被认为无能为力。不过，与丛歌不同的是，蔚沅认为，惰性或障碍仅仅存在于异性的身体之间；同性的身体能够体会到类似的感觉，所以能够实现真正的"沟通"。

在这背后，似乎是一个古老的问题：为了理解恺撒，是否一定要成为恺撒呢？

第三节　性快乐的地位

一　缺乏体验，难以确定

性快乐对于他们究竟有多重要？对于这个问题，从未体验过性快乐的被访者往往难以回答。

1. 檀香：现在不重要，未来难确定

问：你觉得爱情和性有关系吗？

檀香：应该有吧？有吧。应该有吧？

问：什么关系呢？

檀香：嗯，就是，爱……嗯，性是爱的升华。应该是这样吧？但是也要以一定社会契约为基础。

问：什么契约？

檀香：比如说，那张结婚证。

问：你说，是爱的升华，但要先立一个契约？

檀香：对对。我觉得，可能结婚以后，如果性生活和谐的话，会对你们的感情有促进吧，可能会吧？

问：如果不和谐呢？

檀香：那应该也会有影响吧。

问：那影响会到什么程度？

檀香：那因人而异吧。如果是对性看得很重的人，真可能导致他们婚姻破裂啊。如果两个人真的是感情特别深厚，以感情为基础，也可能不会有太大的影响。因为我见过案例啊。有案例说，因为她丈夫做手术，就是导致那个性功能丧失，而要求离婚的也有啊。肯定说明，对一些人还是很重要的啊。但是，也有可能，甚至有的人，她丈夫变成植物人，她一直守在那儿啊，是吧？那就可想而知，她的丈夫即使丧失性功能，她也一定会守在她丈夫身边。所以，就因人而异吧，还是。

在前面的章节，我们曾提到，檀香拒绝在婚前发生核心性行为，只能接受与男朋友拉手、拥抱和亲吻。所以，在谈到"爱情与性的关系"时，她强调，"性是爱的升华"，但必须以婚姻契约为基础。

既然爱情只有在婚姻之内才能升华到"性"的阶段，那么檀香对性快乐之地位的评价必然是以婚姻为参照框架的，"可能结婚以后，如果性生活和谐的话，会对你们的感情有促进吧"。

如果说，和谐、快乐的性生活对夫妻感情的作用是单一明晰的（促进作用），那么，不和谐的性生活对夫妻感情的作用则要复杂得多。檀香认为，其结果会因人而异。重视性快乐的女性可能会因为丈夫无法满足她的性需要而离婚，而重感情的女性则会在丈夫丧失性功能后依然坚守在身旁。她的这些判断依据的是她所接触到的一些案例。她的专业是法律，在学习的过程中有时会接触到一些相关的判例。

对于她自己，她表示难以估计性快乐在她将来的婚姻生活会占据怎样的位置，因为她尚未有过性生活，也未体验过性的快乐。

> 问：这个假设不太好啊：就是对你而言，它能占多重要的位置？比如说，在你婚后的生活中？
> 檀香：我现在还不知道。
> 问：现在还不能做出评价，是吗？
> 檀香：对啊。我没经历过，我不知道这个东西对我多重要。反正现在我是觉得对我不重要。可能，她们不是说，要真的经历过你才知道吗？我真的没经历过，我不知道啊。

基于此前的经验，檀香认为，性快乐对她当下而言并不重要。但是，她知道，婚前的这种经验不能直接迁移到婚后。她周围的朋友告诉她，性的意义"要真的经历过你才知道"。她比较认同这些看法。所以，对于性快乐在自己将来婚姻生活中的地位这个问题，她仍然持有开放的态度。

2. 冬荞：婚前测试与"一夜情"不可行

问：你这好像是在泛泛而谈，不是针对自己的？

冬荞：针对我自己来说，性对我来说不是很重要的。因为我没有体验过，所以我也不知道。可能现在说得有点儿空了，也不知道它对自己来说到底有多重要。但是，我能想到的是，两个人在一起生活的话，其实就是互相关照、互相呵护的过程。如果真的说在性方面不能够协调的话，也会有其他的方式来弥补的吧。

问：其他的方式是什么意思？

冬荞：比如说，那我也想不好，反正两个人……在国外的话，他们会因为性而分手，而离婚。但是，在中国的话，很少。

问：你是说很少，也有吗？

冬荞：应该会有吧。要是真的你会发现……怎么说呢，你买车还得试试性能呢，那你要是婚前没有发生性行为的话，你也不知道他的能力啊，对不对？要是婚后发现实在是不能协调，自己又很需要的话，那就只能是分开啊，或者说，你容忍我时不时地发生"一夜情"。但"一夜情"不是一个长久的解决办法，我觉得它不过是心灵空虚时的一种慰藉罢了，就是你短暂的一种慰藉，有的时候是一种发泄，对吧？我的工作压力实在是太大，而我的配偶又不可能理解我，我就很可能去找"一夜情"啊。这样的话，宣泄一下可能会好。有的时候，带着一种陌生的负罪感回家，就不会再想着他不理解你。你想着，这样平了。所以说，我觉得这不可能是一种长久的解决（办法）。只能说，我在结婚的时候发觉到了这种不协调，如果我要是发现了这个真的很重要的话，那我有可能选择分开。

问：分开？你是说离婚吗？

冬荞：离婚啊。

问：将来如果你觉得性对你来说很重要的话，你会离开？

冬葑：对啊。我现在不能够确定。我只能说，现在对我不重要。那我不是一样活得很开心吗？每天一大堆乱七八糟的事。

根据上面的引文，冬葑与檀香至少有以下几个相似之处。

第一，冬葑认为，性"现在对我不重要"。她和檀香一样都有男朋友，但都约定好了在婚前不发生性行为。虽然没有性生活，她觉得自己同样过得很开心，每天有很多的事情要做，很充实。

第二，对于性快乐在婚后生活中的地位问题，她同样不确定。假如发现婚后性生活不和谐，她同样提到了两个可能的选择：要么继续共同生活，要么离婚。

第三，关于继续共同生活的选项，檀香强调的前提是"感情特别深厚"，即通过感情基础来克服性快乐缺失造成的遗憾。冬葑则提到，以"其他的方式来弥补"性生活的不协调，而"其他的方式"指的是生活中其他方面的"互相关照、互相呵护"。可见，这些"其他的方式"与"感情基础"所指涉的内容非常类似。

不过，在离婚这个选项上，冬葑的解释则更详尽，也更复杂。她其实提及三个方面的信息。其中一个是檀香已经提到的，即如果在婚后发现性生活不和谐，并认为性和谐很重要，那么可能会选择离婚。下面两个信息则是檀香没有提及的。

其一，冬葑意识到，如同买车之前可以测试性能，女性本可以在婚前测试男方的性能力。如果在婚前便发现"不能协调"，那么便可以提前分开，而无须等到结婚后再离婚。但是，如同我们在前面的章节已经分享过的，冬葑认为婚前性行为对女性明显"不划算"，所以她不打断尝试。这事实上把"婚前测试性能"的选项排除了。突然意识到某个选项，但又不得不排除，这让冬葑陷入了某种尴尬境地。在那段话刚开始的时候，她欲言又止："要是真的你会发现……"显示的正是这种尴尬。但尽管意识到这种尴尬，冬葑好像来不及彻底调转说话的方向，从而导致了自相矛盾的产生："你买车还得试试性能呢，那你要是婚前没有发生性行为的话，你也不知道他的能力啊。"在前半句，她还在强调提前测试的合理性，但在后半句，她马上转向这种合理选项未被采用的情形，因为只有这种情形才是符合她自身倾向的情形。

其二，冬葑意识到用"时不时地发生'一夜情'"来弥补夫妻性生活不和谐的可能性，但马上又认为这种方法不可行。"一夜情"与她所内化的价值观相背离，让她产生"负罪感"。只有当"一夜情"被用于发泄夫妻生活不协调所导致的不满时，负罪感才能被抹平或抵消。但是，即使负面的情绪能够得到暂时平复，问题并没有根本解决，她将无法摆脱"不满—发泄"的恶性循环。所以，冬葑认为，"一夜情"并非解决夫妻性生活不和谐的长久之计。

相对于檀香，冬葑谈到更多的可能性，但又马上否决了这些可能性。为什么会出现这种情况呢？为了回答这个问题，让我们先来看看，冬葑是如何意识到这些可能性的。

问：你刚才说，性和爱情可以分开，那你觉得它俩没有联系吗？

冬葑：有啊。那个《欲望都市》里面的萨曼莎很爱那个男的，但是跟那个男的发生关系的时候，那个男的实在是太不能让她满意啦。很难过，但是她最后还是毅然决然地跟那个男的分手了，选择了自己放荡的生活，就是每看到一个男的就邀请他上床。

问：你说的这些跟这个问题有什么关系？

冬葑：如果有爱情在的话，性是一种调节啦，对吧？两个人身体上的接触，会让两个人更亲密。但是，爱在性方面得不到满足，也是可以的啊，你可以有其他的满足方式嘛。或者说，不要爱情。

问：不要爱情？

冬葑：嗯。

……　……

问：你刚才说，在国外，可能会因为性而分手？

　　冬葑：他们更看重自己，比中国人更看重自己。

　　问：那是你说的"自我"吗？

　　冬葑：权利啊。比我这种自我更自我的那种。

　　问：你很重视自己的权利？

　　冬葑：对啊。这是自己的一种最高的权利啦。

　　问：什么是自己最高的权利？

　　冬葑：获得满足啊。

　　问：所有方面吗？

　　冬葑：性啊。你不觉得这是自己的权利吗？

　　问：我是看你的理解。

　　冬葑：我觉得是自己的权利。

　　冬葑说，她非常爱看《欲望都市》，剧中人物关于性和爱情的态度给她留下了深刻印象。例如，萨曼莎的"分手"和"放荡的生活"正好分别启发了她为应对夫妻性生活不和谐提供的两个选择：离婚和"一夜情"。

　　但是，冬葑认为，国内和国外的环境存在明显差异："在国外的话，他们会因为性而分手，而离婚。但是，在中国的话，很少。"之所以如此，是因为外国人——主要是《欲望都市》所反映的西方人——"比中国人更看重自己"。冬葑之前曾说："我不自私，你可能也看出来了，但我非常自我，我保护自己的程度超过了所有的。我可以不在乎利益，身体之外的时间、钱财我浪费在别人身上都无所谓，但我对自己的思想和身体保护得非常厉害。"冬葑认为，西方人比她更加自我。他们非常看重自己的权利，包括在性方面获得满足的权利。

　　冬葑当然也承认性权利。但是，她在维护自己的性权利方面明显没有她所说的"萨曼莎"那样"毅然决然"。这或许是因为"萨曼莎"及其所代表的西方人要比冬葑及其所代表的中国人"更自我"。但是，更深层次的问题是，究竟是什么力量让冬葑虽然"非常自我"，但仍然不够自我？对于这个问题，冬葑并未给出明确的解释。但是，既然她对中外进行了对比，那么她至少把某些原因归结为中外社会环境的差异。正是因为这些差异，某些可能性对她而言只是一种理论意义上的可能性，而非适合她本人的可能性。所以，她能够在思考中意识到这些可能性，但在面对现实时又被迫排除这些可能性。

二　性快乐对亲密关系很重要

对有过性经历并体验到性快乐的被访者来说，他们通常能够更加坦然地承认性快乐的重要性。但是，对于女性被访者来说，她们对性快乐的承认往往局限于亲密关系，即性快乐仅仅在亲密关系的范围内才是重要的。

1. "柏拉图式的爱情"：不完美、不反对、不接受

丛歌认为，如果只是"想象一下"，她可能会觉得纯粹的精神恋爱"很美好"；但如果是在现实生活中，她觉得"自己做不到"。

> 问：那你肯定听说过"柏拉图式的爱情"，你怎么看？
>
> 丛歌：可能有吧，但是我不觉得……我觉得很多事都是这样的，比如说同性恋啊，我觉得可以，就是它没有什么是值得我去反对的地方，但是我自己不接受。比如说，有一个她来找我，我不会接受。"柏拉图式的爱情"也是一样啊，就是可能有的人他就喜欢这样，他们俩在一块儿好好的，又不关别人什么事，我为什么要去反对它呢？只是我自己不接受而已。
>
> 问："柏拉图式的爱情"指的是什么呢？
>
> 丛歌：很纯粹的精神恋爱。就是我想象一下，可能会很美好的吧。但是，我知道，我自己做不到。

丛歌以同性恋作比，表明了她对"柏拉图式的爱情"的态度。她认为，同性恋、"柏拉图式的爱情"以及其他"很多事"都只涉及当事人的偏好或选择，即"可能有的人他就喜欢这样"。这"不关别人什么事"，所以别人无权干预。

在前面的章节中，我们提到，丛歌把她对于婚外情的态度也

定位为一种个人偏好。可见，丛歌对于一些"非主流"事物的宽容并非孤立或偶然的。在她的宽容背后，是对个体选择权利的尊重。

丛歌本人并不接受"柏拉图式的爱情"，因为这不符合她的偏好，即无性的、纯粹的精神恋爱无法满足她的需要。

> 问：你说自己不接受"柏拉图式的爱情"，是觉得"有性的爱"比"没性的爱"要好一些吗？
> 丛歌：有性的爱和没性的爱，是吗？
> 问：对。
> 丛歌：再打个比方。这个比方有点儿别扭，你就将就着理解吧。我现在把不喜欢性的人比喻成素食主义者，然后把一段完美的关系想象成我去菜市场买菜。我在同一个菜市场里又可以买到鱼，又可以买到肉，又可以买到菜，就是我可以买到所有我想要的东西。那一个正常人只要想买菜，他就会到那家菜市场去，它又近，价格又适中，而且它（让你）一次就能买到你所有想要的东西。"柏拉图式的爱情"的这种人，他可能每天会选择到一家固定的菜市场去买东西，但是他只会买很多菜，他不买肉。可能他觉得他吃得很不错，他觉得他过得很舒心。但是，对我来说，我觉得这样的日子很不舒心，因为我爱吃肉。我的理解就是这样。如果我能在一个人身上又得到温暖，又得到信任，又得到依靠，又得到比如说我想要的家庭，又可以得到性的话，我为什么不自始至终地就跟这一个人在一起呢？

丛歌设想了一种完美的菜市场：距离很近，价格适中，同时能够让你一次买到所有想要的东西，比如鱼、肉和蔬菜。与之类似，丛歌设想了一种"完美的关系"，它能够使你"在一个人身上又得到温暖，又得到信任，又得到依靠，又得到比如说我想要的家庭，又可以得到性"。

对于素食主义者来说，他们可能并不需要完美的菜市场，因为他们不需要买肉。但是，对于肉食主义者来说，一个不出售肉类商品的市场肯定无法满足他们的需要，无论它的其他条件多么优越。同样道理，性方面的素食主义者或许能够在纯粹的精神爱恋中获得满足，但对性快乐具有强烈需求的肉食主义者会"觉得这样的日子很不舒心"。所以，丛歌本人无法接受"柏拉图式的爱情"，只是因为个人的偏好和需求，并非因为这种爱情完全没有价值。

2. 婚前得试试

为了避免婚后性生活的不和谐，冬莳意识到可以在婚前进行"性能"测试。但是，这种方法对她本人不可行，因为她无法接受在婚前发生核心性行为。不过，对思瑗来说，这不仅构成了可行的选择，而且是必需的选择。她之所以如此认为，是因为身边朋友的经历给了她很大的震撼。

问：那你有没有想过，性对于一个人的生活有多重要的意义？

思瑗：我一个同学，她有一个女性朋友，她老公是亲戚介绍结婚的。她老公在德国，中国××公司，经常去德国，在××买的房子。她老公非常有钱，就一个月两三万（元）吧。她的工资也很高，和我差不多，完全可以养活自己。新买的房子，买的车，按说应该挺好的。结婚两年，离婚了，之前还挺好的，突然两个月就离婚了。我觉得挺不可思议的，就问她为什么。她说，她老公没法（过）性生活，一次都不行。她老公根本就不行，她自己还是处女呢。她老公也没有吃药，可能就是天生的，就没法儿，吃药也没办法。其实两人感情特别好，不好不可能在一起两年，不可能结婚，连房子都买了。到最后这两个月，说离婚就离婚了。

问：结婚两个月就离婚了？

思瑗：结婚两年，好像一年吧，一年多。

问：那两个月是什么意思呢？

思瑗：前两个月，这个女孩还给她朋友看家里的照片，就是说她和她老公还特别好呢。就两个月没见，两个月没联系，就突然告诉说她离婚了。就两个月，从要离婚到离。说离就离了，在一起一年多。这就是个例子。他有经济实力，又非常爱你，你也非常爱他，爱得死去活来，但没有性生活，我觉得肯定不行。

对于我提出的问题，思瑷并没有直接回答，而是讲了一个故事。这个故事传达的核心信息是最后一句话："他有经济实力，又非常爱你，你也非常爱他，爱得死去活来，但没有性生活，我觉得肯定不行。"换言之，思瑷认为，即使物质基础和感情基础都非常好，如果没有性生活，爱情或婚姻关系也很难持久。

思瑷说，如果是她自己碰到这种情况，那么她"就根本不会结婚"。

　　问：你听说过"柏拉图式的爱情"吗？
　　思瑷："柏拉图式的爱情"？我听说过。但是我觉得，那种爱情是挺美好的，也挺浪漫的，但是我觉得那种爱情缺少了很多东西，不是那种完整的人生。如果一辈子都是这种爱情，那不是完整的人生。××（某明星）好像就是，跟她老公好像就是"柏拉图式的爱情"。
　　问：那你说的"柏拉图式的爱情"是什么样的爱情？
　　思瑷：就是只有精神上的，没有性爱的生活。是这样的吗？
　　问：我是看你的理解。
　　思瑷：我的理解就是这样。
　　问：你说××好像就是这样？
　　思瑷：嗯。但我觉得，这是不完整的人生。有这样的。如果我和他能够在一起，那会是一生的朋友，也不是爱情，也不是那种"柏拉图式的爱情"。我觉得，那还是彼此很痛苦吧。有的人能坚持下来，有的人不能。就像我那同学，同学的朋友，她不是就离婚了嘛，坚决离婚了。虽然两个人相爱，但是坚决离婚了。我觉得，这跟爱的程度也有关系。

问：如果是你呢？

思瑗：如果是我的话，我不行。

问：你会选择离婚？

思瑗：我就根本不会结婚。我觉得，这一方面也很重要。而且，他也不会放心我吧，我觉得。我觉得，我现在不会有这种关系，没想过，没想过这种关系。

与丛歌类似，思瑗也认为，没有性爱的生活是不完整的。所以，如果碰到没法过性生活的男性，她和他可能会成为"一生的朋友"，但不会跟他谈恋爱，更不会与他结婚。而且，为了确定对方是否有能力参与性生活，她认为必须在婚前通过性行为进行直接测试。

三 性快乐的局限

1. 性快乐的窄化

思瑗说，一辈子"没有性生活"是"很悲惨的一件事"。

万一你结婚后发现他不行，他性生活不行，你能忍受？但是，你已经结婚了，你跟着人一辈子啊！没有性生活一辈子，对于你来说也是很悲惨的一件事！没有孩子，一辈子受得了吗？

从思瑗对"无性"和"悲惨"的想象中，我们能够察觉到，她对性快乐的理解是非常狭窄的。或许是由于身边朋友的经历给她造成了极其强烈的影响，使她形成了某种路径依赖，她倾向于把"没有性生活"的原因归结为男性的生理原因。但是，显而易见的是，这些生理障碍只会影响男性从事性交，并不一定会阻碍他参与其他形式的性活动。换言之，即使女性因为男性伴侣的生理障碍无法获得高潮，这并不意味着她无法通过其他形式的性活动而获得快乐。前面艾歆的经历表明，高潮的缺失并不必然意味着性快乐的彻底的缺失。

另外，一个我们在访谈中并未触及但却值得深思的问题是，性快乐与性高潮究竟是怎样的关系？尽管我们无法否认性高潮对于性快乐的核心意义，但显然也不能简单地把性快乐等同于性高潮。所以，当男性或（和）女性因为生理障碍无法获得高潮，他们至少还可以通过其他形式的性活动来获得其他形式的性快乐。但是，在思瑗对"无性"的想象中，这些性快乐的意义似乎都被彻底取消了。

在这里，我不想否认（亦不想赞同），"没有性生活"是"很悲惨的一件事"。只是希望大家反思一下，当人们把"没有性生活"同"悲惨"联系在一起时，"悲惨"是否在某种程度上源自人们把"性"和"性快乐"理解得过于狭窄了？当人们能够以更宽广的视野看待"性"，并拓展"性快乐"的来源，是否至少可以在某种程度上化解他们所感受到的"悲惨"？

2. 性快乐的从属地位

如前所述，思瑗非常强调性快乐的重要性。但是，她的强调是有限制的。

　　　　问：你说，你找不到爱情的话，会接受单身的生活。但单身的生活会有性吗？
　　　　思瑗：不会。
　　　　问：那你刚才不是说很重要吗？
　　　　思瑗：重要是很重要，那是指两个人在一起。但我没有我爱的人，我可以远离呀。人都是有忍耐力，都是有理智的。我不可能随随便便地就和一个人有性生活啊。我一定要和我爱的人才可以，这是一种理智。我也有那种欲望，但是我可以让它下去，压下去。这是理智的问题。
　　　　问：那你能压制一辈子吗？
　　　　思瑗：一辈子不行。不是不行，因为人都是群居的，如果我孤单过一辈子，我觉得我（的）人格、人性都会变化。我可能就会不正常，我就不是个正常的人。如果我到了30岁，我找不到爱情，我可能就会选择婚姻。选择这个人，他不可能没有性能力吧。我可能就会单身一段时间，到 30 岁（前）这三四年吧，我可能会单身。

思瑷说，性生活"重要是很重要"，但"那是指两个人在一起"，即性快乐只有当她身处爱情或婚姻关系之中时才是重要的。在独身状态下，她依然会有性欲望，但她"不可能随随便便地就和一个人有性生活"，所以只能通过理智压制欲望。不过，对她来说，性欲望的压制不会构成巨大的挑战，因为她并不准备单身一辈子。即使找不到爱情，她也准备结婚。而对于这个结婚的对象，她会在婚前通过实际测试来确保他具有"性能力"。

相对于思瑷，丛歌对爱情关系之外的性行为具有更高的包容度。例如，前面说过，她有过在暧昧关系中发生性行为的经历。至于完全陌生人之间的性关系，她虽然没有体验过，但保持一定程度的开放态度。

筱清在描述她的"一夜情"经历时强调，她对对方既不喜欢，也不厌烦，总之"没感觉"。丛歌虽然没有经历过"一夜情"，但她的想象与筱清的描述有些类似。例如，她设想的"一夜情"具有如下特征：她"很无聊"；对方"看上去还不坏"；"除了这张脸之外我什么都不知道的一个人"；"只是想做爱"。显然，这些特征强调的也是两个陌生人之间的"没感觉"。正是这种"没感觉"使得"一夜情"区别于她所说的对感觉要求比爱情还要高的"暧昧关系"。

对于陌生人之间的性关系或者"一夜情"，丛歌做了一连串模糊的判断："我不确定我会不会"；"我也许会"；"我不保证以后会不会"；"这是有可能的"；"我也有可能会答应"；"不太确定"。如果她接受的话，要么是因为"饥渴得要死"，"特别想找个人做爱，就只是想做爱"，要么是"我一个人也很无聊"。这显然表明，丛歌并不像思瑷以及其他女性被访者那样如此排斥完全陌生人之间的性关系。

但是，我们依然能够强烈地感受到丛歌与"一夜情"这类行为所保持的距离。首先是现实生活经验的差异所导致的距离。她问我："'一夜情'一般都会去哪里找啊？"这种疑问表明，"一夜情"是远离她既有生活经验的事物。其次是情感上的距离或疏离。尽管"不太确定"的判断表明，丛歌对"一夜情"之类的行为保持开放态度，但一连串的"不太确定"则透露，她的这种开放态度至多是一种相对消极和保守的开放态度，即"一夜情"是可能发生的，但可能性又没有那么大。丛歌接连提到"我现在没有""目前没有过""现在我没有遇到过这样的状况"。这事实上既肯定了现实生活经验上的距离，也肯定了情感上的距离。

　　男性也并不必然会对性快乐持有更加积极肯定的态度。即使是在单身的情况下通过自慰来追求性快乐，男性仍然可能会饱受罪恶感的折磨。这充分表明，性快乐在男性那里也未必能够获得充分的独立地位。这部分内容涉及"性的烦恼"，我们放到下一章来分享。

第八章
性的烦恼

第一节　自慰的罪恶感

中国的定量调查数据表明，无论是对男性还是对女性来说，自慰已经变得非常普遍。例如，潘绥铭于 1999 - 2000 年对全国 20 - 64 岁总人口进行的随机抽样调查发现，学历越高，有过自慰的人就越多；在拥有大学学历的人群中，男性自慰的发生率达到 44.4%，女性自慰的发生率达到 30.8%。潘绥铭 2001 年专门针对全国大学本科生进行的随机抽样调查表明，男生自慰的发生率为 83.5%，女生自慰的发生率为 54.7%；每星期至少自慰一次的男生比例达到 51.5%，女生的这一比例达到 27.6%。但是，此次调查也发现，因为自慰而困惑自卑的男性比例达到 6.8%，女性的这一比例更是高达 11.3%。[①]

可见，即使到了 21 世纪的今天，即使是男性，仍然可能因为自慰而遭受罪恶感的折磨。尽管这个比例并不是那么高，但依然值得关注和思考。让我们以奉轩为例，来看看自慰所引发的罪恶感为何如此根深蒂固。

一　罪恶感淹没了我

看到我征募被访者的帖子，奉轩主动联系我接受访谈。自慰

[①] 潘绥铭、杨蕊：《性爱十年：全国大学生性行为的追踪调查》，北京：社会科学文献出版社，2004，第 68 - 72 页。

的罪恶感是他接受访谈的最重要原因，他希望能在访谈中跟我讨论一下这个问题。

> 问：你平时觉得你的自控能力怎么样？
>
> 奉轩：很差。要不然我也不会手淫。我制订了一个计划，要戒除这个。
>
> 问：你频率大概是多少？
>
> 奉轩：频率？一星期一次。
>
> 问：那也不是很频繁啊。
>
> 奉轩：你不知道，就是做过之后，那种罪恶感淹没了我，我非常的懊恼，非常的难过。

在大学期间，奉轩谈了一个女朋友，并与其发生了核心性行为。在分手之后，他才开始手淫。"以前我一直不理解，我觉得怎么可能这么干呢？后来才会的。"一方面，手淫让他体验到性快乐；另一方面，"罪恶感淹没了"他。他既无法抗拒手淫的诱惑，又无法摆脱手淫产生的罪恶感。所以，他"非常的懊恼，非常的难过"。他决定要从这个恶性循环中摆脱出来，"制订了一个计划，要戒除这个"。

奉轩认为，他的罪恶感主要与父母有关。

> 问：其他还有什么让你产生负罪感的事情？
>
> 奉轩：负罪感？其实我手淫的时候想到自己的父母最多，看毛片的时候（也是）。然后，我在那边，譬如说翘课啊之类的，不好好学习，想起来就会对父母有一种负罪感。其实，负罪感主要是对自己的家庭。然后，我当然不会觉得，我对这个社会有什么责任。
>
> 问：你为什么觉得对家庭会有负罪感呢？
>
> 奉轩：父母养育你，送你上大学，对你寄予很高的期望，你辜负他们，自然有负罪感。

奉轩的父母是农民，长期在城里打工，供养他和弟弟上学。他和弟弟都曾做过几年的"留守儿童"，在老家由爷爷奶奶或外公外婆抚养，后来才跟父母一起生活。他能够理解父母的艰辛，也知道父母对他抱有很高的期望，因为他不仅考上了大学，而且考上了全国的名牌大学。他觉得自己应该好好学习，以便将来有能力报答父母，这是他应尽的"责任"。所以，一旦偏离这个方向，他便会对父母产生负罪感。就此而言，"看毛片"和"手淫"与"翘课"类似，都属于"不好好学习"。它们之所以能够激发负罪感，是因为奉轩把它们与不负责任联系在一起。

但是，事实上，奉轩手淫的频率并不高，每周只有一次，并没有占用他的学习时间。因此，他自己也认为，耽误学习并非他因为手淫而产生罪恶感的根源。为了消除内心的疑惑，他上网查询过，发现手淫并不会影响身体健康，所以"手淫伤身"也不是让他产生罪恶感的原因。那么，根源究竟在哪里呢？

二　集体无意识

在上网查询的过程中，他发现有一种观点特别具有吸引力，即荣格的"集体无意识"。

> 你说，这种罪恶感到底来源于何处？我特地上网查，有一种观点说是荣格所谓的集体无意识，人类自古以来就产生的态度，所以代代相传，形成这种潜意识里面的集体无意识罪恶感。

在精神分析理论中，"潜意识"与"无意识"是不同的概念。在上面的引文中，奉轩把两者混用，可见他的理解有模糊的地方。不过，对于这里的分析来说，真正的目的并非去探讨荣格所说的"集体无意识"究竟是指什么，也不是确定奉轩对"集体无意识"的理解是否正确，而是他透过"集体无意识"这个概念传达的内容。这些内容至少包括两个层次：（1）他有意或明确传达的内容；

（2）在上述内容背后隐含的内容，即他自己并未明确意识到但实际上契合了其需要的内容。

就第一个层次而言，借助荣格的"集体无意识"，奉轩把手淫与罪恶感的关联追溯到人类的起源时期。这种东西存在于所有人的无意识当中，并且可以"代代相传"。所以，在每个人出生时，这种东西已经在那里了，并且会自动发挥作用。

> 每个人都觉得自己频繁。但是，我还是觉得，这是一种内在化的东西，是一种集体无意识。虽然我不知道这是什么意思，每个人都没有意识到这种东西产生的原因，但是心里会强烈感受到这种。

在奉轩看来，正是因为与手淫有关的集体无意识的作用，客观的手淫频率变得不再重要，因为无论你的频率是多少，它都会让你"觉得自己频繁"。这正是集体无意识的作用机制：你虽然不知道它"是什么意思"，也不清楚它"产生的原因"，但"心里会强烈感受"到它所产生的罪恶感。换言之，这种"内在化的东西"嵌入在人类的"无意识"中，人们虽然"意识"不到，但却能"感受"到它的效果。

就第二个层次而言，尽管荣格的集体无意识只是可能的解释之一，奉轩事实上把它当作某种意义上的终极解释。一方面，当其他解释遭遇困难时，他会求助于这个终极解释；另一方面，这个终极解释本身不需要进一步解释。

> 问：你刚才说对不起自己的父母。你觉得哪些方面对不起父母？
> 奉轩：就是他们知道我手淫肯定会生气的。
> 问：那你有没有想过他们不会……
> 奉轩：好了好了，我求助于荣格啊，就是集体无意识。
> 问：集体无意识起源于什么呢？
> 奉轩：集体无意识就没有什么原因了，不要问我原因。

　　由于终极解释不需要额外解释，那么也就意味着，奉轩接受了这种解释，接受了这种解释试图解释的东西，即手淫产生罪恶感是自然而然的；只要手淫，那么罪恶感就是不可逃避的；要想摆脱罪恶感，只能戒除手淫。换言之，通过接受这种终极解释，奉轩把手淫与罪恶感之间的关联给合理化了。由此，我们便可以理解，他为什么要坚定地制订一个戒除手淫的计划。

　　尽管奉轩把集体无意识当作一个拒绝进一步解释的理由，但如果我们坚持要求其解释，仍然能够"迫使"他谈出一些不完全相同的解释。

　　　　问：你觉得，对父母的负罪感无法摆脱吗？
　　　　奉轩：我还是说集体无意识吧。
　　　　问：那人在集体无意识面前就无能为力了，是吗？
　　　　奉轩：就是觉得是罪恶的。……
　　　　问：从小就开始内化了吗？
　　　　奉轩：你现在问我，我肯定记不起来。
　　　　问：是不是内化了呢？
　　　　奉轩：肯定是。
　　　　问：在你们农村，有人以前提到过手淫这个词吗？
　　　　奉轩：没有。我上大学以后才听到手淫这个事情的。我想起来了，你刚才说农村道德，可能有关系。你刚才提到的农村道德可能与我这种负罪感有关，因为整个都比较传统的氛围，可能与这种观念的形成有关系。
　　　　问：但是，在农村，我生活的经历中好像没有人提到过手淫。
　　　　奉轩：我是说氛围，比较传统。小时候连做爱都不懂。我小时候不懂什么是做爱。我小时候以为接吻就可以生孩子。

　　在上面的引文中，当提到负罪感时，奉轩再次求助于集体无意识，似乎不想做更多的解释。但是，在持续的提问之下，他

"被迫"进行更多的阐发。当他这样做的时候，与"集体无意识"的解释不完全一致或不相兼容的东西就开始出现了。

例如，奉轩把"宗教情结"也视为一种集体无意识。同时，他开始认为，农村的道德氛围可能与手淫的负罪感有关。但从学理上说，宗教观念与道德观念在更大程度上接近于杜尔凯姆所说的"集体意识"，而非荣格的"集体无意识"。关键的区别在于内化。集体无意识和集体意识都假定了一个内化的过程。但对前者而言，内化在人类成员出生时就通过遗传完成了；而对后者而言，内化是在人类成员出生之后通过社会化过程实现的。①

当然，我们指出上述区别的目的并不在于强调奉轩的理解的局限性，而是为了揭示奉轩与集体无意识的解释之间所形成的关系。集体无意识之所以被奉轩所接受，是因为它满足了他对自我解释的需求。它不仅为罪恶感提供了一个解释，而且消除了寻求进一步解释的负担，因为它已经把解释上推到人类的起源时期。但是，负担的解除也意味着奉轩可以"偷懒"，拒绝寻求更多的解释，从而使他进入一种自我强化的循环。要想打破这种循环，只能不断地寻求新的解释，借此让既有解释中那些模糊和矛盾的东西暴露出来，进而打开新的思考空间。

三　天使与魔鬼

在持续不断地推动奉轩去重新解释罪恶感的过程中，他发展出一个新的角度，即"天使"告诉他不要手淫，而"魔鬼"告诉他可以手淫。

> 问：所以说，这是可以自圆其说的？
>
> 奉轩：所以，上帝可以使任何一个理论变得圆满。上帝无所不能。

---

① 卡尔·古斯塔夫·荣格：《原型与集体无意识》，徐德林译，北京：国际文化出版公司，2011。埃米尔·涂尔干：《社会分工论》，渠东译，北京：生活·读书·新知三联书店，2000。

问：那么回到手淫的问题上，我们是不是可以更正之前的解释？我们是不是可以没有负罪感呢？上帝可以让新的解释圆满吗？

奉轩：我无法解释。这种负罪感深深地笼罩着我。你没有负罪感，你解释给我听听？

问：你找不到其他的解释？你看过的那么多书上都没有提到？

奉轩：我找不到啊。我没法用上帝说，难道上帝说要手淫，所以我就手淫了？

问：上帝说过不要手淫吗？

奉轩：苏格拉底说，偶尔会有神灵之光，突然的神灵的启示，或者用柏拉图的话说，就是在耳边窃窃私语的小天使。

问：古希腊信仰上帝吗？

奉轩：古希腊信神啊！雅典娜啊，阿波罗啊，最高的是宙斯。古希腊会有小天使降临，会有神灵的启示，因为古希腊有神谕的，所有的古希腊都尊崇神谕。古希腊有一个俄狄浦斯，也是有恋母情结，他从小他的父亲就得到神谕啊，说他的儿子会杀了他，娶了他的妻子之类的，所以他从小就被扔到其他地方去了。但是，依然没有改变，宿命依然如此，没有改变。我刚才说神灵的召唤，也许上帝既没有说要手淫，也没有说不能手淫，但是我强烈感觉到小天使在我耳边说："不要手淫，不要手淫。"

问：但是否有可能，天使在其他人耳边说，"可以手淫，可以手淫"？

奉轩：我觉得，其他人会把它当成魔鬼的声音。我们一向把欲望的放纵当成是魔鬼的声音。

问：你是这样理解的？

奉轩：所有人都是这样理解的。

问：你是认为，所有的人都是这样理解的？

奉轩：对。我推定所有人是这样理解的。推定和认为是不一样的。当有足够的证据证明我的想法是错的时候，我就会更正它。这是推定。

问：认为呢？

奉轩：认为就是没有隐含那种，如果错了怎么办。

　　在讨论"命定论"的问题时，奉轩发出了感慨："上帝可以使任何一个理论变得圆满。上帝无所不能。"在这里，他所说的上帝并非宗教意义上的上帝："上帝可以是哲学意义上的，可以是康德意义上的，或者是黑格尔意义上的，一个最终的精神，世界的目的，整个宇宙的本体意识，和宗教没有关系。"所谓"上帝可以使任何一个理论变得圆满"，意即现象可以从很多不同的角度解释，而且都可以解释得通。既然他如此认为，那么是不是可以从其他角度来解释手淫，并切断手淫与罪恶感之间的关联呢？我的提问就是希望激发他去探索新的解释角度。

　　但是，面对我的提问，奉轩表达的却是一种无力感："我无法解释。这种负罪感深深地笼罩着我。""深深地笼罩"表明，负罪感不仅是他切身感受到的，而且包围了他，使他无法逃脱。而"无法解释"则意味着，他难以想象仅仅通过构想一种新的解释便可以把负罪感化解掉。之后，他做了一个重新解释的简单尝试，并借此表明此路不通："我没法用上帝说，难道上帝说要手淫，所以我就手淫了？"或许，他认为，把手淫解释成上帝的安排虽然可以使手淫在理论上变得合理化，但却无法消解他切身体会到的负罪感。

　　之后，他又做了新的尝试，即不再诉诸上帝，而是诉诸古希腊的神灵及其启示。他把手淫的负罪感重新表述为"神灵的召唤"："也许上帝既没有说要手淫，也没有说不能手淫，但是我强烈感觉到小天使在我耳边说，'不要手淫，不要手淫'。"有意思的是，在"神灵的召唤"中，天使只能说"不要手淫"，而"可以手淫"的声音只能来自魔鬼。而且，他"推定"，天使与魔鬼之间的这种分工并非只对他个人有效，而是对"所有人"都有效。他对"推定"与"认为"所做的区分表明，他事实上并不知道也无法确切地知道所有人的想法，而是预先假定了这是所有人的想法；

只不过，他意识到自己有可能错误，并对相反的证据保持开放的态度。但是，至少直到他接受访谈的时候，他认为自己并未碰到足以证明他错误的证据。所以，他继续坚持他的推定。

在上述推定背后，隐含着另一个推定，即手淫意味着"欲望的放纵"。为了避免误解，应该说，这对作为局外人的我们是一个推定，但对作为局内人的奉轩则未必是一个推定，而是一个被想当然地接受为真的"事实"。无论如何，我们没法否认，在奉轩对手淫及其罪恶感的理解中，"欲望的放纵"扮演着极其核心的角色。正因为手淫被视为"欲望的放纵"（而不仅仅是"欲望的满足"），它才成了一种"邪恶"，一种只能与"魔鬼"而非"天使"相联系的行为。同样是因为行为的"邪恶"性质，他才无法接受上帝允许手淫的说法。而他之前频繁求助的"集体无意识"这种解释，同样以接受手淫行为的纵欲性质为前提。

简言之，奉轩从未试图质疑手淫与罪恶感之间的关联；他所希望的，是在承认这种关联的前提下，为其提供"合理的"解释。这些解释能够为罪恶感提供一个来源或起源，从而消除他内心的困惑。但困惑的消除同时意味着现实的合理化与自然化，即他把得到解释的现象作为合理的与自然而然的现实来接受。在此基础上，摆脱罪恶感的唯一途径便是戒除手淫。

第二节　意外怀孕与堕胎

意外怀孕与堕胎是性行为可能带来的烦恼之一。而且，在亲密关系中，意外怀孕与堕胎可能会影响双方后续的性行为和情感关系，从而导致更多的烦恼。

一　前后的巨大反差

之前，我们提到，泳慧的父母关系不和，从她小时候起，他们就经常闹矛盾。泳慧一直担心妈妈会离家出走或者与爸爸离婚。在初中毕业后，她找了一个比她大十几岁的数学博士做男朋友。

之所以如此，是因为她觉得妈妈喜欢高学历的知识分子，她这样做或许能够吸引妈妈留下来。当然，她的做法被证明是无效的。差不多三年之后，她的爸妈离婚，并且爸爸再婚，她也开始重新评估自己的这段关系。她意识到，这位男友并非她理想的爱情对象，她只是为了挽回妈妈才选择与他交往。既然妈妈已经无可挽回，她也丧失了继续维持这段恋情的理由。一段时间之后，她偷偷收拾了行李，一个人远赴他乡。

在交往的前三年中，泳慧与这位男友一直没有发生核心性行为，但有过除此之外的其他边缘性行为。当时，她觉得自己年龄还比较小，希望在中等师范毕业之后再开始。男友当时虽然年近三十，有强烈的性欲望，但一直都很配合泳慧的要求。泳慧毕业后，他们发生了第一次性交行为。两三个月之后，她便发现自己怀孕了。之后便是堕胎。堕胎前后，她对性的反应形成了巨大的反差。

问：那这和你跟第一个男朋友在一起的感受有什么区别吗？

泳慧：我想想。不一样。我跟第一个男朋友有两个阶段。第一个阶段是没有什么情感的体会，就是想要，身体（需求）特别旺盛。我后来身体受了很大的伤害，流产了。我原来是艺术学校的，上学的时候，身体啊，总之人的身体状态特别好，很有精神，体质特别好，就是有冲动，特别喜欢，特别想。这是第一阶段。后来是我流产了。不久，我两个月、三个月就流产了。我们谈了三年，之前没有这种夫妻之间的性交，没有。

问：前三年？

泳慧：前三年。光是性爱。性爱，我就是特别强烈，特别想要，零距离地想要。后来，性交没有两个月就怀孕了。后来就流产，当时大出血。可能是受身体的影响吧，有点怨恨的心理，留下这种后遗症，心里面就开始拒绝他了，就反感，就恶心了。甚至不让他碰我，就找各种各样的理由不见他，不让他睡觉时碰着，或者说亲热的时候数数。

问：限制时间？

泳慧：不是。赶紧结束吧，很不耐烦，觉得像受罪一样，那种不愿意，每次都会委屈地哭。等于我们谈恋爱五六年，实际上真真正正的夫妻生活这种，我愿意的也就几个月吧。前面的都是没有实质的，只是感觉特别强烈。然后，根本就不愿意，反感，厌恶，突然对他的人也厌恶了。我觉得，这点儿对他的人是有伤害的，现在想起来。就是不让他碰，心里面厌恶没有表现出来。

泳慧依据堕胎这个节点把她与初恋男友的性生活划分为两个阶段。在堕胎之前，虽然她对男友并"没有什么情感的体会"，即男友并没有让她产生强烈的心动的感觉，但是，她的身体状态特别好，总是具有强烈的性冲动和欲望。虽然在很长时间内，两人"光是性爱"，并"没有实质的"性交或者"真真正正的夫妻生活"，但她"感觉特别强烈"，"特别想要，零距离地想要"。在性交发生后，她仍然维持这种状态，但只持续了两三个月，因为不久之后她便发现自己怀孕了。

在堕胎之后，她开始对性行为感到"反感"和"恶心"。性行为完全成了一种负担，"觉得像受罪一样"。她在过程中"数数"，希望它"赶快结束"。而在结束后，她则会"委屈地哭"。再后来，她努力找各种理由来避免发生性行为，甚至不让男友在睡觉时碰她。

之所以会有这么大的反差，她认为"可能是受身体的影响吧，有点怨恨的心理"。但她所说的"身体的影响"，并不是指"大出血"所导致的"身体弱"，而是指堕胎让她变得"不好看了"。

问：你刚才觉得是因为身体上的？

泳慧：嗯，或者是心理。我这人太完美主义，我这人对身体。过去啊，是这样，因为听她们说，怀了孩子打了胎啊，身材就会受影响，你的脸就会长斑啊，你就会变老啊。过去

身材特别特别好，很好。当时，虽然不漂亮，但不是这样吧，
就很怕受影响。可能有一种心理的因素，倒不是因为身体弱，
不到那份上。完了，你破坏我那种可能性了，可能到时候不
好看了。可能是这种心理怨恨。

问：有吗，当时？

泳慧：当时有的。就是，你怎么能让我这样了呢，你爱
我的话？我们当时没有吵架，没有表现出来，这是我的心理
活动。就是，两年时间，就不能碰。

泳慧当时的身材特别好，她对自己的身体要求也很高。当她
得知，堕胎会影响身材和皮肤，让自己"变老"时，她心理就难
以保持平衡。她认为这是男友的责任："你怎么能让我这样了
呢，你爱我的话？"虽然她没有公开指责男友，但是一直在内心里
怀有怨恨。她认为，正是这种怨恨的心理促使她抗拒男友的亲密
接触。所以，她自己也意识到，这与其说是"身体"上的原因，
不如说是"心理"上的原因。

二　朋辈群体的影响

前面的引文表明，关于堕胎对身体的影响，泳慧很多是"听
她们说"的。这显示了朋辈群体的影响。下面的引文更加突出地
揭示了这一点。

问：那你的反差实在太大了，是吧？

泳慧：太大了，天地之别。现在重新，这算是第二次了。
我就觉得，就是在没接触书之前，我还是不认可我性冷淡。
有别人问过我，艺术院校的同学，说起来挺直接的。有人问
过我，为什么她们说我古董啊，因为我一直都没有找，在学
校里那几年。有人说："泳慧，你不谈恋爱，不想吗？你不想
男孩子吗？"我说："为什么想？不想。"我就看她们那些女孩
儿，比我还小的，好像这方面有冲动啊，找男孩子，有。你

要说，女孩子流产的问题不影响性生活，或者说没有顾虑，没有留下阴影，我觉得不可能。每一个女孩子流产之后或多或少都会有阴影，因为我们那个艺术学校好多都流过产的。你看有同学跟我说："你看这个地方产生变化了，唉！"那种。因为你流产真的会对身材有一点影响，有一点吧。

问：流产会有影响？

泳慧：会有影响。

问：那生孩子呢？

泳慧：生孩子都看得见啊，别人知道我是生了孩子的，我流产别人哪能看得见啊。

问：流产也会对身材有影响？

泳慧：最起码，说生理嘛，我至少问过有七八个女同学，流产过的，最起码对乳房的影响，不同的人（有）不同影响吧。当然了，条件不好的女的不如条件好的女生流了之后的。但是同一个人，她流与不流真的有影响。不流产之前，假如说因为身体不好，她上了年纪，她可能会得乳腺增生，是良性的增生，就是月经前有，月经过后就没有了。但是，如果流产的女孩子，她这个增生就是非良性的、非周期性的乳腺增生。然后，乳房它整体的坚挺程度有一点儿变化。个体，不能谁跟谁比，那也有坚挺程度强的。我问了有七八个同学吧。

问：都有这种经历？

泳慧：对，改变。最起码这方面。从此之后，她就会多少有一点点不自信。这个不自信不会影响到太多，就是想起来的话，就是这样。那你说的生孩子的影响是大影响了，你看，使体形改变啊，因为胖了之后。那她应该选择了生孩子了，她已经选择了婚姻了。而怀孕它是个意外，意外的发生，而且会改变人的优势。对于一个女性，心里会有障碍吗？一定会有的。

在泳慧的女性同学中，"好多都流过产"。所以，她们有机会相互交流堕胎对身体产生的影响。有时候，其他同学会告诉她（"你看有同学跟我说"）。有时候，她则会主动问其他的同学（"我至少问过有七八个女同学"）。总的来说，泳慧相信，堕胎对身体"真的有影响"，但影响可能并没有那么大，属于"有一点影响"，会导致身体"有一点儿变化"。这会导致女性"多少有一点点不自信"。而女性之所以不自信，是因为她们把自己的身体形象作为自己的"优势"或竞争力的来源。

泳慧把堕胎的影响与生孩子的影响做对比，认为后者的影响更大，因为怀孕后发胖，"使体形改变"。但是，她认为，生孩子是人们明确做出的选择，所以女性对于自己身体的改变有心理准备。但意外怀孕"是个意外"，当事的女性没有心理准备。在这个基础上，身体优势的丧失变得更加令人难以接受。泳慧认为，由于这两个条件的共同作用，女性一定会因为意外怀孕后的堕胎而产生心理障碍，并使性生活受到影响。

三 媒体的影响

除了朋辈群体的影响，泳慧还受到媒体的广泛影响。上面的引文已经提到，"书"影响了她对"性冷淡"的看法。下面的引文更加生动地刻画了这方面的影响。

> 泳慧：这个时候就跟书上描写的一样。厌恶，忍受，甚至就是会表现出控制不住地哭，就觉得好委屈啊，什么时候是个头啊，那种感觉。就想逃避，就想躲。
>
> 问：只是因为对身材的关注这个原因吗？还有其他原因吗？
>
> 泳慧：不知道为什么，就心里面感觉到……就反感这个事。因为我之前在决定药流还是器械流的时候，我看了一本书，正好书上写那个器械手术里面那个惨叫。一个记者把采访那个人流的个案分析描述，那个惨叫声啊，那个产后忧郁症啊，看了之后特别（感到）恐惧，打死都不愿意去器械流

产。流产之前，为此都哭了一个星期了，就怕。真真正正，我真觉得就跟那个书写的一样，跟我在流产前那个文章说的一样，真真正正就还得了流产后的性冷淡。那反差太大了。流产前，因为那种年轻的性冲动啊，因为他二十九岁才跟我初恋，我也是初恋，我身体又特别好，两个人可以说太狂热了，彼此身体也特别好。到了流完产之后，就突然厌恶了，就是两个极端了。

问：你觉得你看那本书有影响？

泳慧：有影响。

问：你觉得产生了某种暗示，是吗？

泳慧：对，是。

问：比如说，你没看那本书，你可能不知道流产后会有性冷淡；但是，你看那本书之后，就知道有了？

泳慧：对。而且它告诉我，流产后是有影响的，迟早会因为流产……流一个比生三个对于身体伤害还严重的，对于女人来讲，不久的将来你要长斑了，不久之后你一定会怎么、怎么的，你现在年龄还没到呢，那种。

泳慧清楚地意识到，她在堕胎前后对性的反应"反差太大了"，如同"两个极端"：之前"可以说太狂热了"，之后"就突然厌恶了"。她认为，这与她在堕胎之前阅读的一本书有关。这本书对她产生了至少两个重要影响。

一个是激发了她对堕胎手术的恐惧。这本书把堕胎手术描写得特别恐怖，在读过之后，她对器械流产产生了不可抑制的恐惧："流产之前，为此都哭了一个星期了，就怕。"

另一个是促使她在堕胎之后产生"性冷淡"。泳慧说，她在堕胎之后的性反应"就跟书上描写的一样。厌恶，忍受，甚至就是会表现出控制不住地哭，就觉得好委屈啊，什么时候是个头啊，那种感觉。就想逃避，就想躲"。但是，她的"切身感受"与"书的描写"之间的呼应至少在一定程度上是书籍"暗示"的结果。书籍告诉她："流产后是有影响的"，而且这些影响比生育的影响"还严重"；这些影响"迟早"会表现出来，你如果现在没有觉察到，那是因为"你现在年龄还没到呢"，"不久之后你一定会"。

可见，书籍营造的是一种预期，而它的效果则如同"自我实现的预言"：你若相信这些预言，那么这些预言就变成了现实。①在书籍预言的性冷淡与泳慧体验的性冷淡之间，则是她对性冷淡话语的接受和内化。因此，她阅读的书籍积极地介入或建构了她的"性冷淡"，而不只是在事后为她提供了一个描绘"性冷淡"的概念工具。

四　对男友的愧疚

泳慧一方面因为意外怀孕、堕胎及其之后的身体影响而怨恨男友，一方面又因为无法满足男友的性需要而心生愧疚。

> 问：你恨他？
>
> 泳慧：也恨。但是表面处得还挺好，心里面就用那种形式。真的不是说故意要惩罚他，不是。是真的，他要是碰我一下，我就觉得受不了，就觉得恶心，甚至接吻也不能有。
>
> 问：那他当时有什么反应呢？
>
> 泳慧：他就怀疑我不爱他了。然后，因为我那会儿流完产，身体就一直不太好，掉头发掉得特别严重，贫血。然后我在广州，他在深圳。我每次他都知道，我做后都是吐的。就以身体不好为由，就这样的。然后我就发现……晚上我要睡觉，就故意挣脱他的拥抱，就自己睡。半夜……我觉得我挺不道德的，现在想想，缺乏责任感。睡到半夜，我就发现他会自己手淫。他要介入，感受一下你，他就会……好像怕弄醒我，偷偷地就用手轻轻搭着你的肩膀，或者搭着你的身体，最起码感觉他不是自己吧，还有我吧。我就感觉挺可怜的。我觉得人不能缺乏责任感，这是我一直觉得我做得太过

---

① Merton, Robert K., "The Self Fulfilling Prophecy," *Antioch Review* 8 (2) (1948).

的地方。他也没有说什么。我想，我毕竟表现出来挺纯的。我一直没有别人，我一心用在学习上。我那会儿练钢琴，一天练十个小时。他知道我全身心都在学习上。

在堕胎之后，泳慧与男友的关系维持了两年左右。在这段时间里，泳慧频繁地拒绝与男友发生性行为，"甚至接吻也不能有"。她并不是"故意要惩罚他"，而是切切实实地会因为男友的碰触而"觉得恶心"。为了避免性行为，她"以身体不好为由"。在晚上睡觉时，她"就故意挣脱他的拥抱，就自己睡"。越是在他们的关系靠近尾声的时候，这种状态就越严重。在这种情况下，男友为了满足性需要，就在夜深人静时，"偷偷地就用手轻轻搭着"她的身体，以制造一种还有她参与的感觉。泳慧觉得男友"挺可怜的"，而他的可怜与她"缺乏责任感"有关，是因为她"挺不道德的"，"做得太过"了。

泳慧的这种责任意识可能不是偶然的。它与伴侣之间的"感情"密切相关。尽管泳慧一直认为自己并不爱这个初恋男友，即她对他没有心动的感觉，但长达数年的共同生活仍然不可避免地在他们之间培植起难以割舍的感情。在亲密关系中，当女性缺乏参与性生活的充分意愿时，感情所激发的责任感往往将她们置于一种两难境地：如果同意参与性生活，她们会感到违背自己的意愿，所以不舒服；如果不同意参与性生活，亲密伴侣的性需要得不到满足，她们又会被自责所折磨。

在下一节讨论的性暴力个案中，我们能够看到类似的情况。

第三节　性暴力

性暴力是一个非常复杂的概念，它涵盖的类型不仅范围很广，而且在暴力程度上差别很大。在性暴力的光谱中，我们这里关注的内容属于暴力程度不那么高或者相对温和的性暴力类型。但是，这并不意味着这些性暴力更加简单或者不值得关注。相反，它们通常比严重的性暴力更加复杂，也更值得细细分析。

一　支配欲与平等意识的冲突

1. 自我中心主义的男友

在筱清的"前男友"中，有一个给她留下的印象非常深刻。这个男友曾在国外留学，自认为有过比较丰富的性经历。他具有强烈的自我中心主义倾向，为了自己欲望的满足，常常无视他人的需要。这给筱清带来了很大的困扰。

> 筱清：他那人就属于那种，各方面占有欲太强了，欲望也太强了。欲望特别强！他有一次曾经，就是说非要带我回家，因为他爸经常不在家，他妈那天好像说好了下班以后去跟人打牌，打一晚上不回家。然后，就非要带我回家住一晚上。我就说，"你先出去玩，白天出去玩"。后来，他妈打一电话说"我回家了，不去跟人打牌了"什么的。他就急了，他跟他妈急了说"不行！你说好了今天不在家，你今儿就得走"什么的。我当时觉得，不至于吧，不行就不行呗，反正没这条件嘛。因为学生嘛，也没必要非得找一宾馆，为了这种事去开房什么的，有机会就在家里。后来（他）就不行，非得把他妈轰走。
>
> 问：轰走了？
>
> 筱清：嗯。变态吧，这种男的。我说："你怎么能这么不孝顺呢，你妈到家里，非得叫她走？"他说："不行！你今非得不能在家里住，非得去找人打牌去，或者找人干吗去，反正你不能在家。"就这样。
>
> 问：他跟他妈说理由了吗？
>
> 筱清：没有。他不说，但我觉得他妈明白。他肯定经常往家里带人或怎么样的。他自己一个人，没必要非得不让他妈在家里待着啊。他妈明白点儿。但他们家特别宠他。

在上面这个事件中，筱清的男友为了满足自己的需要，坚决要把他的妈妈从家里"轰"出去。当然，仅仅依据筱清的叙述，我们不知道他自己是如何想的。筱清似乎把原因归结为男友的"欲望特别强"。但如果仅仅是为了满足强烈的性欲望，他完全可以采取其他替代的选择，比如去宾馆开房，这对他的可支配资金来说并不构成困难；或者留在家里，即使妈妈在，他家里也不可能没有封闭的房间。所以，关键不在于性欲望的强烈，而在于他有一些特殊的需求，例如对不受打扰的自由活动空间的需求，或者对承诺必须兑现和计划必须执行的需求。更为关键的是他满足自己需求的方式：完全以自我为中心，严格按照自己的计划去实现，不愿因为他人的需求而改变自己的计划。所以，"非得把他妈轰走"成了他眼中的必然选择。

当然，这种自我中心主义的倾向不是一天养成的，是"他们家特别宠他"的结果。在访谈的其他部分，筱清提到，男友的家庭连续几代都是单传，他属于家里的独子，备受关爱。他已经习惯了以自己的需要为中心来思考这个世界，也习惯了别人为满足他的需要而妥协。

2. 性的支配

筱清男友的自我中心主义同样表现在性活动中。

后来他就越来越变态。那男的就是到最后变态到什么程度，占有欲特别强。我觉得，他这人就是说把感情和性看得太在一起了。有时候，他让我过去陪他。有时候，他们课特别少，我的课特别多。有时候，大中午的我有课，他非让我过去陪他吃饭。我明白他的意思，吃完饭就不一定干吗了。我说："我有课过不去。"然后，他就不干，他说，"你什么意思啊？你不上心"什么的。待会儿，又来一短信，说在楼顶上呢，要跳楼。变态吧！真没见过这么变态的。我自从这个男的之后，受了打击了，再也不敢找了。真的，特变态！我就左劝右劝劝不了。他说："你现在就得过来，你不过来，我就怎么怎么着了。"我说，"我不过去，我这儿有课走不了，老师点名"什么的。他说："不行，你必须得过来！"然后就说说说，说到最后，大晚上人家自己过来了，自己过来找我来了。变态吧?! 后来，我就受不了了，三天两头的这么闹。他这人，他说了，他小时候得过什么"孤僻症"那种，小时候特别自闭。然后，他爸他妈把他送出国了嘛，在国外待了几年，认识了好多朋友，回来以后性格就好多了。但我觉得，他这人精神上还有点儿问题。最后，对我的要求特别严，巴不得天天把我拴边上，天天晚上。我在学校呢，你想我们学校××大学，他家在××那边，非得让我大晚上坐车过去上他们家吃饭。当时，他爸他妈也都认识我了，我爸我妈也都认识他了，其实本来是想跟他正常地交往下去，说不定能结婚啊什么的最好，就是先交往着看。本来对他很认真的，这件事。但他最后就让我觉得有点儿压力太大了，知道吗？这人太恐怖了，有点儿。而且到最后吧，他越表现，越不正常。我说算了吧，受不了了……尤其到最后，他要求那方面频率特别高，有点儿受不了了，接受不了了。

上面的这段访谈似乎成了筱清对男友的"控诉"，其中充斥着强烈的不满。通过她的叙述，我们虽然不能切身体会到她的烦闷，但大致可以明白她苦恼的原因。从她所举的例子可以看出，男友为了满足自己的性需要，完全不考虑筱清的难处。筱清的学校在城市郊区，而男友主要的活动区域在市中心，两地相隔甚远。但男友完全不考虑这些，哪怕是她有课，也要求她跑到城里来陪他吃饭。而"吃饭"不过是一个名义，他实际的目的是在吃饭之后发生性行为，满足他自己的需要。如果筱清不愿意过去，他就会无理取闹，甚至以自杀相威胁。交往的时间越长，他的无理要求越多，"三天两头的这么闹"。"尤其到最后"，他要求过性生活的"频率特别高"，"巴不得天天把我拴边上"。

筱清认为，在与她交往的过程中，男友"越表现，越不正常"。她倾向于用精神问题来解释这种不正常。在上面的访谈中，她直接提到男友"这人精神上还有点儿问题"，并6次提到"变态"。她之所以倾向于从这个角度进行解释，或许是因为男友自己曾提到，他小时候被诊断出某种心理问题，但后来改善了许多。根据筱清的叙述，我们无从判断，她的男友究竟是否存在心理问题。但显而易见的是，筱清认为，男友对她的生活和性生活实施了过度的支配和控制，这让她非常反感。

男友在性方面的支配和控制不仅体现在性要求的频率上，而且体现在性活动的细节上。这让原本对性充满兴趣的筱清逐渐丧失了性趣。

问：那比如说，在性的方面也这样吗？他也想支配吗？

筱清：对啊。其实，我觉得性这个东西它本来就是不平等的，对于男的和女的来说。大部分时间都是男的（拥有）支配权，（拥有）主动权，我觉得是这样。因为我可能比较传统，在这方面还没有太多过于主动的、过于刺激的经历，没有。但我的感觉，至少传统的中国男性吧，还都是希望处于一种支配地位，处于一种主动地位。

问：你说他主动，体现在哪里？

筱清：他主动提出要求，包括在过程中他喜欢支配你，他希望你做什么姿势，你就做什么姿势，就总是他来支配你，而不是你来支配他。

问：你自己呢？

筱清：我跟我那哥们儿，就有点儿神经病那男的，我跟他的时候是有时候会有这种想法，想跟他提出要求，但大部分时候都是他提出要求，然后我去满足他。就这么一种关系，所以让我觉得这个事就挺不平等的，所以我就不太喜欢了，后来。

问：他有没有主动问过你，你有什么要求啊？

筱清：没有。因为他觉得他那些方法比我有经验多了，他觉得他在国外玩得特别开放，在国外很多的那种，恨不得不认识的人都可以随便上床或怎么样。……所以，他觉得他在这方面经验比我多多了，我该依承他，就都是他该主动，或他该怎么样的。

如前所述，筱清的男友有过留学经历。他向筱清坦承，在国外留学时，他跟很多女性发生过性行为，从而积累了比较丰富的性经历。对于自己的这些行为，他给筱清提供了两个理由：一个是国外特别开放；另一个是国外留学的压力很大，他需要排解。这些理由比较符合筱清对国外和留学生的认知，所以她对男友丰富的性经历倒没有明显的抵触。另外，如同我们在之前的章节中分享过的，她最为看重的是他具有健康意识（从而可以避免在之前"很乱"的性行为中感染疾病），以及在双方交往期间他能够保持专一。

但是，让筱清反感的是，男友因为丰富的性经验而滋生出优越感："他觉得他在这方面经验比我多多了，我该依承他，就都是他该主动，或他该怎么样的。"在性行为过程中，男友从来没有主动询问过她的需求，除了她偶尔主动表达一些要求外，"大部分时候都是他提出要求，然后我去满足他"，而且"他希望你做什么姿势，你就做什么姿势"。这样的关系状态让筱清"觉得这个事就挺不平等的"，所以后来对性行为"就不太喜欢了"。

从逻辑上说，任何违背当事人意愿的性的言论和行为都属于性暴力。确定一个事件是否属于性暴力，其中一个关键是当事人的意愿。但在筱清的例子中，她在性活动中的意愿呈现为非常复杂的状态。意愿的复杂性主要有两个来源：双方关系的整体背景；具体的性互动过程。

首先，亲密关系是一个发展过程，从双方第一次性行为到之后的每一次性行为都嵌入在亲密关系的整体背景之中。因此，对于性意愿的理解不能脱离这个背景。就筱清而言，她和男友的第一次性行为就带有"勉强"的色彩。

> 我们俩在情人节之前两礼拜好上的，情人节那天一块儿过的，然后就那什么了，还是他逼的我。本来，我没想那么快就跟一男的上床，但是他特想，你知道吗？他说，他们在国内都憋坏了那种。他说，他们在国外都很开放的。所以，

跟女生方面他早熟得特别厉害，他就特别想。然后，那天正好也是在他们家，家里没人，我就行呗。后来，就跟他好了。

在双方的第一次性行为中，筱清一方面说"是他逼的我"，一方面又说"我就行呗"。可见，她的性意愿混杂着情愿与不情愿，很难一刀切地概括为"纯粹的被迫"或者"纯粹的同意"。由于没有跟筱清确认，我们无法确定，在双方之后的性行为中，她是否出现过完全同意的情况。但显而易见的是，在她认为带有"闹"的色彩的性行为中，在男友不考虑她的需求，"非得让我"如何的性行为中，筱清肯定不是完全同意的。在双方交往的后期，伴随着男友的性要求越来越频繁，越来越具有控制欲，筱清在性行为中的同意程度肯定呈现下降的趋势。但是，是否曾经下降到"彻底消失"的程度，我们无从得知。筱清说，"尤其到最后，他要求那方面频率特别高，有点儿受不了了，接受不了了"。在这里，她同时提到"有点儿受不了"和"接受不了"。我们不知道她实际所指的是哪个，也不知道"接受不了"是否意味着"彻底接受不了"。

其次，亲密关系中的感情往往让具体的性互动中的性意愿变得复杂，因为它会促使伴侣把满足对方的性需要视为自己的责任。尤其是女性，她们更容易把满足男性伴侣的性需要视为自己的责任。这种责任感促使女性在即使自己不情愿或不太情愿的情况下，仍然为了满足对方的性需要而参与性行为。在这种情况下，我们很难判断性意愿的性质。从筱清和男友的第一次性行为，到之后一连串她不那么喜欢的性行为，我们似乎都能看到这种责任感的影子。这些影子的存在，不仅让当事人左右为难，也让作为局外人的我们在评价这些性行为的性质时感到为难。

3. 对平等的渴望

筱清和多个男性发生过核心性行为，包括男朋友和"一夜情"的对象。另外，她还和几个男朋友或男性朋友发生过边缘性行为。总体而言，相对于周围的同学，她认为自己有着更为丰富的和男性交往的经历，包括性交往的经历。根据她的体会，性活动中的不平等关系并非仅仅局限于她和"有点儿神经病"的那个男友之间，而且在她经历的所有男女关系中都能观察到。所以，在上面的引文中，她更加一般性地说，"我觉得性这个东西它本来就是不平等的，对于男的和女的来说"。

其实，在筱清看来，性方面的男女不平等并非偶然，它只是恋爱关系中普遍存在的男女不平等的一个特殊表现而已。

问：要的太多？

筱清：就是很多男的他希望占有你。他是你男朋友，他不是想怎么一心一意对你好，他只是想怎么去支配你，希望你对他好，或者是希望你付出什么东西。所以，很多男的让我觉得看不上，我不知道……

问：你从哪些方面判断出，他老想有那种占有欲呢？

筱清：很多啊。他希望你乖乖的，希望你信他的话；他说什么是对的，你不能反驳；你反驳他不高兴，他觉得你这女孩儿不乖。很多男的现在都这样。像我们学传媒，有时候伶牙俐齿一点儿，话说得快一点儿什么的，有时候可能观点也比较多，有时候男的他们说的观点我们也不同意，过后我们给说出来了，然后人家就觉得小女孩挺不懂事的，觉得这小女孩太厉害了，不好招惹，就这样子的。其实，这种男的，他其实只能说还是有点儿那种大男子主义，本身他对女孩儿要求还是想要那种特别听话的。说实话，他不就是想找那种日本的女性吗？乖一点儿，贤淑一点儿，他说什么是什么，好像世界上他说的话就是真理了。其实，很多男的都希望自己找这样的女孩儿，自己在她们心目中是一神的形象，就是自己说什么都是真理，女的永远以崇拜的目光看着他。很多人都这样。其实，我就不喜欢男的这样。我觉得，现在至少不是说非得你对我特别好，我对你特别好，一定要有一个倾向；但是，现在的人再交朋友一定要是一个平等的关系，就是我们是很平等的，我们首先是一种朋友关系，就是你有什么事，我有什么事，心情不好不要憋着，该说什么说什么，而且在观点的方面各人本来就不同嘛，没有必要因为我喜欢你，我就什么东西都听你的。这个肯定的，我有我的思想，你有你的思想。但是，这些东西都是可以共通的。但现在很难找到一个特通情达理的男的了，我觉得。他总觉得，你说的好多话是歪理邪说，他说的话就不是歪理邪说。那就说不到一块去了嘛。其实，这个东西，两个人观点不同是可以互相去沟通的，我觉得。现在很难找到一个能跟你平等对话的男的。

问：你感觉很难？

筱清：对。

与前面的访谈有点儿类似，筱清的这段访谈也带有某种"控诉"的色彩，只不过控诉的对象不再局限于某个男友，而是针对更加一般化的男性群体。在她看来，现在很多中国男性"还是有点儿那种大男子主义"，仍然期望找"那种特别听话的"女孩儿谈恋爱，希望"女的永远以崇拜的目光看着他"，"他说什么是什么"，女方"不能反驳"，否则就是"不懂事"或者"太厉害"。对于这样的男性，她"觉得看不上"。

她渴望的恋爱关系是一种"平等的关系"，即恋人首先是平等的"朋友"。在这种关系中，"心情不好不要憋着，该说什么说什么"。如果"两个人观点不同"，可以互相沟通，"没有必要因为我喜欢你，我就什么东西都听你的。"但是，令她感到遗憾的是，"现在很难找到一个能跟你平等对话的男的"，即很难找到一个能和她一起建设平等的朋友关系和恋爱关系的男性。

我们不知道筱清的"控诉"在多大程度上符合她交往过的男性的实际状况，或者在多大程度上符合当代中国男性的实际状况。但是，无论现实状况如何，我们能够感受到筱清的不满，以及她对更加平等的关系的渴望。或许，只有在这种更加平等的关系中，我们才能像艾歆所展望的那样，在性活动中，"两个人彼此服务，为了对方的感觉，两个人一起努力，到最后双方能一起有一个比较愉快的感觉。"同样，也许只有在更加平等的关系中，我们才能更好地理解和应对性暴力的难题。

二　合法关系中的"非法'性'"

如果说，婚外性行为可以因为爱情的存在而获得"合法性"或正当性，那么，婚内性行为也可以因为爱情的缺失而失去"合法性"或正当性。沐瑾的经历正好体现了这一点。

在前面的章节中，我们曾分享过沐瑾的婚外情经历。在接受访谈时，她与自己的男同事维持着一段已经持续四年左右的恋情。之所以会参与到婚外情当中，她认为在一定程度上与自己婚姻本身的缺憾有关。首先，在她看来，她与丈夫之间的匹配度要远远低于她和这位男同事的匹配度。其次，她和丈夫的婚姻缺乏爱情基础，即当时她并没有感受到对丈夫的心动，而是因为感恩丈夫的无私帮助才与之恋爱和结婚。再次，沐瑾在婚后也遭遇到筱清所说的"大男子主义"，丈夫比较强势，她处于弱势。尤其是在公众场合，丈夫对她的行为要求很严，甚至不让她随便说话。最后，丈夫常年在外地工作，只在周末回家，这限制了他们之间的感情交流。

尽管认为婚姻存在缺憾，在婚外情发生之前，沐瑾在性行为的过程中并没有感受到对丈夫的强烈抵触。显然，她把满足丈夫的性需要视为妻子的责任。但是，在婚外情开始之后，尤其是在沐瑾感到强烈地"爱上"男同事之后，她越发排斥与丈夫过性生活。换言之，原本"合法的"夫妻性生活如今失去了"合法性"和正当性。

在婚外情刚刚开始时，为了不让丈夫察觉，同时也因为妻子的"责任感"，沐瑾觉得还需要配合一下，当丈夫提出性要求的时候，不能老是拒绝，总还要满足一部分要求。但是，让她为难的是，丈夫这个人性欲望比较强烈，她一直觉得难以满足他。尤其是，丈夫只在周末回家，已经"憋了"好多天，性要求会比较频繁。后来，伴随着她对同事的爱情越发浓厚，她对丈夫的排斥也越发强烈。为了避免与丈夫发生性行为，她只能寻找各种理由进行推脱，比如身体不舒服，已经睡着了，等等。但是，无论如何，她不能无止境地推脱下去，所以总还要被迫在一些时候配合丈夫的性要求。她认为，这对她而言是一种折磨。最后，她终于无法再继续这种"表演"。

在接受访谈的时候，沐瑾的丈夫已经知道了她的婚外情。这对她的丈夫来说是一个打击，他显然会"闹"，而这必然会给沐瑾带来新的烦恼。比如，丈夫把婚外情一事告诉了她的母亲，并通过母亲给她施加了很大的压力。再如，丈夫对她和她的同事都曾发出过人身威胁，要求他们终止关系。但是，沐瑾渴望的是离婚，即使她不能保证也不期望男同事为她而离婚，即使她的好友都劝她努力维持两段并行的关系，即使她的丈夫以生命威胁来拒绝离婚。

不过，在婚外情"暴露"之后，由于夫妻关系的紧张和感情关系的破裂，沐瑾反而不需要再痛苦地通过性生活来"表演"和谐的夫妻关系。尽管长期的共同生活所培植的夫妻感情并没有完全消失，但残余的感情已经不足以让她把满足丈夫的性需要视为自己的责任，她也不再因为拒绝丈夫的性要求而感到自责。尽管沐瑾无法确定未来的人生之路会通向哪里，也不清楚下一步如何走，但性的负担的解除仍然让她感到轻松和宽慰。

第九章
开放与放开：社会转型中的主体重塑

第一节　开放：文化库存的扩张激发想象实践

我们常用"改革开放"来概括中国在 20 世纪 70 年代末所开启的社会转型过程。性革命是这一转型过程的一部分。在本书中，我们用"开放"来指代整体性和综合性的"社会过程"，以区别于作为"主体过程"的"放开"。具体而言，"开放"的含义包括多个方面。

首先，开放意味着打开国门。之后，来自全球各地（当然尤其是西方发达国家）的文化要素涌入中国。借助日益发达的媒体，中国人能够足不出户，便接触到或暴露于不同的文化要素。外来文化要素必然会对既有文化传统产生某种形式和某种程度的侵蚀或消解作用，即使无法导致人们自动放弃既有传统，但至少也会打破人们对既有传统的理所当然的接受。至少从理论上说，多元文化资源的并置使得原有传统成为组织生活的方式之一，而不是唯一。

其次，开放意味着"松绑"。市场取向的社会转型与此前的社会主义改造所启动的社会转型不同，其特点并不体现为国家政权力量在私人生活领域的直接介入，反而体现为一些行政干预力量的退出。如果社会主义改造确立了"新传统主义"①，那么意识形

---

① 虽然华尔德关注的是中国工厂里的权力关系结构，聚焦于生产活动的组织，并未考察工人的私人生活以及工厂权力结构对私人生活的影响，但是，通过其他人的著作，我们能够意识到这种关联。所以，我们借"新传统主义"概括的是一种特定的社会组织形态，意在强调意识形态和权力结构对私人生活的特定组织形式（华尔德：《共产党社会的新传统主义》，龚小夏译，香港：牛津大学出版社，1996）。

态力量的弱化则可能侵蚀新传统主义的社会基础，并进而导致其解体。因此，这种形式的"动荡生活"不同于斯威德勒所说的"动荡生活"，或许更应该理解为"传统的解体"，而非斯威德勒所说的"新传统的确立"。①

最后，开放意味着走出去。人口的旅行和迁移在改革开放后显著增加。通过旅行和迁移，人们置身于异文化的怀抱之中，直接感受到这些文化所展示的其他生活方式或"过日子"的新的可能性。人口流动与文化流动也会相互促进。外来文化要素会激发人们旅行和迁移的渴望。如同"世界那么大，我想去看看"② 这句话所传达的，如今这种渴望已经渗透到几乎所有阶层的成员之中。反过来，人口流动会进一步促进文化流动，无论是通过消费品的流动，还是通过见闻的分享与传播。

总之，开放意味着当代中国人的文化资源库存得到了极大的丰富和拓展。传统与现代以及本土与外来的文化要素"济济一堂"，共同为我们提供给养。总体来看，其效果是"去传统化"或"脱嵌"，把人们从既有的社会文化约束中解放出来，从而可以去想象不同的生活。

在这种背景下，"作为社会实践的想象"的重要性显著提升。"不再仅仅是幻想（群众的鸦片，他们实际的作为在别处），不再是简单的逃避（逃离主要由具体目标和结构所定义的世界），不再是精英的消遣（因此与普通人的生活无关），也不再是单纯的沉思（无关于崭新形式的欲望与主体性），想象已成为有组织的社会实践领域，一种工作形式（在此既指劳动，也指有组织的文化实践），以及能动者（个人）与全球定义下的可能性区域之间的一种

---

① Swidler, A. (1986), "Culture in Action: Symbols and Strategies," *American Sociological Review* 51 (2) (1986).

② 这是河南省实验中学的一名女心理教师所写的辞职信的内容，引发了广泛的舆论关注，并入选《中国语言生活状况报告（2016）》的"十大网络用语"，足见其影响力。相关信息可参考以下链接：https://baike.baidu.com/item/世界那么大%EF%BC%8C我想去看看/17209559? fr = aladdin，最后访问日期：2019年3月9日。对本书来说，值得关注的不仅是这封辞职信本身，还有其引发的关注和讨论。

沟通协调方式。想象的释放将（某些处境中的）拼贴游戏与国家及其竞争者带来的恐怖和强制力联系在了一起。如今，想象是所有形式能动性的核心，是一种社会事实，也是新的全球秩序的关键要素。"① 简言之，想象不仅自身成为一种重要的实践形式，而且渗透到所有社会实践中，成为塑造这些实践的一个重要力量。

第二节　放开：社会转型的主体层面

如前所述，"开放"指的是"社会过程"，而"放开"指的是"主体过程"。显而易见，社会的"开放"并不一定导致主体的"放开"，即在开放的社会环境中，有些主体能够"放得开"，有些则仍然"放不开"。于是，问题是：为什么有些人能够从"放不开"走向"放得开"，他们经历了怎样的主体重塑过程，该如何刻画这个过程？为什么有些人无法实现这种转变，又该如何描述背后的动力机制？通过回答这些问题，我们或许能够更加深入地理解当代中国的社会转型以及作为其中一个特定方面的性革命。

为了更好地回答前面提出的问题，我们有必要对"放开"这个概念进行进一步的澄清和细化。在前面的章节中，我们曾对"放开"与"放得开"做了一个简单的区分，即"放开"指的是主体采取的社会行动及其展开的过程，而"放得开"指的是主体能够放开的那种状态以及主体得以实现放开的那种能力。在此基础上，我们还需要借鉴阿帕杜莱所强调的"想象实践"，把放开与放得开区分为不同的层次。

从文化作为资源库或工具箱的角度看，"放开"意味着，在建构文化实践的过程中，主体所借用的文化资源不再局限于特定辖域的地理边界，而是可能来自世界各地。多样化的文化资源激发了主体对生活的想象，使其不再囿于既有的生活模式，有能力去想象甚至追求不同的生活。"此处暗示的是，即使最凄惨最无望的

---

① 阿尔君·阿帕杜莱：《消散的现代性：全球化的文化维度》，刘冉译，上海：上海三联书店，2012，第 41 页。

生活、最残酷最无人性的处境、最严酷的活生生的不平等，现在都对想象的作用开放了。……他们不再将自己的生活看作简单的给定事实的后果，而是看作能够想象的可能生活与社会生活允许的现实之间的妥协。因此，普通人的传记是建构（或制造）出来的，想象在其中扮演了重要角色。"[①]

在上面的引文中，阿帕杜莱区分了"能够想象的可能生活"与"社会生活允许的现实"。显然，他认为，并非所有的"想象"都能够变成"现实"，最终实现的生活是想象与现实妥协的结果。但是，对于全球化时代的主体而言，由于想象的作用，无论是"能够想象的可能生活"还是"实际所过的现实生活"都已经偏离了"给定事实的后果"。如果我们把这些偏离理解为"放开"，那么就可以区分出两个层面的"放开"："想象层面的放开"与"现实层面的放开"。前者对应于"能够想象的可能生活"与给定的生活模式的偏离，即主体通过想象或者在想象中摆脱既有生活的束缚，构想新的可能性。后者对应于"实际所过的现实生活"与给定的生活模式的偏离，即主体通过社会行动把构想的一部分新可能性付诸实践，使其从想象转化为现实。为了更直观地区分这两个层面，我们可以借鉴汉语中的常见词语，把"想象层面的放开"概括为"想开"，并用"放开"专指"现实层面的放开"。

必须强调，"想开"与"放开"是我们为了理解社会秩序的延续与变迁而构想的中立概念，它们并没有假定"想得开"和"放得开"相对于"想不开"和"放不开"是更有价值的。因此，我们有必要剔除它们作为日常概念时所裹挟的价值预设。在本书中，"想开"指的仅仅是行动主体对他们在日常生活中所能想象到的某些可能性保持开放的态度，即把这些可能性当作对他们而言合适的、可以接受的或值得尝试的；而"放开"指的是主体把所能想象到的某些可能性变成了现实。在这两种情况下，主体所想象到的可能性究竟是什么以及该如何评价并不重要。但是，对于社会

---

① 阿尔君·阿帕杜莱：《消散的现代性：全球化的文化维度》，刘冉译，上海：上海三联书店，2012，第71页。

秩序的分析而言，想到、想开与放开却具有重要意义，因为这三者都蕴含着相对于既有秩序的离心力，都意味着程度不同的变化的可能性。

下面，让我们结合前面的经验分析来进一步澄清相关概念。

第三节　想到、想开与放开

一　想到 vs. 想不到

在"爱情的日常概念与文化库存"一章中，我们提到，爱情包括体验与关系两个维度。而且，在这两个维度上，爱情都应被理解为一个连续体：在体验维度上，是从感觉/喜欢到爱情所构成的连续体；在关系维度上，是婚姻关系、爱情关系、暧昧关系、开放式关系等所构成的连续体。为了突破狭义的爱情无形中施加的限制，突出广义的爱情所涵盖的复杂内容，我们或许可以用"情感亲密"（emotional intimacy）来代替"爱情"。同时，参照爱情的两个维度，情感亲密同样可以区分出两个维度：情感体验和情感关系。

同样道理，我们可以把人际互动中的"性"重新表述为身体亲密（physical intimacy），它同样构成了一个从表面的身体接触到深入的身体接触的连续体。于是，爱情和性的关系就可以重新表述为情感亲密与身体亲密的关系。如果把情感亲密的两个维度考虑进来，那么我们可以构建一个由三个轴线构成的三维空间。请看图 9-1。

如同布尔迪厄在《区分：判断力的社会批判》一书中所绘制的社会位置空间与生活风格空间，[①] 图 9-1 由情感体验、情感关系与身体亲密三条轴线共同构成的空间也应被理解为一个可能性空间。对于这个空间，本书所考察的被访者至少都有一个模糊的

---

① 皮埃尔·布尔迪厄：《区分：判断力的社会批判》，刘晖译，北京：商务印书馆，2015。

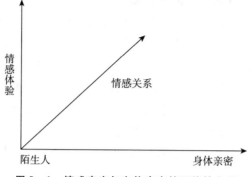

图 9 – 1　情感亲密与身体亲密的可能性空间

整体认识。但是，对于其中所蕴含的复杂而又多样的可能性，被访者则很难全部意识到。

具体来说，上述三维空间中的每一个点不仅同时涉及三对对应关系，而且每一个对应关系都可以体现为双向的因果关系。因此，从理论上说，每一个点事实上并不仅仅代表一种可能性，而是代表很多可能性。但是，在现实生活中，由于社会化的影响，我们所能想象的可能性往往只是其中的一小部分。让我们举个简单的例子。从理论上说，情感亲密与身体亲密可以是相互决定的关系。但是，前面的分析表明，几乎所有的被访者都倾向于把情感亲密作为决定身体亲密的组织原则，而不是相反。这种几乎自动实现、显得自然而然的倾向表明，即使不能说被访者完全没有意识到相反的可能性，那么也可以说这些可能性也只是处在被访者的意识边缘位置或者"想到"与"想不到"之间的交界地带。在访谈过程中，除非研究者有意识地提出这些可能性，被访者很少能够主动提及和讨论。

二　想到：想不开 vs. 想得开

显然，对于所有我们能够想到的可能性，我们并不会都能"想得开"，即并不一定都把它们当作值得尝试的可能性来接受。因此，"想不开"意味着对某些可能性做出否定的判断，认为它们与自己的生活不搭配。"不搭配"包括两种情形：（1）价值上的不搭配；（2）文化能力上的不搭配。

在"无形的围城：传统性秩序的主体效果"一章中，我们以惜妍、檀香、公达、冬葑、薇禾等人为例，讨论了以婚姻为中心的性秩序。这些被访者都无法接受在婚前发生核心性行为，即他们都把这种行为当作一种与他们的生活不搭配的可能性来拒绝。但是，他们为"不搭配"所做的具体解释则存在很大不同。当时，我们区分出三种解释：道德化的解释、偏好化的解释与理性化的解释。其中，前两个强调的是价值上的不搭配，最后一个强调的是文化能力上的不搭配。

例如，惜妍是道德化解释的典型。她拒绝婚前性行为的理由是因为这种行为在她看来很随便。显然，这种行为与她所接受的道德价值存在明显的冲突。在这种情况下，如果她实施该行为，便会受到公达所说的"道德良心"的谴责，产生羞耻感、罪恶感或恐惧感。借用霍斯柴尔德对"深层价值"（deep ideology）与"浅层价值"（shallow ideology）的区分，道德化的解释显然对应于深层价值。在深层价值的背后，则是霍斯柴尔德所说的深层情感（deep feeling），意即深层情感是深层价值得以维续的情感机制。①

薇禾所提供的偏好化解释则对应于"浅层价值"。对薇禾而言，这些浅层价值即强调爱情和性的价值的那些意识形态。正是由于这些意识形态的影响，在惜妍那里扎根很深的以婚姻为中心的传统性道德在薇禾那里被弱化了，它不再体现为一种普遍的道德价值，而是体现为个体的偏好。对这种偏好的违反唤起的不再是道德良心的强烈谴责，而是一种类似于莫名的忧伤或者怅然若失的感觉。但是，这种忧伤尽管淡淡，却很难被彻底消除，因为它依然扎根很深，关联着霍斯柴尔德所说的"深层情感"。所以，薇禾说，"也许在什么情况下会发生这样的行为，但是心里是不接受的"。意即，她虽然承认婚前性行为对她而言是一种很现实的可能性，但她依然希望"不发生最好"。

---

① Hochschild, A. , Machung, A. , *The Second Shift*: *Working Families and the Revolution at Home*（Penguin, 2012）, p. 14, pp. 188 – 192.

由于道德化的解释和偏好化的解释都强调价值冲突，我们可以把二者概括为"道德－偏好解释"。与之相对，理性化的解释强调的是文化能力上的不搭配。文化能力（cultural capacities 或 cultural expertise）是我们借鉴自斯威德勒的一个概念，指的是人们为了完成特定的文化实践所必须具备的能力，它不仅包括认知层面的各种知识或概念，而且包括实际操作层面的各种身体技术和工具使用技术。斯威德勒认为，不同社会阶层的成员往往具备不同的文化能力的配置，正是这些能力配置的差异促使他们追求不同的目标。换言之，人们往往会珍视和追求与其能力配备相协调的价值目标。例如，社会底层之所以不去追求社会上层的目标，并非因为他们认为这些目标没有价值，而是因为他们不具备实现这些目标的能力，或者为了这些目标，他们将需要花费很大的成本来重整他们的文化工具箱（cultural retooling）。①

在冬莴和檀香所担忧的各种"风险"背后，其实隐含着这样的判断：她们缺乏足够的能力来应对或消除这些风险。例如，当冬莴强调安全套和避孕药无法有效避孕时，她事实上也在宣称自己缺乏有效避孕的能力。所以，理性化的解释隐含着这样的逻辑：主体之所以认为某些可能性对他们而言"不现实"，是因为他们缺乏安全有效地实现这些可能性的能力，而不是因为这些可能性与他们所接受的价值存在冲突。

当然，理性解释与道德－偏好解释属于理想类型意义上的区分，在现实生活中，二者完全可以结合在一起。例如，檀香和冬莴的解释以不同的形式结合了二者。

三　想不开：放不开 vs. 放得开

根据前面提到的逻辑，如果行动主体想不开，那么他们通常也很难放得开。这个比较容易理解。所以不再赘述。值得关注的是，在想不开的情况下，主体仍然可能放得开。

---

① Swidler, A., "Culture in Action: Symbols and Strategies," *American Sociological Review* 51 (2) (1986).

例如，春泥"一边实践，一边鄙视"，即她把自己所鄙视的可能性付诸实践。这之所以成为可能，是因为春泥在没有放弃既有价值的情况下，又接受了一种与既有价值相抵触的价值。所以，她所参与的开放式性关系实践既受其鄙视，又受其欣赏。在这种情况下，想不开并非彻底的想不开，而是想不开与想得开掺杂的状态。想得开为放得开提供了支撑，让受鄙视的实践成为可能，但却无法阻碍鄙视的滋生。但是，对于春泥而言，或许是因为内化的新价值所具有的优势，她把价值冲突所造成的内心折磨和谴责也视为一种"享受"和"快感"。

筱清与春泥的情况不同，她的"一夜情"经历不是源于想不开与想得开掺杂的状态，而是因为"暂时的想得开"。在意识到彻底无法和初恋男友复合之前，她一直保留着自己的"第一次"，准备把它献给自己最爱的那个人。但是，爱情的绝望使得"性"突然变得无足轻重，它是否与爱情相结合变得不再重要。正是在这种情况下，她与一个网上聊天仅仅一周、见面仅有两次的男孩发生了核心性行为。但是，这种突然的"放开"缺乏稳定的价值观支持，并与她之前内化的核心价值相冲突，所以注定无法持久。

四　想得开：放不开 vs. 放得开

想开能够为放开提供支撑，但却未必能够确保主体实现放开。其中的关键就在于我们在之前提及的"文化能力"。

例如，相对于其他女性被访者，丛歌并不是如此排斥完全陌生的人之间的性关系，认为它有可能发生在自己身上。但是，在访谈中，她禁不住问我："一夜情一般都会去哪里找啊？"可见，这种行为与她的现实生活经验存在较大的距离。换言之，当时的她缺乏实施"一夜情"所需要的文化能力。

再如，性快乐的获得显然需要相关的能力配备，这些能力不仅涉及相关的知识，而且涉及自己以及对方的身体运用技巧。正是由于这个原因，很多被访者都强调，性和谐需要时间，需要伴侣在这段时间内共同摸索、交流并积累经验。当然，也有被访者强调，男女之间沟通身体经验并不容易，因为身体构造不同，性的感受不同，有些差异很难通过理性和言语来传达。这从反面表明了身体经验不能完全化约为知识经验，具身性的文化能力不能完全化约为知识能力。

总之，文化能力与日常生活经验密切相关，是人们在循环往复的日常实践中慢慢培养或熏陶出来的一种能力。受布尔迪厄的启发，我们可以把日常生活比喻成各种各样的严肃游戏，那么文化能力即游戏能力——让我们能够按照规则参与游戏并且获得赌注的能力。显然，游戏能力有高有低，其增进在很大程度上取决于实践经验的积累。而且，对严肃的社会游戏来说，经验是具身性的（embodied），游戏的展开需要身体的参与，而积累的经验也打上身体的烙印，或者本身便积淀在身体上。因此，文化能力绝非局限于认知层面，而是包容了莫斯所说的身体技术层面。① 前者或许能够通过想象被触及，而后者则很难通过想象来弥补。

五　亲密游戏与象征暴力

我们可以把涉及情感亲密和身体亲密的游戏统称为亲密游戏。游戏的比喻不仅有助于强调文化能力的重要性，而且有助于凸显游戏赌注本身的幻象（illusion）性质。

布尔迪厄将游戏区分为"自为的游戏"和"自在的游戏"。所谓自为的游戏，指的是我们通常所说的游戏，即那些自然而然地被我们当作游戏来接受的游戏。它通常具有明确的规则以及严格的时间和空间界限。在正式的游戏中，有时还会有隆重的仪式，这些仪式一方面强调游戏的庄严性和重要性，一方面又提醒大家这不过是一个游戏，人们不必太过在意。

自在的游戏指的是我们在日常生活中所参与的各种被认为不是"儿戏"的"严肃"活动。例如，本书所考察的婚姻、爱情和性的活动就属于此列。在这些游戏中，"人们不是通过有意识行为

---

① 马塞尔·莫斯：《社会学与人类学五讲》，林荣锦译，南宁：广西师范大学出版社，2008，第 85 页。

参与游戏的，而是生于游戏，随游戏而生"[1]。由于长期浸淫在这些游戏中，人们自然而然地对这些游戏感兴趣，并以严肃认真的态度对待它们。除了特定的玩法（规则）之外，人们不知道这些游戏还可以有其他的玩法（规则）。更进一步，除了这些游戏之外，人们不知道还有其他可作替代的游戏。换言之，在自在的游戏中，人们的投入是如此深刻，以至于他们把所有其他可能性都自动排除在外。而这正是我们所说的"想不开"与"放不开"的状态。

"想不开"与"放不开"是自在游戏得以流畅运作的条件。参与游戏总会涉及对游戏的信念。在自在的游戏中，这种信念几乎是无意识的，属于长期的日常生活所培植起来的"自然态度"。在大多数情况下，人们自然而然地认为婚姻、爱情和性是值得追求的，自然而然地认为只能以特定的方式来追求它们，而没有意识到生活还可以有很多其他样子。在这些信念强加特定的可能性并排除其他替代的可能性的意义上，它们意味着一种暴力，即布尔迪厄所说的象征暴力。[2] "想不开"与"放不开"正是象征暴力所制造的效果。

人类是生活在自己编织的意义之网上的动物。在人们无法彻底摆脱意义之网的意义上，人们无法实现彻底的想开或放开，或者说，不存在终极的想开与放开。那么，面对亲密游戏及其象征暴力，我们又可以做些什么呢？既然我们无法彻底逃脱暴力，那么"想开"或"放开"是否就彻底失去了意义？如果不是的话，那它们的意义究竟在哪里？

这些问题都有待主体的回答。

---

① 皮埃尔·布尔迪厄：《实践感》，蒋梓骅译，南京：译林出版社，2012，第94页。

② 皮埃尔·布迪厄、华康德：《实践与反思：反思社会学导引》，李猛、李康译，北京：中央编译出版社，1998，第186－229页。

附　录
关于方法的说明

本书所分析的经验材料是通过面对面和半结构化的深度访谈收集的。之所以采用深度访谈而不是问卷调查来收集材料，是因为我们关心的是意义的建构，而非变量之间的关系。

在本书开篇处，我们提到了博客和微博中关于性和爱情的讨论。其实，我们也可以通过分析这些现成的文本资料，来回答我们所关心的意义建构问题。而且，这样做有很多便利，不用再辛辛苦苦去募集被访者、做访谈和整理录音。但是，这种做法也有一个很大的局限：文本是现成的和静态的，如果我们觉得某些部分特别有意思或者难以理解，想深入探讨，那么文本本身无法回应我们，除非我们能够找到作者进行直接的交流。而一旦开始这种交流，其实就是进行访谈了。事实上，在 2006 年，当研究刚开始的时候，我的确尝试与一些博主进行联系，邀请他们接受我的访谈，但效果不佳。之后，我才决定改变方向。

被访者均受过或正在接受高等教育，年龄在 19 岁至 41 岁之间，因此可以概括为"知识青年"。由于整体年龄偏小，已婚的被访者较少，绝大部分属于未婚但有恋爱经历者。相对于年龄更小或更大的群体，这个年龄段的知识青年或许是以最为焦灼的目光同时关注着性和爱情。正是因为这种同时关注，他们对性和爱情之间的断裂更加敏感。这是当时选择这个群体作为被访者的原因。当然，必须承认，这项质性研究没有也不追求统计意义上的代表性，知识青年代表不了其他群体，而我所考察的这个样本也代表不了样本之外的其他人。但是，质性研究同样可以"以小见大"，其方式不是通过统计推断，而是通过意义的深度探究所提供的启发性、想象力和洞察力。

与之相关的一个问题是，从我开始实施这项研究到现在已经将近 13 年，大部分访谈集中在 2006—2007 年，之后的 12 年中，访谈一直在断断续续地补充，那么在这么长的时间跨度内，是否存在一些不可忽视的重要变化呢？如同《性之变：21 世纪中国人的性生活》所揭示的，从社会整体来说，中国人的性关系与性行为的确出现了很大的变化。① 但是，在这项小样本的质性研究中，我们却很难把不同年份被访者情况的差异归于社会整体的变迁，因为这些差异在很大程度上可能只是个体差异。事实上，无论整体层次的社会变迁有多大，在任何一个时点，个体差异的范围都是很大的。在相对保守的时代，也存在一些相对开放的个体；在相对开放的时代，也存在一些相对保守的个体。所以，我在这项研究中更多地致力于捕捉多样性，把所观察到的差异当作"同一个时代"背景下的多样性来看待，而没有从历时的角度把差异同十几年间的社会变化联系起来考察。

当然，在捕捉多样性方面，我也不敢自称完善。例如，对于当下被认为相当普遍的"网络约炮"实践，我未能给予充分的关注。书中谈到的筱清可能是离这种实践最近的一个个案了。但是，即使是她，也离我们通常所想象的"约炮"实践有相当的距离。这不仅是因为她仅与一名网友发生过一次性行为，而且因为她所经历的内心挣扎使得她不太符合约炮者的"典型形象"。当然，由于对"约炮"缺乏研究，我不敢过多评述筱清的行为与"约炮"之间的关系。但是，毫无疑问，如同法国社会学家考夫曼（Jean-Claude Kaufmann）在 *Love Online*② 一书所表明的，"网络约炮"实践中同样包含了丰富的多样性。对于当下中国"网络约炮"中的多样性，以及它们所折射出来的性和爱情的关系，尚有待新的研

---

① 潘绥铭、黄盈盈：《性之变：21 世纪中国人的性生活》，北京：中国人民大学出版社，2013。这本书反映的时期是 2000—2010 年，不完全对应于我开展这项研究的时期，但可以作为参考。

② Kaufmann, J., *Love Online*, trans. by David Macey（Cambridge: Polity Press, 2012）.

究予以系统探讨。

　　所有的访谈都是在征求被访者同意的情况下进行了录音，然后根据录音进行逐字逐句的整理。沐瑾的录音不小心丢失，我在第一时间通过笔记的形式对访谈内容进行了速记。所以，在书中涉及她的部分，没有出现访谈的原文。除此之外，所有被访者的录音都得以保留。口头语言不同于书面语言，存在很多中断、顿挫以及不完全符合语法的情形。除非严重妨碍理解或很容易导致误解的情形，我没有对文字进行增删或顺序调整，只是对于个别多字或少字而使文字不通顺之处，用括号标出。对于句子中断或跳转等情形，我以省略号的形式连接前后句子，以在不影响理解的情况下尽可能忠实于被访者的原话。

　　计划的访谈时间在一个半小时左右，但实际访谈时间一般都在两个小时以上。最长的一个访谈从上午开始到下午结束，共计持续了8小时，中间被访者在家中请我吃了一顿饭。逐字逐句整理录音甚是耗时。但是，相对于之后的阅读、分析和撰写备忘录，录音整理如同小巫见大巫。从访谈的原始材料到成书，分析备忘录的撰写是极其关键的环节。这个环节所产出的文字往往要数倍于访谈材料和定稿文字。尽管这个过程非常烦琐和辛苦，但这是质性分析的必由之路。所幸的是，如同曲径通幽，过程中常有意外发现。

　　深度访谈并不致力于发现"已经在那里"的"事实"。例如，在发现录音丢失后，沐瑾同意再次接受访谈，以帮助我弥补损失。我不忍让她再讲3个小时，所以作罢。但是，即使她再讲一遍，我们也不能期望她所讲的内容会与此前一样。经常写作的人肯定知道，写作本身带有创造性，它不是简单地把已经在头脑中的想法表达出来，而是在写的过程中经常会冒出很多之前不曾有的想法，这让写作成了一个路线无法完全预期的旅行。与之类似，人们的交谈也带有创造性。在访谈的过程中，被访者并不只是把之前已经知道的东西"报告"出来，而是不断地形成新的理解。有些理解是之前从来没有出现，只是在访谈的背景下才被激发出来的；有些虽是之前出现过，但在访谈表述的过程中被剪裁和修改，从而获得了新的意义。耐人寻味的是，新的理解的涌现并不是被访者刻意促成的结果，而是在交谈的动力引导下不知不觉达成的状态。所以，假如沐瑾重新接受访谈，那她一定能够谈出不一样的东西来。而且，这些不一样的东西同样"真实"。

对研究者来说，访谈是"访谈"。但对被访者来说，访谈则可能还扮演着其他复杂的角色。在某种意义上，我们甚至可以说，访谈对被访者而言构成了福柯所说的"修身技术"。通过访谈，被访者修炼和锻造"自我"。或者说，在科学的氛围中倾听和倾诉构成了现代人塑造道德自我的一种富有吸引力的新手段。例如，艾歆平时很少与人谈论性话题，她之所以愿意接受访谈这个挑战，是因为她准备去"性开放"的美国留学，想把访谈作为适应新环境的一种锻炼。再如，惜妍接受访谈，是因为她非常渴望白头偕老的婚姻，而不断升高的离婚率让她非常忧虑。她希望通过和我的讨论，疏解心中的烦闷，并了解这个社会究竟怎么了，以及她的期望还能否成为现实。类似的例子还有很多。

无论什么样的动力把被访者推向访谈的情境，我都要感谢他们所给予的信任、贡献的时间、分享的思考、投入的情感。如果没有他们的热情支持与倾情付出，这项研究不可能成为现实。

图书在版编目（CIP）数据

性·爱·情：过程中的主体建构/王文卿著. --

北京：社会科学文献出版社，2019.4（2024.10 重印）

ISBN 978 - 7 - 5201 - 4673 - 9

Ⅰ.①性…　Ⅱ.①王…　Ⅲ.①性社会学 - 研究　Ⅳ.
①C913.14

中国版本图书馆 CIP 数据核字（2019）第 068794 号

性·爱·情：过程中的主体建构

著　　者／王文卿

出 版 人／冀祥德
责任编辑／胡庆英
责任印制／王京美

出　　版／社会科学文献出版社·群学分社　（010）59367002
　　　　　　地址：北京市北三环中路甲 29 号院华龙大厦　邮编：100029
　　　　　　网址：www.ssap.com.cn
发　　行／社会科学文献出版社（010）59367028
印　　装／唐山玺诚印务有限公司

规　　格／开　本：787mm×1092mm　1/16
　　　　　　印　张：15.25　字　数：217 千字
版　　次／2019 年 4 月第 1 版　2024 年 10 月第 5 次印刷
书　　号／ISBN 978 - 7 - 5201 - 4673 - 9
定　　价／79.00 元

读者服务电话：4008918866